山西大学建校 120 周年学术文库

U0666309

技能型社会建设背景下 职业教育高质量发展研究

贾旻　闫卫平　著

山西出版传媒集团　山西人民出版社

图书在版编目（CIP）数据

技能型社会建设背景下职业教育高质量发展研究/
贾旻，闫卫平著.--太原：山西人民出版社，2022.9
ISBN 978-7-203-12259-3

Ⅰ.①技… Ⅱ.①贾… ②闫… Ⅲ.①职业教育–发
展–研究–中国 Ⅳ.①G719.2

中国版本图书馆CIP数据核字(2022)第067626号

技能型社会建设背景下职业教育高质量发展研究

著　者：贾　旻　闫卫平
责任编辑：冯灵芝
复　审：贾　娟
终　审：梁晋华
统　筹：张慧兵
装帧设计：李　一

出 版 者：山西出版传媒集团·山西人民出版社
地　址：太原市建设南路21号
邮　编：030012
发行营销：0351-4922220　4955996　4956039　4922127（传真）
天猫官网：http://sxrmcbs.tmall.com　电话：0351-4922159
E-mail：sxskcb@163.com　发行部
　　　　sxskcb@126.com　总编室
网　址：www.sxskcb.com

经 销 者：山西出版传媒集团·山西人民出版社
承 印 厂：天津中印联印务有限公司

开　本：710mm×1000mm　1/16
印　张：17.75
字　数：285千字
版　次：2022年9月　第1版
印　次：2022年9月　第1次印刷
书　号：ISBN 978-7-203-12259-3
定　价：69.00元

如有印装质量问题请与本社联系调换

《山西大学建校 120 周年学术文库》
总　序

喜迎双甲子，奋进新征程。在山西大学 120 周年校庆之时，出版这套《山西大学建校 120 周年学术文库》，以此记录并见证学校充满挑战与奋斗、饱含智慧与激情的光辉岁月，展现山大人的精学苦研精神与广博思想。

大学，是萌发新思想、创造新知识的学术殿堂。求真问理、传道授业是大学的责任。120 年来，一代又一代山大人始终以探究真理为宗旨，以创造新知为使命。无论创校初期名家云集、鼓荡相习，还是抗战烽火中辗转迁徙、筚路蓝缕；无论是中华人民共和国成立后"为完成祖国交给我们的任务而奋斗"，还是改革开放以后融入科教强国建设的时代洪流，山大人都坚守初心、笃志求学，立足大地、体察众生，荟萃思想、传承文脉，成就了百年学府的勤奋严谨与信实创新。

大学之大，在于大学者，在于栋梁才。十年树木，百年树人。120 年的山大，赓续着教学相长、师生互信、知智共生的优良传统。在知识的传授中，师生的思想得以融通激发；在深入社会的广泛研习中，来自现实的经验得以归纳总结；在无数次的探索与思考中，那些模糊的概念被澄明、假设的命题被证实、现实的困惑被破解……新知识、新思想、新理论，一一呈现于《山西大学建校 120 周年学术文库》。

问题之研究，须以学理为根据。文库的研究成果有着翔实的史料支撑、清晰的问题意识、科学的研究方法、严谨的逻辑结构，既有基于社会实践的田野资料佐证，也有源自哲学思辨的深刻与超越，展示了山大学者"沉潜刚克、高明柔克"的学术风格，体现了山大人的厚积薄发和卓越追求。

习近平总书记在 2016 年哲学社会科学工作座谈会上指出："一个国家的

发展水平，既取决于自然科学发展水平，也取决于哲学社会科学发展水平。一个没有发达的自然科学的国家不可能走在世界前列，一个没有繁荣的哲学社会科学的国家也不可能走在世界前列。"立足国际视野，秉持家国情怀，在加快"双一流"建设、实现高质量内涵式发展的征程中，山大人深知自己肩负着探究自然奥秘、引领技术前沿的神圣责任，承担着繁荣发展哲学社会科学的光荣使命。

百廿再出发，明朝更璀璨。令德湖畔，丁香花开；欣逢盛世，高歌前行。山大学子、山大学人将以建校 120 周年为契机，沿着历史的足迹，继续秉持"中西会通、求真至善、登崇俊良、自强报国"的办学传统，知行合一、厚德载物，守正创新、引领未来，向着建设高水平综合性研究型大学、跻身中国优秀知名大学行列的目标迈进，为实现中华民族伟大复兴的中国梦贡献智慧与力量。

此，共同的利益诉求要求产业界与教育界、企业与学校结成共同体，致力于职业能力培养。

第二，明确职业能力培养的途径是基于工作场所的实践活动。情境理性理论认为，人的理性总是嵌入具体情境并随情境变化而变化的，先验、抽象、普适的理性是不存在的。情境理性最讲究的就是学习者之间以一种理解对方的态度进行充分的对话和交流，不断丰富个人"局部时空的知识"。因此，以经验、能力为基础的"know how"（知道怎么做）、以特定关系为基础的"know who"（知道是谁）两类经验型知识，需要通过工作场所的实践与人际互动来获得。将知识、技能学习放置于真实或仿真的工作情境中，个体如专家、师傅一般进行思考与实践，获得对知识、技能的直接经验，通过实践完成从知识到能力的转化，并在工作情境中，个体形成职业认同感以及热爱劳动的价值观。这种工作场所的提供需要产业界与教育界的通力合作，产业界或者通过提供企业实地考察学习的形式使个体获得工厂师傅指导下的实习、实践，或者通过为学校提供实践设备、技术指导等方式，共同建设高水平、专业化的产教融合实训基地。

第三，构建职业能力培养服务体系，推进职业能力建设。加强职业能力标准的建设。在人力资源的形成与发展过程之中，联合行业、企业与教育领域专家共同制定职业技能标准，确保个体获得企业需要的职业能力并拥有持续发展的能力。行业企业参与能够确保技能标准与职业标准的对接，以标准建设引领职业院校的课程改革与教学改进。加强职业能力的评价与认证制度建设。产教协同构建职业能力的评价指标体系，实行社会第三方组织参与的职业能力评价体系构建及评价开展；实行"1+X"（X指职业技能等级证书）证书制度建设并严格落实，引导个体逐步取得更高一级的职业技能等级证书。

第四，构建实践共同体，推进职业能力培养的管理体制改革。在职业教育迈向现代化的进程中，引入治理理念，打破政府与职业院校的管理垄断地位，将职业能力建设相关主体纳入治理主体范畴；健全社会参与机制，构建性与结构性。主体性指职业能力依附于个体及个体职业行为，以职业行为的方式与个体整合在一起；发展性指职业能力的生成与提升是一个不断发展的过程，以人力资本积累的形式存在；层次性体现了以通用能力为基础、专业能力为核心、综合能力为保障的职业能力体系；结构性指上述不同职业能力之间构筑的相互影响、相互制约的格局。

技能型社会需要的是高素质技术技能人才、能工巧匠、大国工匠，后两者是当之无愧的高技能人才。相比日本、德国等发达国家高级技工占就业人口比重的 40%~50%，中国高技能人才占比仅为 5%~6%，技术工人的求人倍率为 1.5~2 倍。[①] 此外，中国劳动生产率水平仅为世界平均水平的 40%（2015）。[②] 究其原因，是因为劳动力市场求职个体及就业群体的职业能力与企业需求存在着差距。一方面是教育领域中职业院校培养人才的质量亟待提升；另一方面是产业领域中企业为了规避"搭便车"行为，放弃企业培训职责，转而从市场上高薪挖人。这样，学校与企业、教育界与产业界处于"培养人"与"使用人"的相对割裂、孤立状态。想要解决职业能力培养难题，实现职业教育高质量发展，需选择产教融合、校企合作发展之路。

第一，明确职业能力培养的落脚点是个体及企业的生存与发展。职业能力培养是解决"生存之道与发展之道"的连续体，无论对个体还是企业而言，均体现了人力资源开发及人力资本积累。职业能力培养要贯穿于个体职业生涯发展的全过程。要注意夯实通用能力的基础性作用，加强学生的专业能力培养，满足其将要从事某职业活动的特殊需要，解决其当下生存问题；还要加强综合职业能力的培养，确保个体获得应对职业动态变化的可持续发展能力，当职业变更或劳动组织变化时能顺利地实现原有能力的迁移。众多拥有职业生涯能力的个体构成了企业生存与发展所需要的人力资本。因

---

① 《"技工荒成掣肘"，呼唤大国工匠"高薪时代"》，[EB/OL].(2018-5-31)[2019-04-24].http://big5.xinhuanet.com/gate/big5/www.xinhuanet.com/politics/2018-05/31/c_1122917466.htm.

② 《中国劳动生产率提升：增速快但不容歇脚》，载《光明日报》，2016 年 9 月 18 日。

动；前者侧重于培养学术型与工程型人才，后者则更为关注技术型与技能型人才。这是国际社会的普遍分类法，是基于社会功能、人才智能结构角度进行的划分。学术型人才提供理论创新，工程型人才实现产品设计，技术性人才偏重技术实现，技能型人才偏重技能操作。不同类型的人才内在价值不同，无所谓高下之分；同类型人才内部又可划分为初级、中级再到高级的成长序列，体现着内在价值的跃迁。个体通过努力既可以实现同一系列内部的成长，还可以实现跨类型的人才的转化，这体现了人才素质的不断提升。教育与学校的职责在于为个人提供公平的机会，促进个体成长与人生出彩能力的获取，即提升人才的内在价值。市场是人才实现外在价值的场所，内在价值转化为外在价值的前提是人才能够获得市场认可与接纳，目前社会通行的评判标准是资格证书，包括学历资格证书、职业资格证书或职业技能等级证书。由此可见，资格证书的含金量，即是否反映人才的真实能力与水平，显得尤为重要。

职业教育是培养高素质技术技能人才的基本工程。职业教育与人才的关系问题，实质上反映的是职业教育的目的与功能。教育的根本性问题是要解决"培养什么样的人"和"怎样培养人"的问题，前者属于教育目的，后者指向教育路径。职业教育作为一种教育类型，旨在将生物学意义上的"自然人"培养成社会学意义上的"职业人"。职业人具备的职业能力是其安身立命、服务社会的前提，主要通过基于工作场所的实践活动来培养。

有关职业能力的解释经历了逐步深化的过程，如从"一系列能够被测量的孤立行为"到"具有普遍适应性的一般素质"，再到"基于经验与情境的实践获得"。[①] 在笔者看来，以"结果"面貌呈现的职业能力是个体从事职业活动必须具备的多种能力的综合，包括结构视角下的通用能力、专业能力与综合能力，或者要素视角下的知识、技能、态度与价值观等；以"过程"面貌体现的职业能力是个体获得职业发展的过程，具有主体性、发展性、层次

---

① 庞世俊：《职业教育视域中的职业能力培养》，天津大学 2010 年博士学位论文。

技能型社会建设：何类人才与何种职业教育？

2021 年，中共中央办公厅、国务院办公厅印发的《关于推动现代职业教育高质量发展的意见》明确提出："到 2025 年，职业教育类型特色更加鲜明，现代职业教育体系基本建成，技能型社会建设全面推进。到 2035 年，职业教育整体水平进入世界前列，技能型社会基本建成。"全面建设社会主义现代化国家，实现中华民族的伟大复兴，技术技能型人才功不可没。技能型社会需要什么样的人才？需要怎样的职业教育呢？[①] 这些是当前构建技能型社会不得不深思的问题，这些问题的反思与努力也构成了职业教育高质量发展要解决的核心主题。

人才，字典将其解释为"德才兼备的人"。汉代王充指出"人才高下，不能钧同"（《论衡·累害》），意指人才有高下之别，不能完全相同。人才是分布于不同层次的，具有初级人才、中级人才与高级人才之分。这种层次性体现了人才的内在价值。晋代葛洪曾言"人才无定珍，器用无常道"（《抱朴子·广譬》），人才本身没有固定价值，同宝器一样，其价值在于是否被人所赏识。也就是说，用人单位一定程度上决定着人才的外在价值。这样，人才涉及培养与使用两个环节，分别发生在以学校为主的教育机构与劳动力市场两个不同性质的场域中。

人才的内在价值是个体自身所具有的专业知识、专门技能及其他良好素质等；人才的外在价值指的是对社会产生的积极效应。学校是人才培养的主要机构与场所，提供"普通教育"与"职业教育"两种学历教育实践活

---

① 这里的职业教育取其广义，包括职业教育与职业培训两种形式，前者主要发生在学校等场域中，后者则主要发生在更为广阔的社会场域中。

第四章 混合所有制职业院校的治理探索——基于"混合治理"的概念框架分析

第二篇 终身教育视域下"职普继"教育的融通发展探索

第五章 职业教育与普通教育融通发展

第六章 职业教育与继续教育协同发展

目 录

行业、企业、社会组织、政府部门、职业院校共同参与的职业能力实践共同体。各主体之间是一种新型平等关系，通过民主协商的方式共同决定职业能力建设的相关事宜。目前，在社会经济组织参与职业能力建设不积极的情形下，尤其强调以产教融合、校企合作为抓手，加强产教融合型企业建设，发挥企业主体作用。

第七章　国家资格框架及其运行逻辑——基于专业经历的分析

第三篇　职业技能培训的演进、政策及实践探索

第八章　中华人民共和国成立以来职业教育的历史演进

第九章　中华人民共和国成立以来职业技能培训的历史演进

第十章　21 世纪以来中国职业技能培训政策的嬗变逻辑

第十四章　职业教育"走出去"的实践探索

第一节 职业教育"政校行企社"关系演进

"政校行企社"即政府、学校、行业、企业与社会组织是职业教育的利益相关者，因此成为职业教育的重要参与主体。从历史上看，"政校行企社"参与职业教育的积极性及程度有所不同，主体之间的关系基本经历了"融合—分离"的演进历程，当前朝着再融合的趋势发展。

如果将学徒制看作职业教育的最初形态，学徒训练以及行会学徒制存续期间，职业教育参与主体是天然融合在一起的。古代社会，学徒训练作为培养工匠的主要形式是在手工作坊中完成的，教学在生产现场进行，教学过程与生产过程相结合。中国封建社会职业教育具有一定特殊性，官营作坊与家庭作坊并存，呈现出"官私并守"的特征。[1]家庭作坊教育中校、企天然融合在一起；官营作坊教育中增加了政府，政、校、企结合在一起。随着11世纪前后商人行会和手工业行会的产生，学徒训练逐渐制度化，职业教育成为一种具有公共性质的社会化制度。行会成为私营和家庭手工作坊的主要管理组织，通过行规等途径将师傅资格、契约签订及学徒培养的各个环节置于严格监管之下。为了给国家提供更多消费品，国家相关机构成为官营手工作坊的管理机构。由此可见，"政校行企"在学徒培训上是天然融合在一起的。

16至18世纪行会衰落，职业训练与学校教育相结合，"政校行企社"之间的自然连接纽带衰微，呈现出分离态势。行会衰落使得手工业行会学徒制瓦解，国家通过颁布法令干预学徒训练，取得学徒制的控制权。职业训练也从生产过程中分离出来，成为一种独立的组织形态，以职业学校的面貌呈

---

① 夏英：《职业教育师生关系历史演变的社会学分析》，载《中国职业技术教育》，2014年第20期，第58~62页。

第一章　职业教育命运共同体的运行机理
与构建策略 [1]

  2013 年，习近平总书记明确提出构建人类命运共同体的倡议，随后"命运共同体"逐渐成为学者们的关注焦点。职业教育领域中，以协同创新引领产教融合发展，政府、学校、行业、企业及社会组织多方协同行动成为国家政策的基本导向与发展战略。《国家中长期教育改革和发展规划纲要（2010—2020 年）》（2010）指出"建立健全政府主导、行业指导、企业参与的办学机制"；《现代职业教育体系建设规划（2014—2020 年）》（2014）要求"建立健全校企合作规划、合作治理、合作培养机制"。上述政策要求与习近平总书记的"命运共同体"不谋而合，构建"政校行企社"职教命运共同体（以下简称"职教命运共同体"）成为深化职业教育改革、化解产教融合发展困境、实现职教现代化的必然选择。那么，何为"政校行企社"职教命运共同体？"政校行企社"职教命运共同体的机理是什么？构建策略有哪些？上述问题的回答不仅能够丰富职业教育理论，还有助于化解产教融合、校企合作难题，具有重要的理论与实践意义。

---

[1] 贾旻、王迎春：《"政校行企社"职教命运共同体的含义、机理与构建策略》，载《职教论坛》2020 年第 4 期，第 6~12 页。

Christensen 和 Levinson 曾言："我们生活在这样一个时代：对共同体的需求在增长，同时又感觉共同体在衰落。然而，人们从未像今天一样，如此努力地构建、复兴、寻找和研究共同体（2003）。"职业教育命运共同体意味着所有职业教育利益相关者的参与，职业教育高质量发展离不了利益相关者构成的治理共同体的集体行动，未来很长时间我们将致力于此。

——笔者按

第一篇

职业教育命运共同体及治理探索

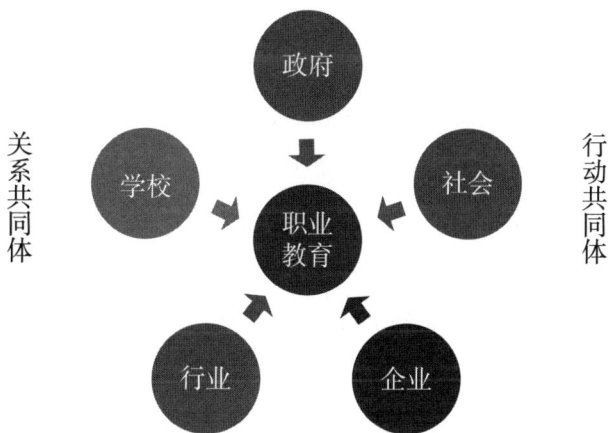

图 1-1 "政校行企社"职教命运共同体

一、职教命运共同体的本质：关系共同体

"政校行企社"职教命运共同体是在职业教育实践活动中达成的精神与实践共同体，实质上体现为关系共同体，通过"合作秩序"实现互惠互利、合作共赢。

"关系"是"政校行企社"职教命运共同体的联结方式。不同于以血缘为联结纽带的血缘共同体，职教命运共同体由政府、职业院校、行业、企业与社会组织等不同组织形式及性质的主体构成，是一个开放的社会网络，他们之间的关系——冲突与合作、竞争与规制是共同体内部最重要的关系形态，不同形态决定了职业教育实践活动的不同面貌。职教命运共同体旨在克服主体间的冲突，不同主体诉求归根结底为"人"的需求，培养高质量的劳动者即技术技能型人才，成为集体行动共同的价值追求与心理认同，这将有助于克服主体间的冲突，确立基于共同价值追求的职业教育合作。

影响关系的决定性因素是利益与责任。共同利益构成合作的基础，责任承担是合作的保障。"政校行企社"职教命运共同体既是利益共同体，又是责任共同体，旨在寻求不同主体间空间利益博弈的平衡和不同价值追求间的职教命运共同体的逻辑起点是不同主体达成共识。职教共识是行动者"对于彼此意向的相互承认、反复沟通，获得彼此意向之共性与差异的完整认识基础上理性取舍的过程与结果。"①此外，职教命运共同体还蕴含集体主义取向，倡导不同主体在"差异的承认"基础上"多样、开放、合作"的公平观，是体现异质性和进化论的弹性认同。三是"政校行企社"职教命运共同体的存在基础是共同达成的某种合作秩序。职教命运共同体是建立在契约基础之上的教育治理，通过合作秩序来维持政府、学校、行业、企业与社会组织等职教参与主体之间的关系。合作秩序的确立通向可持续发展的职业教育制度演化，合作秩序的效率和价值关系到命运共同体的实现。四是"政校行企社"职教命运共同体旨在发挥不同主体的资源互补优势，通过集体行动的"运"来改变职业教育的"命"不济。职教命运共同体的主体因素——政府、职业院校、企业、行业及社会组织作为政治机构、教育机构、经济组织与社会组织，分别拥有政治资本、文化资本、经济资本与社会资本，能够发挥不同组织资源优势，通过集体行动来改变职业教育的"二流教育"标签，提高社会认可度和参与度。

第三节 "政校行企社"职教命运共同体的运行机理

机理指系统中各组成要素的内在工作方式及诸要素在一定环境条件下相互联系、相互作用的运行规则和原理。"政校行企社"职教命运共同体的机理研究旨在从静态呈现与动态变化视角审视职教命运共同体的构成要素及相互关系，回答职教命运共同体是什么、如何产生以及如何运行的问题（见图1-1）。

---

① 张康之：《共同体的进化》，中国社会科学出版社 2012 年版，第 374 页。

表明共同体由政府、职业院校、行业、企业与社会组织五个行为主体构成；"职业教育"反映空间环境因素，表明共同体产生并存在于职业教育领域这样的外部环境中；"命运共同体"是本研究的重心和焦点，其中"命运"体现了共同体发展变化的可能与趋向。中国传统人生哲学以理性态度看待命运，强调人在命运面前保持一种积极进取的态度。[①]"命"具有不可避免的意味，"运"虽不可预知，但可以通过主观努力使之有所改变。"共同体"作为社会理论的起源性概念之一，在滕尼斯的《共同体与社会》中被定义为"通过某种积极的关系而形成的群体，统一地对内对外发挥作用的一种结合关系，现实的和有机的生命组合。由个体意志决定的、相互发生关系的群体，这是共同体的基本条件；对内对外发挥作用是共同体的功能，现实的和有机的生命是共同体的本质。"[②] 学者阿德勒和巴内特认为共同体具有三个特征：共同体内各成员国拥有共同的认同和价值观；成员国之间能够进行多方位的直接互动；共同体表现出一定程度的互惠和利他主义。[③]

　　基于上述理解，将"政校行企社"职教命运共同体定义为：政府、职业院校、行业、企业与社会组织作为重要的职业教育利益相关者，基于共同的教育信仰与教育目标，在培养职业人与社会公民的实践活动中形成的精神共同体与实践共同体；是现代社会职业教育的基本存在形态与重要治理机制。为了更好地理解该概念，需要明确以下几点：一是"政校行企社"职教命运共同体是价值共同体，而非实体共同体。职教命运共同体是以价值共识为纽带的，承载着政府、学校、行业、企业和社会组织不同主体对如何实现职业教育持续、高效与优质发展的价值认同；是不同主体本质意志的结合，主体集体行动的动力主要源于职教文化传统与信仰的召唤。二是"政校行企社"

———————————

① 许万全：《命运范畴初探》，载《华中师范大学学报（人文社会科学版）》，1990 年第 5 期，第 22~25 页。

② ［德］斐迪南滕尼斯：《共同体与社会》，林荣远译，商务印书馆 1999 年版，第 2~3 页。

③ Adler, E. & Barnet M. (Eds.): Security Communities, Cambridge: Cambridge University Press, 1998:30–31.

现。尽管职业教育与国家结合在一起，国家将发展职业教育视为自身责任，政府与职业学校作为提供者和生产者体现了职业教育责任主体与执行主体的关系，但是随着行会衰落，职业教育组织与生产组织独立存在，职业教育与生产过程相分隔，因此，职教参与主体，尤其是学校、行业、企业之间，呈分离状态。

19世纪至二战前工厂培训学徒制时期，国家主义职业教育制度逐渐确立，学校职业教育与工厂学徒培训共同担负起技术技能人才培养重任，职教参与主体呈现有限融合的趋势。职教参与主体"政校行企社"在不同国家演化出多种关系形式。在具有行业传统的德国，行业协会与政府共同管理职业教育，政府、学校、行业、企业结成职教共同体，协同培养产业技能人才。在其他行业力量偏弱的国家，普遍存在学校、行业、企业分离现象。比如，企业培训比较发达的美国和日本，职业教育与培训分离，学校形态的职业教育政府与学校相结合，企业内培训行业与企业有限结合，这种状况在二战后得以延续。随着人们对技术技能人才与岗位需求匹配程度不高的反思，职业教育与经济社会的分离获得关注及调整，现代学徒制的提出正是对学校、行业、企业深度融合的呼唤与回应。由此可见，"政校行企社"职教参与主体的关系在经历一段时间的摇摆之后，出现再次融合的需求，构建"政校行企社"职教命运共同体成为大势所趋。

第二节　"政校行企社"职教命运共同体的含义

现代社会职业教育形态和基本实践方式是以"命运共同体"的形式出现和存在的。"政校行企社"职教命运共同体是一个复合词汇，由"政校行企社""职业教育""命运""共同体"四个核心语素构成，四者共同规制"'政校行企社'职教命运共同体"的含义。其中，"政校行企社"体现主体因素，动态平衡。政府、职业院校、行业、企业与社会组织之间互惠合作、共赢共享，体现一定程度的互惠主义和利他主义，实现途径是不同主体承担各自应负的责任。责任产生于社会关系的相互承诺中，就准公共产品职业教育而言，国家是提供者，职业院校是生产者，行业与社会组织是服务者与评价者，企业既是消费者，基于"谁受益谁负责"原则考虑，同时也是不完全提供者、生产者与评价者，均应积极参与职业教育治理。所以，政府、学校、行业、企业与社会组织构成职教命运共同体的责任主体。①

奠定并维持职教命运共同体的是某种"合作秩序"。职教命运共同体还体现为契约基础之上的重要教育治理机制。政府、学校、行业、企业与社会组织是不同性质的组织，在组织架构、运行方式等方面存在很大差异，如果构建一个超越"政校行企社"的实体组织，从运行方式及成本来看既不可行，也会拉低效率。构建以组织间合作为基础的命运共同体，确立基于组织优势、资源互补的合作秩序，合力解决职业人的培养问题，也是一种有效手段。在开放系统观看来，组织是植根于更大环境下的不同利益参与者间的结盟活动，这种松散耦联的结构可以使职教共同体获得高度的适应性。建立在契约及协商治理基础上的"合作秩序"能够有效确保治理主体的职业教育治理职能划分，保持较高的合作效率。

二、职教命运共同体的生成：人为建构

哈耶克等学者认为，共同体有自生自发和人为建构两种方式，即自发型和建构型。前者是在人际交往过程中自然形成的自然意义上的共同体，秩序自我生成或源于内部；后者是根据人的计划和目的设计出来的人为意义上的共同体，主要作为个体实现某种利益的工具，合作秩序源于外部。"政校行企社"职教命运共同体是通过人为构建生成的。

---

① 《形成"互融共生"校企命运共同体》[EB/OL]，http://www.zjjyb.cn/html/2019-06/19/content_21879.htm.2019-06-19.

　　构建"政校行企社"职教命运共同体是推进职业教育内涵式发展的时代要求与实践需求。历史上，政府、学校、行业、企业曾经在不同程度上出现结盟情况，进入现代社会，出现一定程度的分离，影响了集体行动效果的发挥。中华人民共和国成立以来的厂内学徒培训以及企业办学培养了大量岗位需要的合格技术技能型人才，但是20世纪90年代末，市场经济体制改革使得厂内学徒培训剧减，行业企业所属职业院校与其分离，出现了个体"从学校到工作"（STW）的衔接困境。为此，进入新世纪，中国职业教育领域提出产教融合、校企合作以及职教集团化尝试。职教集团是由政府部门、学校、行业、企业、社会组织组成的联盟，体现多元主体融合的趋势，成为"政校行企社"职业教育命运共同体的基础。但是，"政校行企社"间仍旧存在"校热企冷""集而不团""团而不合（作）"的集体行动困境，表现为：职业教育参与主体思想不统一，没有达成集体协同行动的意见与共识；参与主体行动不协调，组织结构松散，缺乏政策指引、资金支持及制度规范；参与主体信息不对称，如政府不了解企业需求与学校状况，学校不了解市场需求，行业不能精确掌握行业情况，企业不知如何与学校对接等问题，制约合作的有效开展。因此，需以命运共同体为抓手，克服"政校行企社"的集体行动困境。

　　职教命运共同体的构建基础是契约。契约是具有强制执行力的许诺或协议，用来约束与协调缔约方间的行为；作为外在于个体的不同主体交往时运用的工具，对各利益相关者进行职能划分，明确并促进其各司其职、各负其责。规则、规范因此成为职教命运共同体的重要因素。正如吉登斯所指出的，社会结构是由规则或规则系统组成。因此，命运共同体应是基于价值认同、规则与规范等，将政府、学校、企业、行业与社会组织等职业教育的提供者、生产者与服务者、协调者勾连在一起，并明确设定其权力和责任。这种契约达成的方式是有目的、有计划地人为设计的，通过约定共同遵守的合作秩序，实现"政校行企社"间的集体行动。

三、职教命运共同体的运行机制：协商治理

治理成为全球意义的治理范式，是通过自由平等的话语交往方式，让各利益相关者充分表达理性，达成利益最大化的交集，并借助规则工具形成科学决策与行动。"政校行企社"职教命运共同体的有效运行是通过协商治理实现的。

明确主体要素，加强组织互动。"政校行企社"作为行动主体，是责任与权益的附属体。奥尔森认为，组织是在行动者的互动中自我构建而成。[①]"政校行企社"是由中央与地方不同层级、不同类型的政府机构、学校、行业、企业与社会组织等公私组织构成，职业教育资源和权力就分散在这些行动主体身上。主体基于自身拥有的政治、文化、经济、社会资本类别与资源优势，通过协商缔约、竞争合作发挥各自优势，提升职业教育协同行动治理效益。

遵循治理逻辑。搭建"政校行企社"职业教育协商对话平台，通过职教工作部际联席会议、职教与行业对话活动等为不同主体参与职业教育提供平台；"政校行企社"主体基于对话平台展开协商讨论，通过改变各利益主体的个体偏好达成基本共识；通过主体广泛参与的民主决策将之前讨论获得的共识、建议转变为刚性、强制性政策或决议，并付诸行动。

确立规则和激励机制，化解集体行动困境。"政校行企社"在专业标准制定、教学实施、实践实习、实训基地建设等职业教育实践活动中广泛合作，既有不同层级、不同类型府际的合作，也有公私主体间的合作，因此，规则成为约束复杂个体行动的关键要素，以规则秩序构建行动秩序。此外，借鉴奥尔森的选择性激励机制和小集团克服搭便车行为，一方面制定合适的激励机制，鼓励个体积极参与职业教育；另一方面在具体的职业教育合作中结成小集团，如校企合作推进现代学徒制、行企携手开展职业标准制定与人

---

① ［美］奥尔森：《集体行动的逻辑》，陈郁译，汉语大词典出版社 2011 年版，第 54 页。

才需求预测等，使得合作更为灵活、高效。

第四节 "政校行企社"职教命运共同体的构建策略

"政校行企社"职教命运共同体是深化中国职业教育改革创新、实现内涵式发展的必然选择。这种"松散而亲密的联盟"有助于实现行动主体之间的权利制衡、利益共享、风险共担，从而促进职业教育质量提升与服务能力增强。

一、强化职教命运共同体意识，推进基于认同的集体行动

构建"政校行企社"职教命运共同体，需要遵循"共同体意识—共识—集体行动"的逻辑线路。

树立自觉的共同体意识。职教命运共同体意识是对高质量职业教育的美好期待与努力，是"政校行企社"携手前行共命运的情感。现代社会分工越来越细，主体专业化程度越来越高，一方面个体对他人或社会的依赖逐渐增强，另一方面个体也容易摆脱集体意识的束缚。因此，在提供职业教育产品或服务过程中，现代社会赋予"政校行企社"不同的社会角色与功能承担，通过共同体意识的培养，打破传统的组织隔离与时空观念，促进职业教育一体化发展。这种建立在职教行动者异质性相互依赖基础上的社会联结方式体现了涂尔干的"有机团结"思想。

达成共识。共识是一种理性化的意向一致，需要经过"相互承认、反复沟通与理性取舍"三个环节[①]方能达成。共识是以"政校行企社"对职业教

---

① 张康之、张乾友：《论共同行动的基础》，载《南京农业大学学报（社会科学版）》，2011年第11期，第79~87页。

育产品或服务的彼此意向的相互承认为前提；在此基础上行动者就什么是好的职业教育以及如何提供好的职业教育进行反复沟通，并获得彼此意向之共性与差异的完整认识；理性取舍，放弃差异，消除彼此关于职业教育共同行动的分歧，就此达成某种共识。

在互动规范中开展集体行动。奥尔森认为，组织是在行动者的互动中自我构建而成。[①] 这种互动体现了合作与冲突、竞争与规制的关系。为确保"政校行企社"协同行动，提供好的职业教育，需要制定行为规范与准则来约束行动者博弈关系。需要注意的是，职教命运共同体中不存在单一垄断的公共权威，规制制定需要考虑主体间的相互制衡。此外，遵循"辅助性原则"处理"政校行企社"关系，学校与企业能解决的职业教育问题，不推给社会，社会可以解决的问题，不依靠国家，各行动主体充分调动其资源优势与行动优势，尽可能地在较低层次化解职业教育难题，推进职业教育实践。

二、加强协同行动的制度建设，为职教命运共同体提供保障

制度"是一系列被制定出来的规则、服从程序和道德伦理的行为规范"[②]。推进职教命运共同体既要加强正式制度建设，又要充分利用非正式制度的力量和意义。

国家主导职业教育的政策制定。中国教育制度变迁始终以政府主导型变迁为主，政府是多重角色的承担者，既是制度制定与执行主体，也是社会发展的推动主体。正如英国学者弗里曼所言："校企合作是典型的国家行为范畴，它必须由国家政府出台相关保障性措施才得以顺利开展。"[③] 加强产教融合、校企合作及职教集团化发展，不单单是职业教育领域与企业界的事情，

---

① ［美］奥尔森：《集体行动的逻辑》，陈郁等译，汉语大词典出版社 2011 年版，第 54 页。

② ［美］道格拉斯 .C·诺思：《经济史中的结构与变迁》，陈郁、罗华平等译，上海三联书店 1994 年版，第 225 页。

③ Christopher Freeman. Technology and Economic Performance: Lessons from Japan ,London: Frances Printer，1987: 9—26.

更是国家的发展战略，是推动经济转型发展，实现"中国制造2025"，创建智能社会，实现社会和谐、稳定发展的大局举措。因此，国家应始终发挥主导作用，通过制定与完善相关法律、法规、政策等抽象规则，切实保障、推进职教命运共同体的建设。

加强国家层面的制度建设。制度意味着社会的某种结构化因素在塑造行为者策略的同时，对行为者的偏好产生重大影响。职教命运共同体是具有抽象性质的关系共同体，需要一整套制度来维系运转。一是完善职业教育法律法规及政策体系，以制度规范"政校行企社"主体行为，为集体行动营造好的社会氛围，提供具体的法律、法规保障及政策支持。二是完善国家与地方政府的职业教育联席会议制度等，完善议事工作机制，建立公私合作、开放包容的多元办学格局。三是明确政府职能，肯定行业、企业参与职业教育的主体地位，发挥社会组织的参与、监督作用，通过制度约束个体行为。四是由传统科层管理向以效率为目的的现代治理变革和转型，建立多元、多维、多层的协同治理机制。

重视非正式制度建设。正如费孝通所认为的，中国现代化建立在本土的、草根文化的基础上，因此，构建现代化的职教命运共同体不能不受非正式制度的影响。非正式制度是自发形成的传统伦理、习惯性规则和传统行为规范。一方面传承优秀传统，如历史上行业办学、厂内学徒培训等做法以及政校结合的管理经验，解决目前学校职业教育培养人才无法满足岗位需求的问题。在职教命运共同体建设方面，当产教融合、校企合作等没有正式制度规范时，可以借助以往的合作传统，让作为非正式制度的传统实践发挥作用。另一方面尽可能地避免消极影响，如中国历史上行业协会及其他社会组织力量偏弱、社会责任意识不强、职业教育参与不足的问题。营造全国全民重视职业教育的氛围，鼓励并扶持职业教育相关社会组织加强能力建设，引导其不断增强服务社会的责任意识，从而为职教命运共同体建设提供组织与意识支持。

三、推进管理体制改革，划分主体职责，推进职教命运共同体建设

管理体制改革是迈向职业教育现代化、推进职教命运共同体构建的关键环节。从管理走向治理，划分主体治理职责，不仅使职教命运共同体成为可能，并切实推进其建设进程。

推进职业教育管理体制改革，实行"管理"到"治理"的转变。管理体制是管理系统的结构和组成方式，治理是管理理念的创新与丰富，主要体现在管理主体和向度的多元化与多面化。不同于传统的自上而下的科层管理，职业教育治理强调治理主体的多元化，鼓励政府、职业院校、行业、企业及其他社会组织等利益相关主体的广泛参与；不同主体之间双向或多向互动，在职业标准建设、教学实施、实习实践等职业教育实践活动中构成复杂的网络治理结构。

划分主体治理职责，构建合理利益机制，促进"政校行企社"职业教育命运共同体的构建。正确处理共同体中"政校行企社"的关系，划分主体治理职责（见表1-1），以此来化解利益冲突。国家承担管理、监督与调控职能，学校与企业承担生产职能，行业协会代表行业承担服务、协调与管理职能，其他社会组织承担评价与监督职能。以个体之间普遍存在的价值共识为连接纽带，以"同理"作为道德，以"同利"作为目的，形成共同的利益和价值目标；建立共同的行为规范与行为准则；积极主动地促进倡导者（国家）、推动者（行业）、主导者（学校、企业）与监督者（社会）的有效合作。复杂性治理体系一方面积极促进治理主体多元化，允许"政校行企社"的合作与参与，构建风险治理的职教体系。另一方面主张在治理主体间构建复杂网络结构，以签署合作协议为纽带达成治理共识，建立灵活、动态的合作关系，从而提高治理效率。

表 1-1 主体视角的职业教育治理职能

划分维度	主体	功能	具体职责
国家	中央政府	管理、监督与调控	宏观决策、监管与调控职能：制定法律与职教政策，提供财政支持，教育绩效管理，（学历、职业资格与技能等级）证书监管等
	地方政府		地方法律与政策，提供经费支持等
	各级各类职业学校等教育机构	生产	微观学校治理职能：人才培养方案修订、专业设置、课程（体系）选择、教学安排与实施等人才培养责任等
市场	企业	生产	参与学校治理，如专业、课程建设以及教学等人才培养管理工作等，同时提供企业教育实习、实践机会，开展校企技术合作等
社会	行业（协会）	服务、协调与管理	协调学校与企业的职业教育合作关系；提供劳动力市场信息服务（包括就业岗位信息、岗位能力需求等）；职业资格与技能等级证书管理等
	其他社会组织	评价与监督	职业教育质量监督与评价等

第二章 职业教育治理共同体的概念模型与构建路径[①]

中国职业教育遭遇技术革新、经济转型带来的诸多不确定性及公民意识觉醒所表征的现代化发展困境。如何增强职业教育适应性，实现高质量发展，满足社会与个体发展之需，寻找新的可持续发展范式，成为职业教育亟待解决之问题。2017 年习近平同志提出的"深化供给侧结构性改革"具有明显的中国特色，与之相关的实践活动早已存在。[②] 此外，学界也展开了关于"供给侧结构性改革"与"治理共同体"的多学科、多视角探讨，提供了问题的分析思路及可能解决路径，既为职业教育提供了超越需求侧的观察视角，也指明了现代化发展进路。本研究基于"供给侧结构性改革"视角，对以下基本学理问题进行分析：构建职业教育治理共同体的意义何在？是否可以构建职业教育治理共同体概念模型？职业教育治理共同体的构建路径是什么？

---

① 贾旻:《职业教育治理共同体的概念模型及其构建路径——基于供给侧结构性改革视域》，载《中国成人教育》，2019 年第 17 期，第 9~14 页。

② 朱起民、赵艺凡、霍玉文:《高校继续教育供给侧结构性改革：理论与路径》，载《中国成人教育》，2019 年第 6 期，第 79~82 页。

第一节 职业教育治理共同体：供给侧结构性改革的实践指向

"供给"与"需求"是既对立又统一的范畴，分别对应着生产与消费领域。讨论职业教育的供给与需求实际上是讨论职业教育产品或服务的生产与消费。引入函数表达式：VE=f（VEd，VEs），职业教育（VE）的发展受供给侧（VEs）与需求侧（VEd）的共同制约。当需求侧（VEd）在一定时期内稳定不变时，可以通过供给侧（VEs）结构性改革优化职业教育。按照古典政治经济学与马克思政治经济学的观点，生产是经济发展的基础性决定因素，生产决定消费，因此，供给侧在职业教育改革中显得尤为重要。当前，中国职业教育发展困境集中表现为供需结构失衡：从需求侧来看，职业教育质量不高、社会影响力偏低，影响了家长、学生选择职业教育的信心；职前职业教育培养的人才与工作岗位不对接，无法满足就业市场需求，影响了企业对职业教育的期待；这些矛盾集中表现为国家职教财政投资的低效率以及职业教育的低效益。因此，深化职业教育改革、实现可持续发展范式的重点仍在于供给侧，而非需求侧。只有进行制度改革、体制机制创新，降低制度性生产与交易成本，才能进一步激发职业教育效率与活力；[①]唯有遵循"以质量求生存"的市场原则，提供满足个人期待、劳动就业市场与企业需要的技术技能型人才，才能从生产源头解决人才质量问题，实现职业教育的现代化转型。

从实施范畴来看，职业教育的供给侧结构性改革发生在"供给端"。"职业""技术""教育"的"跨界"性特征决定了在职业教育产品或服务的生产与提供过程中，需要突破"政府"单维主体，实行多元主体协同共治。"职

---

① 《从"供给侧"视角考虑职教问题》，载《中国教育报》，2015 年 12 月 17 日。

业性"与"技术技能性"是职业教育异于普通教育的功能特征,体现为职业教育目标的应用性与实践性,培养满足劳动就业市场与企业需求并具有实践操作能力的技术技能型人才。"跨界性"是职业教育异于普通教育的场域特征,跨越了企业与学校、工作与学习,[①] 提倡产业界与教育界联合行动。"教育性"是职业教育有别于职业培训的属性特征,将个体职业能力与可持续发展作为终极培养目标,实现工具理性与价值理性的统整。

从实施内涵来看,职业教育的供给侧结构性改革聚焦于"结构"维度,围绕着"质量"核心及"效益""效率"目的而展开,体现在以下方面:"以政府转型为主线"的结构性改革,旨在加大以政府为中心的职业教育制度供给;在要素领域全面深化改革,推动职业教育涉及的人、信息、技术、财政资金、实物资本等要素的结构升级;改进职业教育系统内部行为,实现发展方式的转向,即"外延式规模发展"到"内涵式质量提升"的结构性变革等。

从实施目标来看,职业教育供给侧结构性改革是"实现职业教育公共利益最大化"。优化职业教育要素、资源配置,满足政府、企业与个体三方面利益诉求,进而达到帕累托最优。追求帕累托最优的过程就是管理决策的过程,旨在争取以最小成本创造最大的职业教育效率与效益。在中国现有资源条件下,不仅满足国家对于"负责任社会公民"的需求,满足企业对于"合格的技术技能型创新人才"的需求,还要满足个体对于"获取生存技能与职业发展能力,以追求体面生活"的需求。

总而言之,职业教育供给侧结构性改革是一揽子工程,涉及职业教育相关要素及全过程。其中,核心问题,即关涉主体、结构及效能问题的解决关键是从"管理"走向"治理"。因此,基于治理构筑具有共同利益诉求与价值追求的共同体是职业教育改革的逻辑起点;构建治理共同体,即明确治理主体、厘清治理结构以及规范治理职能是现代职业教育供给侧结构性改革的

---

① 姜大源:《中国职业教育发展与改革:经验与规律》,载《职业技术教育》,2011 年第 19 期,第 5~10 页。

实践指向；供给侧结构性改革的实质是消弭政府与学校的行政权力与自治权力、学校与行业企业的育人价值与功利价值、学校与市场等诸多冲突的有效路径。

第二节 职业教育治理共同体的概念模型

正如洛佩兹所言，好的概念可以使理论解释策略得到发展。构建职业教育治理共同体的概念框架即提供了研究的共同话语与参照系，成为构建职业教育领域学术体系与话语体系的核心基础。职业教育治理共同体是基于广泛认可的职业教育信仰，在培养技术技能型人才的教育实践活动中形成的精神与实践行动集体，涉及"治理主体""治理结构""治理职责"及"治理机制"等核心要素，这些问题的回答构成了职业教育治理共同体的概念框架。

一、治理主体的多元化

组织场域理论认为，"场域是最基本的，应该成为研究的焦点"[1]。社会科学的真正对象是场域，而非个体。诚如布迪厄的"[（惯习）（资本）] + 场域 = 实践"公式所指，社会实践是惯习、资本与场域共同作用的产物。在这种渗透着关系主义的思维模式中，惯习以"文化无意识"的形式为实践活动提供规则，资本是实践活动的主要工具，场域体现了实践活动发生的空间位置。从主体之维看，职业教育治理共同体表现为复杂的组织场域集合（如图2-1所示），由既相互独立自主又彼此关联的"次场域"构成，具有主体多元化特征。基于治理主体的身份差异，职业教育治理共同体由政府相关管理

---

① ［法］皮埃尔·布迪厄、［美］华康德：《实践与反思——反思社会学导论》，李猛等译，中央编译出版社 2004 年版，第 145 页。

部门为代表的政治场域、企业为代表的经济场域、社会组织为代表的社会场域及职业院校为代表的教育场域构成。需要指出的是，四种场域并非绝对的界限分明，存在一定程度的交叉。

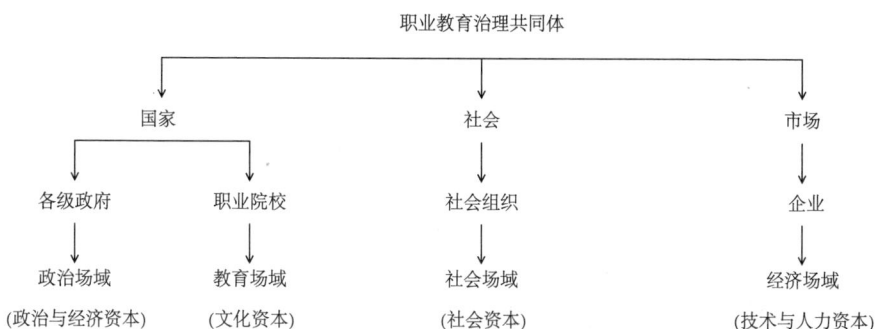

图 2-1 职业教育治理主体框架

治理主体在场域中居于何种地位由自身惯习及其掌握的资本所决定。其一，政府相关部门凭借强大的政治资本，在职业教育治理场域中处于主导与支配地位。20 世纪以来，各国在社会本位意识形态影响下，确立国家主义职业教育理念，建立政府资助的公立职业教育系统，政府在职业教育治理中拥有绝对话语权和决策权，在资源分配、规则制定等方面居于主导地位。国家拥有权力来协调人力、财力与物力，支持国家职业教育事业，权威政府的资金筹集能力是其他任何治理主体都无法比拟的。其二，职业院校凭借无可比拟的文化资本优势，成为现代职业教育的主要提供者和实施者，在职业教育治理场域中占有重要地位。作为政府延伸或者附属机构的各级各类公立职业院校，拥有教育场所、实习实训设备、课程、教材等客观性文化资本，师资、办学理念等身体性文化资本及基于政府授权而颁发学历证书的制度性文化资本。其三，企业拥有雄厚的经济资本，作为技能训练与养成基地，是职业教育治理的预期主体。代表市场利益的企业等经济组织拥有资金、厂房、设备、材料等物质资源以及企业员工的知识、技术等人力资源。如果企业有足够动力，利用现有资本从事技术技能型人才培养，就实现了经济资本到文化资本的转变，成为职业教育的重要实施机构。其四，社会组织[①]虽然缺乏政治、经济与文化资本，但是，通过有目的的行动可以获得社会资本，是职业教育治理的潜在主体。社会资本具有调动资源的能力与生产性，基于信任、规范等关系协调组织内部行动可以减少不确定性和交易成本，提高社会效率。一旦社会组织能够凭借其拥有的信息等社会资本，调动相关资源参与职业教育，便成为真正的治理主体。

二、治理结构的网络化

作为剧烈社会变迁的回应，高度分化与技术化的社会结构要"如何保持社会秩序及成员整合"成为共同体研究的核心问题。[②]嵌入性理论的观点与假设可用于解释职业教育治理共同体，社会网络分析也成为研究治理共同体的主要方法。基于已有文献的关系嵌入性、结构嵌入性、认知嵌入性、文化嵌入性和政治嵌入性分析维度，提出"结构、关系、认知与环境"嵌入性分析框架。其中，结构嵌入性分析用于描述职业教育治理共同体的外部构成表征，关系嵌入性是关系如何形塑的动态描述，认知嵌入性从群体思维视角分析治理主体自身，环境则是从外部视角分析治理如何产生。

职业教育治理共同体是治理系统中所涉及的主体、客体、工具与环境等核心要素间、要素与系统间的关系模式与安排，本质上反映一种秩序追求。职业教育嵌入产业结构调整、技术变革、社会变革的社会系统，吸引政府、职业院校、企业与社会组织等主体参与，主体间及主体与系统间形成一种复杂的网络结构。治理主体构筑的网络化治理结构追求整体功能的发挥，旨在实现职业教育共同利益的最大化。此外，治理主体根据不同治理事项，以"网络节点"形式占据系统中的不同位置，其地位是平等的，只是在发挥具

---

① 这里的社会组织主要指行业协会、非营利企业等实际参与职业教育治理行动的社会组织。

② Fischer、ClaudeS. Toward a Sub-cultural Theory of Urbanism. American Journal of Sociology, Annual Review of Sociology, 1975,（06）.

体功能时，功能主导者有所变化。具体地讲，政府在职业教育的政策制定、发展规划、财政支持、质量监管等方面发挥主导作用；具体实施时，学校与企业承担主要职责；在质量监测与评价方面，应该充分发挥第三方社会组织的责任。各主体既协商共治又各司其职、各负其责，这样形成的具有一定弹性的网络化治理结构才是比较稳定的。

职业教育治理共同体是规范、信任与互惠等表征的社会资本，是政府、职业院校、企业与社会组织等不同主体在资源优势基础上通过资源交易、流动、联结、创新等活动寻求资源互补，基于互惠预期而发生双向关系。构建现代职业教育治理共同体的意义在于促使个体或组织行为主导的职业教育活动转变为群体行为的主体间性交往活动。政府、职业院校、企业与社会组织等为共同解决职业教育问题而结成密切合作关系，联系强弱可以用关系的内容、方向、延续性和强度等指标来测度。[1] 理想的治理共同体是行动主体嵌入职业教育治理关系网络中，行为受其影响，基于信任、多赢、沟通、协作而构筑社会伙伴关系。社会资本由构成社会结构的要素组成，主要存在于社会团体和社会关系网络中，只有通过成员资格和网络联系才能获得回报。职业教育治理共同体中至少存在职业学校与企业的强联结，政府、企业与行业协会的强联结及政府与职业学校间、职业学校与社会组织间的弱联结。强联结有助于发挥治理主体联合行动的力量，弱联结则有利于保持治理主体的独立性，避免在相互牵掣中造成资源浪费，从而有益于高质量技术技能型劳动者的培养。

三、治理职能的分工协作

"共同体旨在追求某种善"[2]，在共同生活中不断形成一种"向善共生的伦

---

[1] Granovetter M.The Strength of Weak Ties , American Journal of Sociology ,1973, 78(6): 1360–1380.

[2] ［古希腊］亚里士多德：《政治学》，颜一等译，中国人民大学出版社 2003 年版，第 1 页。

理指向和团结互助的道德逻辑"①。善治"是公共利益最大化的管理过程"②，
这与追求职业教育公共利益最大化的供给侧结构性改革目标不谋而合。因
此，职业教育治理共同体是多元利益主体在良性互动中寻求"善治"，实现
共赢。"善治"是一种抽象表述，从实现职业教育产品供需均衡的视角分析，
将其具体化为容易观测或者衡量的目标，即职业教育需要满足来自政府、企
业及受教育者、家长的多方利益诉求。具体地讲，满足政府对于"负责任的
社会公民"的诉求，满足企业对于"合格的技术技能型劳动者"的诉求以及
满足公民对于"体面、有尊严生活"的诉求。职业教育治理共同体是在技
术革新、经济转型及公民意识觉醒的时代背景下，针对职业教育治理行动者
（包括个体和组织）间出现的种种利益冲突，如政府的行政权力与学校的自
治权力、学校的育人价值与行业企业的功利价值的冲突等而提出的概念。治
理共同体既是利益共同体，也是伦理共同体，是在共同的职业教育治理与目
标追求中形成的基于功能耦合的"有机团结"；坚持"整体本位"指导原则，
将个体独立人格与个人权利整合进"共同体"，只有作为成员，才可能享有
"安全、富裕、荣誉、职位和权力等"③；建立集体归属感和认同感，治理主体
的个体目的不可能独立实现，必须在与其他主体追求善治的联合行动中得以
实现。

职业教育治理共同体在以职业教育公共利益最大化为表征的"善治"理
念指引下，实行主体权力分散、责任共担。职业教育治理事项及其相应责任
具有复杂交错性，从"国家—市场—社会"维度展开分析。政府、教育机
构、企业、行业协会及其他社会组织作为重要利益相关者，在职业教育产品

---

① 王露璐：《共同体：从传统到现代的转变及其伦理意蕴》，载《伦理学研究》，2014 年第 6
期，第 77~80 页。

② 俞可平：《治理理论与中国行政改革（笔谈）——作为一种新政治分析框架的治理和善治理
论》，载《新视野》，2001 年第 5 期，第 35~39 页。

③ ［美］迈克尔·活尔泽：《正义诸领域：为多元主义与平等一辩》，褚松燕译，译林出版社
2002 年版，第 38~39 页。

的提供、生产与消费过程中，遵循"管、办、评分离"原则，分别承担着管理、生产、服务、调控、评价与监督等治理功能。其一，国家承担职业教育的监督、管理与调控等宏观职能。本着"有限责任政府"原则，各级政府逐渐出让权力，将精力集中于相关法律政策制定、财政支持、有效监管等方面。在政府主导下，治理主体积极参与法律政策调研、制定、修订等协商过程；通过相关机构开展职业教育绩效评估并据此调整财政支持。基于"事权与支出责任相适应"①原则，地方政府以财政收入承担职业教育财政支出责任，中央政府基于对职业教育服务提供的监管与调控，通过转移支付承担支出责任。其二，教育机构与企业共同承担职业教育生产职能。在人才培养方案制订、专业设置、课程选择、教学安排与实施等具体治理事项中，学校与企业共同承担育人职责。学校等教育机构凭借雄厚的教育资源成为育人主体，企业凭借对职业、岗位等需求的精准把握，在微观层面介入学校职业教育，并为学生提供企业实习，为教师提供实践并开展技术合作等。其三，行业协会承担服务、协调与管理职能。②作为企业的代言人，行业协会在职业教育治理中，协调学校与企业的职业教育合作关系，为学校提供劳动力市场信息服务，同时，提供职业资格证书的组织、考试、发放等管理责任。其四，其他社会组织承担职业教育评价与监督职能。作为第三方社会组织，具有客观、公平等特征，能够对职业教育提供科学评价，为教育机构改进教学、提高质量提供方向指引，同时，成为国家对职教实施绩效管理、提供财政资助的依据。

---

① 魏建国：《教育事权与财政支出责任划分的法治化——基于一个理解框架的分析》，载《北京大学教育评论》，2019 年第 7 期，第 74~90 页。

② 肖凤翔、贾旻：《行业协会参与现代职业教育治理的机理、困境和思路》，载《西南大学学报（社会科学版）》，2016 年第 4 期，第 87~91 页。

表 2-1 主体视角的职业教育治理职能

划分维度	治理主体	治理功能	具体职责
国家	中央政府	管理、监督与调控	宏观决策、监管与调控职能：制定法律与职教政策、提供财政支持、教育绩效管理、（学历与职业资格）证书监管等。
	地方政府		地方法律与政策、提供经费支持等。
	各级各类①学校等教育机构	生产	微观学校治理职能：人才培养方案修订、专业设置、课程（体系）选择、教学安排与实施等人才培养责任。
市场	企业	生产	参与学校治理，如专业、课程建设以及教学等人才培养管理工作等，同时提供企业教育实习、实践、开展校企技术合作等。
社会	行业协会	服务、协调与管理	协调学校与企业的职业教育合作关系；提供劳动力市场信息服务（包括就业岗位信息、岗位能力需求等）；职业资格证书管理。
	其他社会组织	评价与监督	职业教育质量监督与评价。

四、治理机制的市场化运作

市场是治理的一种形式。①从世界范围来看，市场化运作已成为各国尤其是市场经济国家所推崇的一种理念。治理机制的市场化运作是遵循市场经济的规律与要求，采用市场化运作手段，实现资源和要素的优化配置，从而提高治理效率与效益。市场化运作的动力源于市场活动参与者的经济利益，目的是为了降低交易成本，满足参与者获得最大经济利益的需求。

尽管职业教育产品作为准公共产品不能被完全推向市场，实行教育市场化与产业化，但是，引入市场化运作机制既有助于职业教育治理共同体的构建，同时，也是治理共同体的应有之义。其一，规范政府的职业教育行政行为，扩大市场配置教育资源的份额。促进政府职能转变，将不该由政府管理

---

① ［法］皮埃尔·卡蓝默：《破碎的民主：试论治理的革命》，高凌瀚译，生活·读书·新知三联书店 2005 年版，第 120 页。

或可以由中介机构代管的事项从政府职能中分离出去，既要防止政府因"权力寻租"而出现职能越位现象，也要避免因事权划分不清而导致的政府错位与缺位现象。其二，调动企业、社会组织等参与职业教育治理的积极性。基于应该承担的职业教育职责，在职业教育治理共同体内部进行权力划分，给予企业、社会组织等参与提供职业教育产品及服务、协调、监管等活动的权力，形成合力的权力结构，各种权力之间既相互配合又彼此制约。其三，通过市场交换，实现资源优势互补。如前文所述，政府、职业院校、企业与社会组织等行为主体是独立的组织场域，具有独特的优势资源，必然与其他环境发生依赖关系。基于各自拥有的资源优势，通过资源交易、流动、联结、创新等活动寻求资源互补[①]，实现社会整体职业教育资源的优化与合理配置。其四，确立契约关系，规制治理主体的权、责、利。法律是基本的规范体系，通过法律这种社会契约形式明确规定不同治理主体的权、责、利，确保治理实现。需要注意的是，提倡市场化运作的治理机制，谨防公正、公平与正义的社会价值观被强调竞争、效率、产能和利润优先的市场标准取代。

第三节　民主协商：职业教育治理共同体的构建路径

职业教育治理共同体既体现了民主协商的过程，也是民主协商的结果。民主是一系列原则和行为方式，协商是重要实践形式；民主蕴含着妥协合作的价值观，协商是推进民主的制度自觉。构建职业教育治理共同体的民主协商就是形成组织集体认同、基于契约与辅助性原则的制度构建过程。

---

① 邓小华：《论职业教育治理主体的资源依赖关系及保障机制》，载《河北师范大学学报（教育科学版）》，2016年第7期，第41~46页。

一、加强组织集体认同

如果将治理共同体看作松散型组织的话，加强组织集体认同是民主协商的前提。组织具有一定的群体思维与认知，治理主体在多大程度上愿意在共同愿景和规则下参与职业教育，是构建职业教育治理共同体的关键。不同治理主体达成共同认知、规范与信念，有助于加强信息传递，减少冲突，加强资源互换与知识分享，发挥整体功能，实现职业教育治理共同体的组织目标。职业教育供给侧结构性改革中，各治理主体达成以下共识与集体行动：政府采用自愿性、强制性、混合性等多重组合的政策工具，将职业院校、企业及社会组织等整合进"政策联盟框架"，其中，不同主体受限于所拥有的专用性职业教育资源，与其他主体存在资源依赖关系；承认政府、职业院校拥有的有限资源，构建整合职业教育资源的共同体；在政府主导下，倾听来自职业院校、企业及社会组织的声音，以民主协商的方式协调各自的利益诉求，以达成治理事项的基本共识并协同行动。

二、基于契约构建共同体

契约是不同主体基于自由意志达成的合意状态，体现了具有道德与法律性质的社会约束关系，是民主协商的基础。职业教育治理共同体通过契约明确不同主体的权利、义务，各利益主体在协商过程中求同存异，达成共同的治理目标。职业教育供给侧结构性改革中，各治理主体遵循自由、平等与守信的契约精神，组成职业教育治理共同体。由于治理面临不确定性与复杂性，信任在关系契约中起着核心作用；通过关系性规则来减少不同治理主体可能出现的机会行为主义，促进长期合作和共同体的稳定。由于职业教育治理的复杂性，无法做到对治理所有内容进行具体详尽的规定，因此，只能确定基本目标和原则，发挥个人关系在契约的长期安排中的关键性作用。

三、遵循主动辅助性原则

主动辅助性原则也被引申为权力范围或权限职责划分，是一种自下而上的组织原则，是民主协商顺利推进的主要遵循原则；这是一种调和性的政策原则，在权力博弈过程中，自下而上地配置和行使权力，在合作基础上共同建立合适的行动方案。职业教育供给侧结构性改革是治理权力博弈的过程，采用主动辅助性原则将职业院校、社会组织、企业、政府四者构成的职业教育治理秩序体系进行合理划分，强调"基层优先""分域治理"，自下而上地配置和行使权力。需要建立与国家职能状况相适应的规模适度、责任适当的政府；更多治理权力被职业院校、企业、社会组织这些实施机构来掌握和运用，除非政府在特定目标上更加有效。与国家相比，行业组织和企业应承担更多事情，享有优先于国家解决职业教育事务的权力；在权力分层的治理秩序中，确保由最低层级的行业组织等来推行政策。

四、加强制度建设

制度是"为人们的相互关系而人为设定的一些制约"[1]，构成民主协商的保障。职业教育治理共同体的推进需要相关制度的规范与保障。职业教育供给侧结构性改革是制度逐步完善的过程，是不同治理主体基于利益共享的集体行动选择。正式与非正式制度能够确保职业教育治理共同体的产生与存续，即通过"规制性、规范性与文化——认知性制度要素"[2]确保职业教育治理共同体的组织合法性及活动的顺利展开。其中，规制性制度要素是借助规则、法律、奖惩、制裁等手段，采用"强制"扩散机制，通过完善法律、法规等正式制度规范治理主体的实践活动；规范性制度要素是价值观、规范等

---

[1] ［美］道格拉斯 C·诺斯：《制度、制度变迁与经济绩效》，杭行译，格致出版社、上海三联出版社、上海人民出版社 2014 年版，第 4 页。

[2] ［美］理查德·斯科特：《制度与组织——思想观念与物质利益》，姚伟、王黎芳译，中国人民大学出版社 2010 年版，第 58~67 页。

约束性期待，通过"规范"这样的扩散机制，通过加强治理主体之间的信任与合作关系，确保复杂的治理活动得以开展；文化—认知性制度要素是通过一种嵌入式的文化形式，强调以社会为中介的共同意义框架，达成对治理共同体的意义及存在价值认可，进而转化为积极参与的实际行动。

综上，本研究在职业教育供给侧结构性改革呼唤中，基于结构功能主义研究范式，提出主体多元、职能共担的网络型职业教育治理共同体概念模型，其实现路径是民主协商。需要注意的是，供给侧结构性改革不等同于供给导向，职业教育治理是探索如何通过共同体的联合行动，更好地满足来自国家、产业系统及个体的实际需求，实质上是需求侧所牵引的供给侧结构性改革。

第三章 职业教育的分散化治理趋势及经验

实现职业教育治理体系和治理能力现代化是当前中国职业教育改革的重要目标。当前，中国职业教育进入提优增质、追求高质量发展的新阶段，传统职业教育管理模式存在诸多弊端，制约着职业教育实践。世界范围内兴起的"分散化的公共治理"，即在政府的核心公共服务部门之外设立大量的具有一定独立性的公共组织以达到政府"良治"目的[①]，可以为中国职业教育改革与发展提供借鉴经验。

第一节 分散化治理的概念阐释及分析框架

一、分散化治理的概念阐释

分散化治理（distributed governance）是经济合作与发展组织（OECD）在研究关于从传统行政管理模式向新型公共管理体制转化课题中提出来的概念，是在公共治理领域兴起的一种新型实践模式。该模式的核心是在政府核心部门外设立大量的具有一定独立性的代理机构、权力主体和其他政府实体等[②]，在政府管理中实现决策与服务提供的相对分离，将决策者和服务提供者

---

① 彭江：《分散化的公共治理：中国大学管理改革的新走向》，载《湖南师范大学教育科学学报》，2005 年第 2 期，第 41~46 页。

② 经济合作与发展组织：《分散化的公共治理代理机构、权力主体和其他政府实体》，国家发展和改革委员会事业单位改革研究课题组译，中信出版社 2004 年版，第 9 页。

由隶属关系转变为契约关系。国际公共治理实践表明，这是一种值得借鉴的治理模式。以下将从核心理念、主体角色定位、实践过程和运作机理四方面对分散化治理进行阐释。

分散化治理的核心理念是尽可能低成本，高效率地满足公共需求，充分考虑政府、学校与培训机构、企业甚至是民众的需求。在治理的过程中，设立相对独立的机构，以提供多样化服务，力求使多元主体的相关利益诉求都能得到满足，达到利益均衡与协调。开展分散化治理，可以使政府更加接近人民，清楚民众需要怎样的公共服务，做出科学决策，进而提高公共服务质量和效率。同时，企业、民众等社会力量亦通过代理机构参与治理过程，充分表达自身利益诉求，最终实现公共利益最大化。

分散化治理中，政府是掌舵者而非划桨者。相比传统管理中政府的直接介入，分散化治理中政府更多地承担宏观规划、制度设计工作。具体的执行活动——服务提供、服务监管、标准制定等工作则交由代理机构承担。除却服务供给与行政事务管理，代理机构还会向政府提供相关的建议和咨询，实现决策的分散化。政府与其他权力主体，不再是管理与被管理的关系，更多的是合作共治的关系。

分散化治理的实践过程表面上是治理机构的分散，实则是政府的权力分散。政府考虑周全的权力下放过程，进行制度设计，通过改组、分离和新建等形式，形成具有一定独立性的政府组织（包括代理机构、权力主体和其他政府实体等）。通过下放、授权等形式，将政府的任务、工作及部分权力等分散出去。这一过程可以说是政府权力向社会的回归，政府与社会间达成良好合作关系。

分散化治理的运行机理涉及管理自主权与利益均衡。代理机构的管理自主权和政府对其绩效目标控制间要实现有效平衡。分散化治理在强调代理机构的独立地位的同时，又要保持中央部门的监管。政府通过任免核心成员和绩效评估等方式对代理机构进行适度控制，确保代理机构朝目标方向努力，达到代理机构自身的利益追求与政府目标之间的均衡。代理机构有着自身的利益追求，对政府及其他组织而言有着一定制衡作用。

二、分散化治理的分析框架

分散化治理作为一种实践模式与治理范式，是在"分权治理""分散决策"以及"善治"理念指导下，为解决传统行政管理带来的效率低下等问题而采取的系列制度设计，分散化治理离不开合理的组织架构以及有效机制的支持。因此，本研究设计"治理理念""组织架构"及"运行机制"的分析框架（如图 3-1），借此对中国香港以及新加坡职业教育分散化治理实践进行阐释。

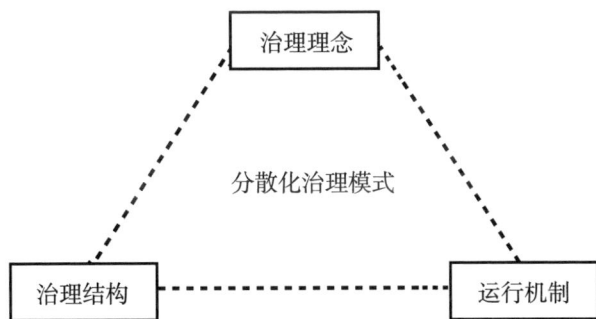

图 3-1 分散化治理概念框架图

治理理念是职业教育分散化治理中所秉持的原则，也是职业教育分散化治理中众多利益相关者共同的价值追求，它指导着分散化治理的运行，是分散化治理得以形成的前提。分散化治理模式要在一定的区域空间内依托一套治理结构得以运转。治理结构是职业教育分散化治理中，政府、企业、代理机构等治理主体，基于不同的利益需求，通过博弈、协商、让步、妥协所达成的相互关联、作用及其制约关系。治理结构就是分散化治理的框架，在分散化治理中起着支撑性作用，决定着分散化治理的效能。治理主体及其结构关系在互动过程中塑造出了运行机制。运行机制是职业教育分散化治理中，使职业教育各个部分联系起来，协调运行、发挥作用的运行方式。运行机制是职业教育分散化治理运用自我调节的方式，促使职业教育治理活动协调、有序、高效开展，标志着分散化治理的有序化程度。分散化治理模式的运行机制是由治理理念和治理结构共同决定的，治理理念决定了运行机制的性质，治理结构将运行机制稳定化。职业教育分散化治理模式总是秉持治理理念，发生在各种关系、制度设计及其由此形成的角色和地位的结构之中。

第二节　香港特区职业教育分散化治理[①]

香港职业教育分散化治理依托代理机构，推动了香港职业教育的快速发展，也形成了自身的鲜明特色，主要体现在治理理念、治理结构和运行机制三个方面。

一、以满足客户需求为中心的善治理念

香港职业教育分散化治理遵循了以满足客户需求为中心的善治理念。在这一理念的指导下，香港职业教育分散化治理是赋权增能自主行动的过程，其本质是将职业教育公共事务的决策权和执行权下放，使行业企业、教育界、学员等不同治理参与者的主体性凸显，促进职业教育公共利益的最大化。长久以来，香港深受市场主义影响，职业教育朝着更加国际化、开放化、包容化方向发展。为提高职业教育治理效能，香港注重构建政府、市场和社会组织的平等关系，致力于满足客户需求，这里的客户既包括政府、行业、企业，也包括职业教育学生及家长。因此，客户需求代表的是职业教育利益相关者之间不同的利益追求，满足"客户需求"是利益相关者的共同价值追求。

---

① 贾旻、陈晓煜：《香港地区职业教育分散化治理的演进、特征及启示》，载《职教论坛》，2022年第5期，第121~128页。

在"以满足客户需求为中心"的治理理念的指导下，香港职业教育分散化治理利益相关者展开行动，追求共同价值。一是职业教育需求由实际需求者——行业企业表达。香港地区每两年进行一次人力资源调查，根据从业人员的技术现状和雇主对人力资源培训需求，对职业教育专业和课程进行动态调整，更新各行业的人才培养方案，使职业教育人才培养适应社会实际需求。二是决策时充分吸纳利益相关者建议。决策组织充分吸纳不同利益主体代表，组成咨询机构，向香港特区政府提出意见、建议。三是服务由需求者提供。利益相关者联合开展多种训练计划，职业教育充分与产业界联系，企业参与开发课程，提供实习津贴、实习设备、场地，兼任教师。四是以客户满意度为评价指标。客户满意度是香港职业教育质量评价中重要的评价指标，在代理机构绩效评价和机构内部治理中广泛运用。通过满意度访谈、问卷调查等方式，调查客户需求是否切实得到满足，作为重要评价指标。五是促进共同需求公平正义的实现。社会公平正义是人类共同的价值追求，作为社会流动的又一渠道，促进社会公平正义是社会分化赋予职业教育的功能。寄托着阶层流动理想的教育，特别是与新兴产业密切相关的职业教育作为切入点，给不同群体、不同产业提供发展机会，有助于整合社会阶层和产业等多方利益相关者的诉求。职业教育可以为中低收入人群的子女提供一个社会流动的渠道，促进教育公平。

二、分散合作的扁平化治理结构

治理结构是指参与职业教育治理的多元主体及其之间的权责组织关系。在香港职业教育分散化治理模式中，治理主体包括特区政府、代理机构、学校、行业企业等社会力量，这些治理主体各行其权，各承其责，形成了特区政府领导、代理机构为中介、社会广泛参与，分散合作的扁平化治理结构。

分散体现在香港职业教育的工作任务及权力的分散上。如果说集权是将权力在组织结构上层的集中，那么与之相反的分权则是权力分散在组织结构的各处。香港特区政府在核心部门教育局外建立了大量的代理机构，将有关职业教育的具体工作任务分散给不同的代理机构，相应地赋予代理机构与其工作相匹配的权力。香港特区政府为组织成员的权责分配和相互关系，奠定了制度基础并保证良好的社会环境。香港职业教育治理形成了以代理机构为基础、架构合理、权责分明的管理体制（如图3-2）。香港特区教育行政机构——教育局，监察各代理机构所提供的服务，并管理预备职业教育。职业训练局、雇员再培训局作为政府准合同性质的代理机构，提供服务，进行管理监督企业培训，并向教育局提供建议咨询。大学教育资助委员会联系政府与各高等职业学校，负责对高等职业教育进行宏观管理和协调。学术评审局作为职业教育的质量保障机构，负责监察培训机构及代理机构提供的服务。在这样的管理体制中，教育局起宏观领导和调控作用，全面监管全港职业教育战略部署工作，其他机构或组织各司其职，形成了有序、协调的分散化治理结构。权力的分散并没有降低香港特区政府在职业教育治理中的作用，相反，使其能够更好地与社会合作，提升了自身的监督和控制力，从而取得更好的治理成效，逐步迈向"善治"。

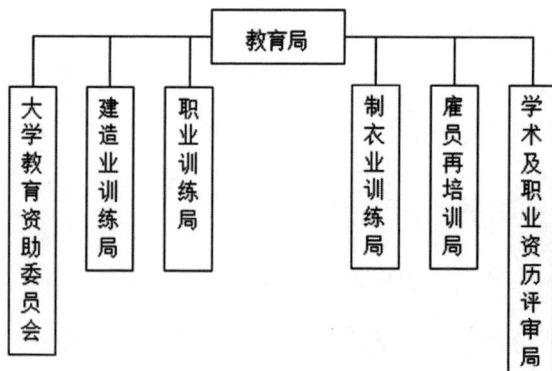

图3-2 香港职业教育管理体制图

合作是指职业教育利益相关者通过代理机构，合作参与职业教育目标的制定、实施、监督和审查的全过程。从宏观层面的决策，如职学计划的制订等统筹性事务，到中观层面的管理，如确定专业招生计划等局部事务，到微观层面的执行，如教学评价等具体工作，利益相关者之间构建了制度化、常态化的合作关系，体现出民主决策的特点。通过加强这些利益相关者的参与和互动，提高了职业教育政策的相关性、问责力度、透明度、一致性。同时，代理机构之间、代理机构与特区政府之间，也存在着协调合作的关系。政府与非政府组织之间是准合同性质的合作关系，而非是简单的上下级管理服从关系。这些代理机构拥有独立的法人地位，不受行政机关干预，可以向特区政府提出诉讼，有权制衡特区政府的行动。通过利益相关者的合作，最大限度地发挥社会合作伙伴的协同作用，顺利推动职业教育的改革发展。

扁平化是指相对于集权模式下的科层结构关系。分散化治理中，职业教育治理结构相对扁平化，而非纵向的层级分明。分散化治理的关键是在政府核心部门外建立大量的具有独立性的代理机构。扁平化结构形式更具有适应性和高效性，既避免了因过多控制而损害代理机构的独立性，又避免了信息传递滞缓。分散化治理模式的扁平化结构，减少了行政层级，有效避免了层次冗杂、运转效率低的问题，加快了信息等要素资源流动，提高了治理效率。分散且合作的扁平化治理结构既保证了利益相关者的协同合作关系，又提升了治理的效率和效果。

三、市场主导、政府宏观管理下多元参与的运行机制

（一）秉承"有限政府"传统，市场主导政府宏观管理

香港有着"小政府，大市场"的传统，职业教育治理中，香港特区政府重视市场机制在调节社会办学活动方面的积极作用，坚持以市场为主导。香港特区政府并不过分干预职业教育的管理，而是站在核心位置，扮演着引导、资助、服务和监督的角色。香港特区政府充分放权，从宏观层面入手引导和规范职业教育活动，充分发挥市场机制的作用。事实上，不存在真正分散的教育系统，几乎所有的分权都保留了一定程度的集权，在分权与集权之

间找到一个平衡。① 香港特区政府在分权的同时，依旧负责代理机构职责的设计制定、调整职业教育相关法规并监督其落实、与代理机构共同制定职业教育服务供给的标准、提供必要的财政支持等，掌握着职业教育治理的核心事务。具体而言，第一，香港特区政府依据行业咨询委员会的调查和建议，制定职业教育总体发展规划；第二，香港特区政府运用法规条例来规范职业教育的发展，使香港职业教育在机构设置、组织机构人员组成、经费拨款、权责划分上都做到有法可依；第三，香港特区政府通过任免机构高层领导、治理绩效评价，对代理机构的运作及服务质量实行管控。香港特区政府通过有限控制，既可以确保职业教育不偏离政府预设轨道，又不妨碍市场机制对职业教育资源配置的调节，为市场机制充分发挥作用创造了空间。香职业教育的分散化治理模式中，市场机制在调节社会办学活动方面发挥了积极作用，在解制和管制之间取得了很好的平衡，在政府层面运用明确的法规条例规定了治理主体和相关利益者在决策和执行中的具体职能，从而依赖市场调节各方面关系，使相应部门各司其职。

（二）以代理机构为中介组织开展多元共治

中介组织是指相对于政府行政管理部门而言，介于政府和市场之间的，协调它们之间关系的机构、团体。② 多元参与是高效的职业教育治理模式的必要特征，香港职业教育分散化治理模式巧妙地以代理机构为中介组织，形成了政府、企业、行业和学校的四方联动。形形色色的代理机构是香港职业教育治理的重要组成部分，不仅发挥着辅助特区政府施政的重要作用，同时也是企业等利益相关者参与治理的重要渠道。职训局作为香港职业教育多元共治的重要中介，其内部形成了类似公司法人的治理结构，通过企业化方式

---

① E. Mark ,Hanson.Strategies of educational decentralization: key questions and core issues, Educational Administration，Vol.36, 1998:111~128.

② 韦岚：《职业教育中介组织的运行及内在机理——以香港地区职业训练局为例》，载《职业技术教育》，2020 年第 16 期，第 49~55 页。

进行运作，强调权力的非集中化、自主负责与合作。其一，职训局联合产业界具体开展职业培训，并在管理中构建与行业企业、特区政府、学员之间的关系，维护和回应利益相关者的诉求；其二，受香港特区政府委托开展职业培训，具体包括课程的规划、实施、监督、考核一系列工作；其三，和产业界建立友好关系，协调各方，达成可信承诺。职训局有着社会性和广泛代表性，汇集了社会各方代表，能及时了解政府、行业企业、职业教育机构和学员对职业教育的意见和要求，促成政府与其他利益相关者间的沟通。因此，香港职业教育治理，以职训局为中介，建立了政府、企业、学校、学员多方参与的共治平台。（如图 3-3 ）。

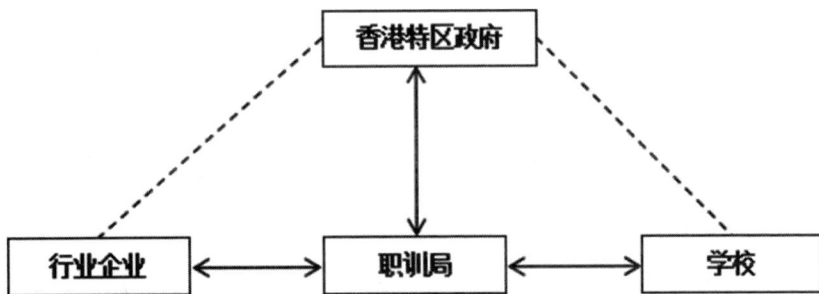

图 3-3 以职训局为中介的多元关系图

职训局以组织内部分权与制衡为关系框定治理结构，建构了基于内部机构设置和机构运行规范的参与式治理结构。[①] 职训局内部形成了职权分明、纵横交错的多元治理格局。纵向上职训局理事会作为决策机构，定期开展理事会议，以投票的方式表决重要事项。职训局管理委员会下设 5 个功能委员会和 25 个行业训练委员会，组成了层级治理结构。横向上，5 个功能委员会各司其职处理行政事务，25 个行业训练委员成员均是来自各自行业企业的代表，行业训练委员会为各自行业的职业教育提供技术支持、训练场所，

① 韦岚：《职业教育中介组织的运行及内在机理——以香港地区职业训练局为例》，载《职业技术教育》，2020 年第 16 期，第 49~55 页。

制定并定期更新考核评价标准，配合香港特区政府做出行业人力需求预测报告。常务委员会是主要的执行机构，下属的 13 所职业教育与培训机构形成职业教育集团，为学生提供多元化的培训课程。公职人员参与决策体现了政府权力的延伸，各界人士参与理事会会议协商决策的方式保证了市场力量和社会力量的介入。职训局在日常事务的协商处理中，回应各方诉求，沟通协调了各利益相关者。

（三）多样化的激励和监督机制确保治理有序

代理机构是政府分散化治理的产物，要避免代理机构治理结构和控制环境的不同所带来的风险，规范代理机构的行为，确保政府分散出去的权力得到公平合理的利用[①]，需要建立有效的激励和监督机制，实现代理机构管理自主权与政府监管的平衡。一是贯穿于分散化治理的制度设计"一机构一法令"，除了赋予代理机构自主管理权，还保证代理机构的依法运作，规范和修正代理机构的行为。二是香港引进市场化管理方法，用企业管理领域的管理方式来监管代理机构，即根据特区政府与代理机构共同确立的任务及目标，特区政府设立绩效目标并对实际结果进行监控，从而引导代理机构按照政府的意图行动。香港特区政府对代理机构的监管方式包括绩效评估、效果管理和强调经济效益等。代理机构的绩效目标评估结果与香港特区政府财政资助紧密联系，以政府拨款的形式激励和监督代理机构。如职训局与香港教育局共同确定服务成果指标和表现成效指标，作为职训局制定年度预算和教育局对职训局进行绩效考核及批准拨款计划的标准。[②] 三是代理机构还要接受其他利益相关者的监督，如企业、捐赠者、社会公众、其他代理机构等。代理机构要接受第三方机构的管理绩效评估，邀请产业界以外评员的身份进

---

① ［美］吉玛、荣迪内利:《分权化治理新概念与新实践》，唐贤军、张进军译，格致出版社，上海人民出版社 2013 年版，第 112 页。

② 张文玉:《香港职业教育财政支持机制及启示》，载《世界教育息》，2014 年第 19 期，第 58~64 页。

行服务评价，并以年报形式面向社会公开自身的运转情况。有效的激励和监督机制将职业教育的治理效果目标化，促使代理机构向实现公共利益最大化努力。

第三节　新加坡职业教育分散化治理

新加坡的职业教育治理最为显著的特征是政府在不同时期采取不同的政策，推行"功效至上"以及"战略实用主义"原则。在职业教育治理主体多元化的同时，职业教育治理的权限也在分散，从政府全权负责职业教育到新加坡职业学校自治，充分体现了新加坡职业教育治理是政府集权下的适度分权，通过颁布政策、财政补贴、建立职业证书制度等一系列的政策工具，使职业教育治理手段多样化。

一、秉持实用主义理念，坚持效率优先原则

新加坡于 1965 年成为独立主权国家，面对人口众多、失业现象严重的形势，政府决定实行工业化政策培养劳动技能人才，新加坡的职业教育治理进入探索期（1965—1978）。新加坡依赖进出口贸易，工业基础薄弱，失业率高，因此政府决定转变发展战略，大力发展职业教育，培养劳动技术人才，将进口替代转向工业出口，由教育部下设的技术教育司负责职业教育的发展。新加坡政府号召开设大量的技术中学，将工艺课程纳入普通教育中，技术教育司和经济发展局加以辅助，与外国政府建立培训中心，为新加坡职业教育带来了新的职业培训体系、新的技术，同时创造了大量的就业机会，最终解决了当时人口失业的问题。

职业教育治理发展期，新加坡进入经济转型时期。为了更加适应社会经

济发展的需求，新加坡政府为解决技术人员不足的困境进行改革，促使本国工人尽快在这些高技术岗位熟练操作。在这一时期新加坡政府加强与西方发达国家，深化国内政企合作，引进各行培训体系，通过制定政策、建立行业咨询委员会及董事会等组织，创造健全自由竞争环境，大力支持企业参与职业教育治理。

职业教育治理转型期，新加坡开始走向以知识经济为基础的新型发展模式，对知识的需求也开始显现，在更加注重效率与创新的同时还要树立新的职教形象。因此新加坡政府深化拓宽企业和全球合作，注重人才培养，强化师资队伍。同时为了改变职教固有形象，举行品牌推广活动，传达新加坡职业教育的新理念；进行年度宣讲活动，展现职教成果；制定市场推广策略以及注重品牌战略。

二、分散教育治理权限，追求分权化善治

在新加坡政府的统筹管理下，从政府专治到大学自治，职业教育治理权限逐渐分散。在职业教育治理探索期，新加坡职业教育治理主体是以政府下设的部门为主，权限主要集中在新加坡政府手中，政府部门通过颁布教育政策、设立专职部门达到培养劳动人员、解决人口失业目的。在职业教育治理发展期，政府下设的职业与工业训练局属于自治机构，开始拥有更多的自主权和决策权。同时，工业训练局有权设立行会咨询委员会及董事会参与职业教育的治理，行业企业在这一时期拥有了更多的话语权和决策权，在治理主体多元化的同时，治理权限也在逐步开始分散。在职业教育治理转型期，允许新加坡学院自治，具有更多的自主权，新加坡教育部任命由雇主、行业协会和政府部门等三方代表人士组成各个理工学院和工艺教育学院的董事会，负责学校的直接管理。在董事会的领导下，学院分别负责发展规划，还设有学术委员会、专业咨询委员会等机构，董事会经常与学校的领导交流并提供关于学校教育的建议与看法，职业教育治理的权限已经下放到学校。最终形成了新加坡政府主导下，行会企业、学校、社会组织共同参与的多元职教治理模式。

三、采用多样化治理手段，确定互赖式治理方针

新加坡在职业教育治理被认为是世界上最成功的案例之一，得益于新加坡政府对职业教育治理的重视，在职业教育治理过程中，政府不断加大对职业教育治理的投资力度，为职业教育治理提供了经济基础。通过职业资格制度的建立和完善为职业教育提供制度保障，职业教育治理监督体系的落实使得职业教育治理更加具有公平公正性。

（一）公共财政投入保证

新加坡受国土面积及资源的局限，主张大力发展人力资源，因此在教育方面的投资是非常大的，对教育的投资力度仅次于国防，无论是在经济繁荣时期还是萧条时期，新加坡财政支持占教育经费的80%左右，新加坡政府对教育的投资不断增加。

第一，新加坡政府对教育总体上投资力度大且稳定。在20世纪60年代到70年代初，新加坡存在大量文化水平较低的劳动力，政府开始给职业教育以经济支持，虽然政府对于职业教育的投资仍低于其他各类教育，但总体呈增长态势。到20世纪80年代职业教育治理发展期，在教育经费总体增长的情况下，政府对各类教育的经费也在增长，其中增长幅度最大的是工艺学院，第二是中学与职业与工业训练局。到20世纪90年代，新加坡政府继续加大对公共教育的投资，1990年达到19.7亿新元，政府专门拨款2.5亿新元作为大学基金，为大学自治做准备。第二，新加坡对教育的投资具有稳定延续性。新加坡教育投资的显著特点表现在政府始终大力投资教育，从1965年独立建国后在教育方面投资6500万新元，占据国家总预算的24%，这是非常罕见的。而1997年新加坡遭遇经济危机，但政府对教育的投资不降反升，教育经费总额高达42.6亿新元，之后教育经费也是逐年递增的。第三，新加坡在教育投资方面表现出极强的应变性。在各个教育阶段都设有教育基金帮助学生求学，注重教育发展的均衡性。政府承担教育经费，并且

进行统一的分配，还会给予学生经费补贴及设立各种奖学金，使每个学生都有受教育的权利。为了应对国家财政可能无法满足教育所需的情况出现，新加坡政府鼓励学校自治。政府还成立了各种技能基金委员会，进一步促进职业教育培训。新加坡教育投资由最开始的中央集权的模式（即政府根据财政部预算拨款给教育部进行统一分配）到现如今财务权限下放给学校（即采取绩效评估政策进行管理），这些措施都为职业教育治理打下了坚实的经济基础。

（二）完善的职业认证体系

第一，职业教育治理发展期，职业与工业训练局就已经建立起学生和已经工作成人技能认证体系。而职业技能证书是培训体系的支柱，职业技能证书分为三个等级。获得三级技工证书、一年或二年的职业训练证书相当于初中毕业证书，获得国家二级技工证书、工人技术师证书相当于高中毕业水平，获得一级技工证书相当于大学毕业水平。此外，证书之间还可以相互衔接与认证，如果职工取得了相当于高中毕业的证书就可以报考大学继续深造，这在某种程度上打破了社会对职业教育的偏见，促进了职业教育往高层次方向发展。第二，在职业教育转型期的工艺教育学院建立起新的技能证书体系，也是新加坡唯一可以颁布证书的学院。证书依旧分为三个层次：国家工艺教育学院证书、高级国家工艺教育学院证书、特技国家工艺教育学院证书，证书在东南亚各国通用。第三，新加坡职业教育治理发展过程中的职业资格证书体系的完备，为职业教育的学生提供了制度保障并不断发展至通用，为学生未来发展方向走出了新路。

第四节　职业教育分散化治理的经验及启示 ①

中国职业教育治理目前形成"政府统筹规划，地方政府主导，社会参与"的基本模式。但是中国职业教育治理仍然存在治理主体权限不均衡、参与度不高及职业教育治理手段匮乏等问题。借鉴我国香港地区、新加坡职业教育分散化治理经验，从治理理念、治理结构、市场机制及治理工具等方面做出以下努力。

一、明确多元共治理念，调和利益分化，向"善治"发展

职业教育治理的实质是相关多元主体互动博弈的过程。由于几乎所有反复博弈的对弈都具有多种均衡结果，所以多元主体所持的理念往往是博弈结果的关键。② 同时，治理主体之间有效进行利益权衡达成共识，也是利益相关者不遗余力共同开展职业教育活动的前提。正是治理主体之间达成的共识——治理理念，使得包括政府在内的各利益相关者，在遵循既定默许的权力边界下，行使自己应有的权力，履行自己的义务。

中国要完善职业教育治理体系，提升职业教育治理能力，首先需要明确职业教育的多元共治理念。多元共治理念有利于克服一系列的责任赤字，化解权责失衡带来的职业教育治理困境。多元共治赋予每一个职业教育治理主体以责任，发挥政府组织、非政府组织、学校、企业及个人等所有治理主体

---

① 贾旻、陈晓煜：《香港地区职业教育分散化治理的演进、特征及启示》，载《职教论坛》，2022 年第 5 期，第 121~128 页。

② ［美］朱迪斯·戈尔茨坦、罗斯特·基欧汉：《观念与外交政策》，刘东国、于军译，北京大学出版社 2013 年版。

的不可替代的作用，促成职业教育治理合作伙伴关系的形成，摆脱集体行动的困境。多元共治倡导通过职业教育治理主体间的相互配合，共同协作，实现共同利益和共同发展，是化解利益冲突的重要因素。这意味着政府不再垄断权力的行使，学校更倾向于本着教育服务的理念迎合学生和社会需要，社会组织有权参与职业教育治理。以多元共治理念引领职业教育治理的新格局，引导利益相关者都参与到职业教育治理中，博弈过程中回应不同利益相关者的利益需求，调和利益分化带来的冲突。

二、重塑治理结构，以代理机构为中介，平衡"解制"和"管制"

分散职业教育治理权力，实现多元共治，需要构建合理、完善的治理结构，这有赖于完善的制度设计和权力配置结构。通过精简的核心机构的"掌舵"和分散化专业部门灵活运作，破除集权化的弊端。我国香港特区政府设立大量的具有一定独立性的代理机构，分散治理权力，将政府任务转移到这些不同职能的法定机构，提供更加高效率、低成本、贴合需求的多样化服务，进而达到善治的目的。中国职业教育治理一直属于政府统筹的行政导向，很大程度上抑制了各地职业教育发展的灵活性。社会组织参与职业教育治理也一度缺位。近年来，在职业教育逐渐摆脱行政部门束缚的变革背景下，代理机构的成长也有了可能的空间。在政府和学校之间建立中间代理机构，向代理机构下放自主权，再由代理机构下放到学校，从而"解制"与"管制"。以代理机构为中介，一方面解决了一些院校自治能力弱、难以有效自治的问题，另一方面代理机构的管控也避免了一些院校滥用办学自主权。对于学校而言，代理机构的市场化管理能够减少学校的行政事务，使其更专注于教学事务，从而提升职业教育的质量。

以代理机构作为中介平衡"解制"与"管制"，要做好以下三方面工作：一是做好充分放权，让代理机构有足够的权力、资源及资金来执行工作。一方面是做好工作和责任的分散，另一方面是要充分授予代理机构承担该责任所需要的执行权、资源。二是为权力下放建立法规基础，完善制度设计。我国香港特区推行代理机构，遵循着"一机构，一条例"的原则，每建立一个代理机构就会颁布相应的法规条例，厘清该机构的权责，规范其运作。由政府颁布相关条例，明确代理机构的类型、组织形式、责任机制，明晰其责任分工。三是建立监管机制，确保代理机构为公共利益服务。政府这个掌舵者要对众多治理参与者进行监管，避免治理无序状态出现，确保代理机构的"可理解性"。建立相应的职业教育治理的代理机构监管机制，将效果管理和合同管理相结合，从而实现对代理机构的有效管控。

三、处理好"政府—市场"关系，激发市场活力

职业教育作为准公共产品，其资源总体供给有限，资源的充分合理利用需要建立有效的机制进行保障。我国香港特区职业教育的经费投入远低于其他发达地区与国家，依然取得了良好成效，经验在于充分利用市场机制，建立了完善的绩效评价指标并与财政投入相关联，最大限度地利用资源。我国香港地区、新加坡的治理实践证明，引入市场机制确实是优化职业教育治理的一个行之有效的方式。但是市场机制并非是"万灵丹"，也可能出现"市场失灵"的情况。充分利用市场机制，并不意味着要完全放弃政府主导，不能陷入非此即彼的误区，需要更新观念处理好政府与市场的关系，进行有选择地干预。选择性干预可以在政府主导与市场机制之间取得有效平衡。

建立公共教育的内外部市场，政府分权是必要条件，政府在教育市场内发挥有限的作用，教育分权有利于激发市场活力，这种活力是制度实施的前提。[①]一是引入市场机制，需要提升职业院校的办学自主性。政府作为职业教育资源配置的决策者，对专业设置、人才规格及教学资源建设都有明确的规定。如此统一标准，难以发挥市场机制，更难以贴合实际需要。赋予院校行使决策的权力，给职业学校创造机会和空间，才能让市场机制在职业教育

---

① 吴景松：《西方公共教育治理范式变革及其启示》，载《中国教育学刊》，2010 年第 11 期，第 10~13 页。

领域合理发挥作用。二是引入市场机制进行资助管理，由按预算投入变为按效果投入。按效果进行投入好比"到岸价"，按预算进行投入好比"离岸价"。做好拨款前的资质审核，绩效考评决定拨款金额，拨款后进行跟踪监督，从而充分利用市场化管理机制促进职业教育资源的最大限度利用。

四、丰富职业教育治理手段，加强使用治理工具的能力

治理工具是规范治理主体行为、实现治理目标的手段和机制，在治理主体协作过程中发挥重要作用。因此，治理工具的选择与运用尤为重要。职业教育治理工具大体可分为强制性工具、经济性工具、社会性工具和信息类工具四类。选择和运用治理工具来提升治理能力是职业教育治理的关键。面对多种类型的治理工具，既要学会选择和组合治理工具，同时也要加强工具的使用能力。

一是加强职业教育治理工具的组合能力。面对多种类型的治理工具时，要根据各类治理工具的特点和适用范围，综合协调搭配运用不同工具。既要选择具有一定权威性和强制性的治理工具，也应采用柔性治理工具。治理工具的使用不应仅仅局限于政府，职业学校和企业也应该注重治理工具。二是提升运用职业教育治理工具的能力。对政府而言，治理职能不仅仅局限于各种规则、政策的制定，更为重要的是根据治理内容和目标的不同，及时调整职业教育治理工具，使用创新型治理工具，实现新旧工具融合。三是加强创新能力，创新治理工具。多个治理主体应发挥创新意识，加强工具开发，积极改造传统工具，建构完善的现代职业教育治理工具箱，为实现职业教育治理体系和治理能力的现代化提供工具支撑。例如，在职业教育领域推行教育券、服务外包、贷款、购买服务、标准工具、国际评价工具、信息披露等新型治理工具，发挥多种工具的综合作用，提高治理效率。

第四章　混合所有制职业院校的治理探索
——基于"混合治理"的概念框架分析 [①]

　　《国家职业教育改革实施方案》（2019）明确提出，经过 5 至 10 年左右时间，基本完成从"政府办学为主"向"政府统筹管理，社会多元办学格局"的转变，为职业教育混合所有制改革与发展提供了良好机遇。从经济学角度看，混合所有制办学要求职业院校、企业等主体投入一定专用性资产参与办学，但在实践过程中存在利益相关者"不想混合"、管理体制阻隔"不让混合"、产权流通困难"不易混合"、法规制度缺失"不能混合"等困境。[②] 上述困境主要源于混合所有制办学顶层设计模糊、实践操作性弱等导致的产出结果不确定性，这种不确定性提高了负外部性行为的发生概率，增大了投资办学风险。混合所有制中的"混"是形式，治理是重要手段，实现"善治"，提高治理效率，形成职业教育多元办学格局，建立健全现代职业教育治理体系是最终目标。基于此，采取何种治理手段降低混合办学风险，提升治理绩效成为学界关注的焦点。20 世纪 70 年代以来，治理革命中出现的多种治理范式及威廉姆森（Williamson）的"交易特征—治理模式"分析框架 [③] 为探究治理模式变革奠定了理论基础。本研究借鉴上述研究成果，提出

① 贾旻、王迎春：《混合治理：混合所有制职业院校治理的一个分析性概念框架》，载《中国职业技术教育》，2021 年第 4 期，第 72~79 页。

② 阙明坤、潘奇、朱俊：《探索发展混合所有制职业院校的困境及对策》，载《中国职业技术教育》，2015 年第 18 期，第 28~32 页。

③ WILLAMSON O E. Markets and Hierarchies, Analysis and Anti-trust Implications: A Study in the Economics of Internal Organization, General Information，1978:382-384.

混合所有制职业院校的混合治理分析框架，探索其内在运行机理，希望能够为混合所有制职业院校管理提供理论与实践指导。

第一节 混合治理：职业院校组织变革的路径选择

随着办学体制的不断创新与发展，中国职业教育从"非公即私"的封闭化办学走向"公私交融"的混合化办学形态，混合所有制职业院校随之产生。组织变革将引发一系列更为复杂的管理问题，使得传统职业教育管理思维与管理方法受到挑战。近年来，起源于 20 世纪 70 年代欧美国家的混合治理模式逐渐向公共网络、私人组织及公私混合组织蔓延，作为一种治理新范式，成为职业院校组织变革的尝试性选择。

一、职业院校组织变革带来管理挑战

混合所有制职业院校是指由公有、集体与非公有资本等两个及以上主体共同举办的新型教育模式。与传统的公办和民办职业院校相比，混合所有制院校的办学诉求、产权结构、运行机制及隶属关系都发生了深刻的变革。其一，不同性质办学主体的加入使办学诉求多极化。公有资本的投入主体是国家或集体，其最大利益诉求是满足人民群众受教育的基本需求；而私有资本则具有先天逐利性，在履行教育责任的同时，希望获取一定的经济收益。其二，多元主体、多种资本要素及多种投入形式使得组织的产权结构呈现出混合性、复杂性、多元性与开放性的特征。其三，私有资本的参与打破了公有制院校过度依赖政府，缺乏办学自主权的状态，使其运行模式走向市场化。其四，不同办学主体投入专用资产实行"混合化"已形成了"你中有我，我中有你"的办学形态，管理过程中隶属关系趋向模糊化。

职业院校混合所有制的发展在一定程度上是一种实践先于理论的探索，上述变革对组织管理产生了巨大的挑战。如在办学主体上，政府担心国有资产流失，公办院校担心学校性质、财政拨款、招生、教师福利等发生变化，企业担心预期收益难以保障；^①在法规制度上，依据中国当前现有的法律法规，混合所有制职业院校法人属性无法确定，法人产权制度尚不健全，院校的合并、产权转让以及资产核算等具体操作规定不明；在运行机制上，混合所有制职业院校党委与董事会或理事会的成员及之间的关系尚不明确，对于如何优化"混合所有制"职业院校法人治理结构缺乏系统性的思考。^②职业教育混合所有制办学作为一种势在必行的创新活动，在创新过程中会涉及大量上述交易，无论是参与者种种顾虑"不想混合"、体制约束"不让混合"，还是产权流通困难"不易混合"、法规制度缺失"不能混合"，均在无形中增大了混合所有制改革的交易成本。显然，政府主导的科层治理模式已难以应对组织变革带来的挑战，寻求新视角、新思维、新模式成为应对管理挑战的关键。

二、混合治理：混合所有制办学治理模式的必要选择

学界关于混合组织治理主要呈现出两种研究路径：一种是基于新公共管理学和政治学视角的考察。20世纪70年代以来的治理革命中，先后涌现出多中心治理、网络化治理、协同治理、协商治理等治理范式，强调整合与协调、多元行动体系及合作互惠的行动策略，并突破固有权力结构或关系安排。但是上述理论预设忽视了潜在风险，如治理成本增加，治理主体间的权力界限与平衡问题，组织冲突、权威空心化和责任困境等，成为对治理理论进行科学、全面研究的重要限制因素。另一种是基于新制度主义经济学视角

---

① 周桂瑾、俞林、顾惠明：《职业院校混合所有制办学现实困境、改革路径及现代治理研究》，载《职业技术教育》，2018年第36期，第21~24页。

② 童卫军、任占营：《发展混合所有制职业院校的问题对策与实现形式》，载《高等工程教育研究》，2016年第5期，第183~188页。

的考察，提出作为治理谱系中间形态的权变治理模式——混合治理。① 学者们采用"交易特征——治理模式"分析框架（图4-1），从"资产专用性""不确定性""交易频率"等微观构成维度上探讨混合治理及其内在机制，指出交易各方倾向于选择特定治理模式，以实现交易成本最小化。本研究借鉴上述框架，在市场治理、科层治理与混合治理的比较分析中，发现混合治理是当前职业院校解决混合所有制改革所带来的组织变革的有效路径。

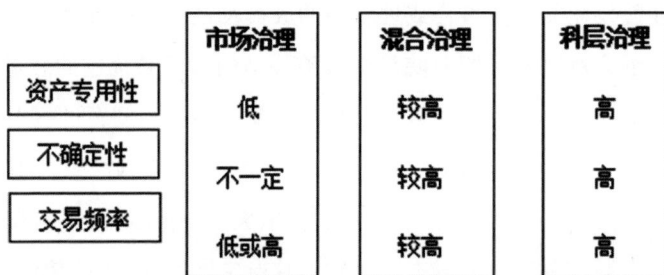

	市场治理	混合治理	科层治理
资产专用性	低	较高	高
不确定性	不一定	较高	高
交易频率	低或高	较高	高

图 4-1 交易成本治理结构三重维度理论模型

资料来源：Williamson OE.Transaction-Cost Economics:The Governance of Contractual Relations。

其一，当资产专用性程度介于中间状态时，采用混合治理结构能更为有效地降低交易成本。资产专用性是某项资产在其生产价值不损失的前提下，能够被重新配置于其他用途的程度，主要包含物质资产专用性、人力资本专用性等。市场治理是通过价格、竞争与供求机制协调各参与方利益的制度安排，各交易方之间为即时买卖关系，不涉及专用资产。科层治理通过完全纵向一体化的企业内部交易方式，实现对交易过程的完全控制，适用于经常进行的涉及高度专用资产的交易行为。混合所有制职业院校的参与主体间未形成高度的多方依赖关系，交易过程中资产专用性处于中间形态，采用混合治理结构能更为有效地降低交易成本。以校企合作表现为例，企业向职业院校

---

① AKERLOF GA.The market for "lemons" :qualitative uncertainty and the market mechanism, The quarterly Journal of Economics，1970(84):488—500.

投资某种专用性实物资产是为了获得市场竞争优势，在大量同质产品存在的情况下，每个职业院校都有机会获得企业的服务和支持，因此，实物资产的专用性程度处于一般状态。如果校企双方投入了能产生双边高度依赖的专用性人力资本，意味着组织有着大量且长期共聘的固定人员，实际上并非如此。有的混合所有制职业院校设置理事会、理事单位等常设办事机构，直接聘用相关人员协调和服务院校发展；有的则是基于项目合作，以临时借调或兼职形式组建队伍。此外，混合所有制职业院校的参与者在责、权、利以及机制选择上有着根本差异，如果采用一体化的科层治理模式，极有可能会因内在制度冲突而导致交易成本增加。[①]

其二，混合所有制职业院校面临的诸多不确定性要求变革组织管理方式。不确定性是由于有限理性和机会主义行为倾向使交易处于不可预见的状态，将引发事后调整和控制问题。从不确定性维度来看，原发不确定性是由于自然无序行为和无法预测性造成的随机发生的问题；继发不确定性指由于信息缺乏沟通，导致一方在决策时无法了解另一方正在做的决策和计划；行为不确定性是由对信息的人为隐瞒、扭曲引起的。以上三种不确定性在混合所有制职业院校中均是存在的。混合所有制职业院校是新兴组织形态，规则体系缺乏，组织运行的合法性、合理性尚不明确，交易各方在合作过程中难免会出现一些机会主义行为，又加之国家经济环境、就业政策等的变化直接导致混合所有制办学的不确定性。

其三，混合所有制职业院校参与主体间的较高的交易频率有助于稳定各方合作关系。交易频率是单位时间内交易行为人合作的频次。职业院校与企业作为人力资本的"卖方"与"买方"，在人才培养领域往往通过"订单式""产销一体"等方式合作，两者之间保持着较高的交易频率，这种重复性的交易行为，将促使校企双方保持稳定合作的关系。因此，从成本交易理

---

① 黄振羽、丁云龙:《小科学与大科学组织差异性界说——资产专用性、治理结构与组织边界》，载《科学学研究》，2014 第 5 期，第 650~659 页。

论的视角，混合治理将成为职业院校混合所有制办学治理的发展路径。

第二节 混合所有制职业院校混合治理的含义解析

目前，尚无混合所有制职业院校混合治理的权威界定。本研究在结合其他学者阐释的基础上，对其含义进行解析。

学界关于"混合治理是什么"的论述呈现出设计导向、价值导向与主体导向的多维度阐释。其一，持设计导向的学者将混合治理作为一种交易、制度安排或组织手段。威廉姆森基于交易成本理论，将混合组织中的交易安排称之为混合治理，是介于市场治理和层级治理之间的第三种治理模式。有学者将混合治理追溯到组织依赖及更广泛的社会结构中，基于资源依赖理论（Pf. Effer, Salancik, 2003）、制度理论（Greenwood, Oliver, 2007; Andersson, Suddaby, 2007）和社会网络视角（Powell, 1990），强调混合治理作为组织手段能够有效地应对与其所在的其他组织或利益相关者所产生的制约因素和机会主义。其二，持价值导向的学者将混合治理视为发挥最大价值的有效方式。Albert 和 Eva（2012）综合代理理论、产权理论、交易成本理论和资源观，将混合治理定义为独立组织之间的合作，旨在通过整合资源、组织信息、保护合同和财产权、交换和共同开发物质资源和服务来创造价值、降低代理和交易成本及分配剩余索取权。Sauvee（2013）认为混合治理的作用是最大化联合价值并最大限度地降低组织成本。其三，持主体导向的学者强调混合治理主体的多元化。Borys 和 Jeminson（1989）强调混合治理是两个或两个以上主权组织聚集在一起，以追求共同利益。还有研究者认为混合治理是一种双边治理为主体、政府治理为辅助的治理模式。综上所述，混合治理是指两个或两个以上异质主体，包括政府、企业与非政府组织等，通过竞争互动与协商合作的方式，运用一系列正式与非正式规则，以降低交易成本、实现公共事务治理的良好绩效为目的而进行的一系列制度性结构安排、实践方式及实践活动。

本研究将混合所有制职业院校混合治理界定为：国有、集体与非公有资本等资本代表联合行动，管理职业院校教育教学实践活动的行为及其过程。混合所有制职业院校混合治理呈现出以下特征：其一，混合治理的前提是治理主体的多样化，强调政府、企业与非政府组织等公私合作、共同治理职业院校事务。其二，混合治理是一种"主导—主体"的治理格局，各利益相关者通过平等沟通共享治理话语权，同时强调政府力量占据主导作用。其三，混合治理主张治理工具的多元化，既包含法规制度又包含社会契约，是一种正式制度（显性契约）与非正式制度（隐性契约）下多种治理机制并存的治理模式。其四，正如"混合"一词含有"掺杂、合并"之意，混合治理中各主体在实践中不可能明确划清各自治理领域的界限，很多时候，各主体在同一个领域或项目上呈现出互嵌、竞争与共生关系。正是这种复杂关系的存在，使得治理效果趋向帕累托最优，从而提升治理绩效。

第三节　混合所有制职业院校混合治理的分析框架

职业教育混合所有制办学是多方参与主体为创造一定的社会价值，相互协作的结果。混合治理作为混合所有制院校形成的实践活动，是在这种协作基础之上发生的。格雷（Gray）和伍德（Wood）通过分析资源依赖理论、制度经济学理论、社会生态理论、微观经济学、协商秩序理论、政治学理论六大理论，确立了理解组织合作的重要理论框架。这一框架主要解释三个问题：使协作成为可能并激励利益相关者参与的前提条件、协作发生的过程、协作的结果。

这六种理论似乎都说明了合作的前提条件，如资源依赖理论强调有两个因素是否有必要激励各方合作：高风险和高度相互依存，除非这两个条件都得到满足，否则就不会有合作，更不会有混合治理的发生。利益相关者的动机是他们的需求，即保护他们在可能被他人耗尽或没收的共同资源中的利益。然而，他们有一个共同的兴趣，那就是制定一些管理规则共享使用。因此，将个人利益与社区利益联系起来是启动合作的关键。协商秩序理论强调合作的前提是增强现实利益相关者之间的认识，而这一认识主要表现为实现对共同的理解和应对某一问题。另外，这些理论的提出是基于社会复杂问题的基础之上展开的，问题的复杂性促使人们开始探索合作联盟以及混合治理，因此，问题的复杂性自然而然成为混合治理的初始条件。最后，理论的产生往往源于实践经验的广泛存在，混合治理分析框架的确立同样如此。基于此，本研究确定了资源共生式依赖、观念一致，成功的经验、问题的复杂性混合治理的初始化条件。

对于过程阶段，制度经济学理论提倡制度化，并强调合作各方秉持风险共担原则。协商秩序理论提出环境的变化，合作组织需要与环境共同改变。政治学理论则强调明确的、自愿的资格，联合决策，达成一致的规则，交互过程，临时的结构。在此基础上，本研究提出职业教育混合治理的过程阶段应包含竞争与协调、有效领导力、建立制度、有效参与、信任与规范。

在结果阶段，他们强调的结果因研究的理论方向不同而不同。一些学者考虑问题是否得到解决，如：解决方案的创新性是由协作产生的吗？有的强调是否达成了共同的准则？另有学者关注生存合作组织本身，如：合作各方多大程度上促进规范，共同承担相应责任？ Selsky 提供了一个概念框架来思考结果的类型(例如，信息、资源、规则和规范)。鉴于此，本研究指出职业教育混合治理的结果层主要表现为是否在一定程度上可以创造社会资本，节约社会资源，提升治理能力。

此外，组织环境作为组织赖以生存的基础，与组织相互作用，共同生存，实现混合治理同样离不开环境的支持，反过来，环境也在不断地适应组织的变革。因此，在分析职业教育治理问题上，本研究将治理环境作为其中一个重要的维度。

混合化办学过程中政府组织、产业界与教育界作为混合所有制办学的主要行为人，由于外部不经济行为的存在，会严重降低契约履行质量。因此，本研究将从治理微观视角出发，借鉴格雷（Gray）和伍德（Wood）的"先行—过程—结果"组织分析框架[①]以及多学科理论，搭建起职业院校混合治理的分析框架，以及多学科理论，尝试构建职业院校混合所有制办学治理的分析框架（图 4-2）。混合治理从时间发展维度上划分为先行、过程与结果三个阶段，分别对应初始条件、治理过程与治理结果，治理环境贯穿全程。

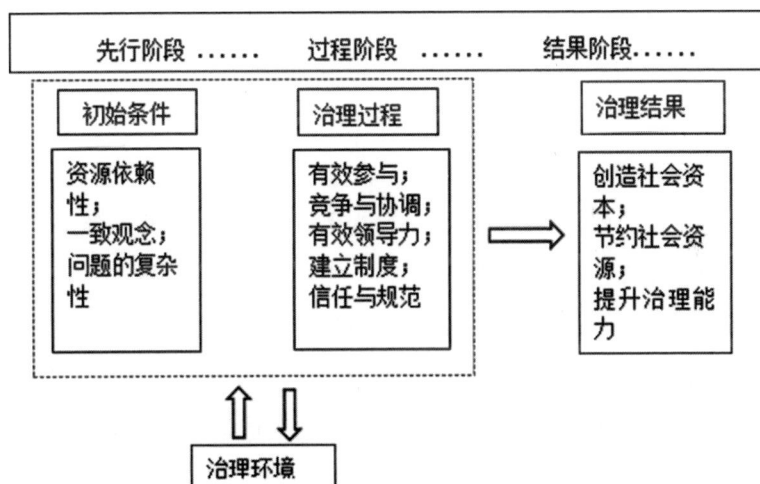

图 4-2 混合治理分析框架示意图

---

① GRAY,B, & WOOD,D.J.Collaborative alliances:moving from practice to theory, the Journal of Applied Behavioral Science, 1991,29(1)：3—22.

第四节 混合所有制职业院校混合治理的运行机理

一、初始条件：混合治理的逻辑起点

　　初始条件是合作开始时应满足的初始状态，是混合所有制院校实行混合治理的逻辑起点。混合治理是基于复杂议题而存在的，不同行为主体因知识、技术、信息等资源互补优势发生合作，混合组织更容易选择性激活潜在参与者和合作伙伴，并对合作伙伴的冲突目标、不同意识、相异价值进行整合，成为战略目的明确的整体，以最大限度地降低合作交易成本。本研究将混合治理的初始条件浓缩为"资源依赖性""一致的观念"和"问题的复杂性"三个重要变量。

　　第一，资源依赖性是组织合作的前提条件。资源稀缺性特质决定了组织必须从外界汲取或与外部组织互换资源，组织间在交换资源的互动过程中逐渐形成彼此依赖的关系网络。实践中，资源依赖作为一种概念工具，更多侧重于企业组织之间、政府与非营利组织之间[①]、职业院校与企业组织之间[②]关系的分析，为不同参与组织或主体纳入同一治理体系提供了现实基础。有学者认为参与公共活动的各个组织无论是公有还是私营，都无法拥有充足的能力和资源来独立解决一切问题，他们之间存在着很强的权力依赖关系。混合组织中各参与主体之间的资源依赖不仅包含物质资源，还包含权力资源，且

---

①　SAIDEL.J. Resource Interdependence:the relationship between State Agencies and Nonprofit Organizations,Public Administration Review, 1991(6):543—553.

②　霍丽娟：《资源依赖理论视角下校企合作关系的分析》，载《中国职业技术教育》，2008 年 27 期，第 33~36 页。

资源的依赖性越强，各主体合作治理的意愿越强烈。职业教育作为准公共产品，随着智能时代不断发展，社会行业不断更迭演变，职业院校与企业等其他组织间的边界也将逐渐被打破。混合办学使交易双方的相互依赖性、资产专用性逐渐增强，通过混合治理，校企双方博弈的成本逐渐降低，资源也得以最大化利用。

第二，一致的观念是实施组织合作的保障。职业教育混合所有制办学实践活动的顺利推进有赖于行为主体基于权力、利益清晰认知基础上达成共识，减少非理性行为，认同作为行为体的思想意识形态，贯穿于治理全过程，并以支配个体行为的方式影响治理活动的开展。理论与实践表明，"平等意识培育—重叠共识"是达成认同的基本途径。混合治理作为实现共同办学目标而采取的一系列实践活动，应始终遵循"互益、共赢、共享"的价值追求，并就合作的内容、形式等充分沟通与交流，达成组织成员的集体共识。无论是国家层面还是全球层面，多主体间价值认同的实现都离不开主体平等意识的培育。[①] 另外，多元参与主体间的利益博弈和资源差距往往使得处于弱势地位主体的价值观呈现出对强势价值观的趋从与反趋从，在利己倾向和不理性行为难以避免的情况下，两者间的博弈态势使得职业教育价值观很难呈现出一致性，从而使职业教育混合化办学出现一系列问题。基于此，介于一致与歧见之间的价值主体通过"重叠共识"[②]（即指不同的价值观念体系的行为人在各自保持自身的前提下，就混合组织基本秩序和原则形成共识，并将其作为价值认同实现的重要途径，以消除公有资本的种种顾虑），吸引社会资本投资办学。

第三，问题的复杂性深刻影响组织合作。产权制度安排是构建混合所有制职业院校办学模式的关键。相比普通职业院校，混合所有制职业院校的产

---

① 王刚、宋锴业：《治理理论的本质及其实现逻辑》，载《求实》，2017 年第 3 期，第 50~65 页。

② 陈新汉：《哲学视域中的认同意蕴新思考》，载《湖南师范大学社会科学学报》，2014 年第 3 期，第 5~12 页。

权结构较为复杂，而现有产权制度难以确定各方产权收益。如体现产权"小混合"性质的混合所有制二级学院没有独立法人资质，企业具有独立法人资质，那么，在产权制度不明晰的情况下，学院在产权配置上处于弱势地位，容易导致国有资产流失。现行的行政化管理模式难以使产权主体、治理主体走向多元，无法形成良好的混合办学治理机制。混合治理的本质在于多元主体通过一定的体制组合，对组织复杂问题进行处理，以实现良好的治理绩效，它改变了政府单向的行政化管理模式，超越了政府和市场的简单划分，在一定程度上弥合了国家与社会的分野疏离，跨越了传统行政化管理体制"不让混合"的阻隔。

二、治理过程：混合治理的核心环节

治理过程是不同治理主体使用多种治理工具处理职业教育混合办学各项事务的实践活动，直接影响并决定治理结果。与市场治理的规范性与科层治理的严谨性相比，竞争、协调等社会理念逐渐引入，正式的契约关系（建立相关制度）辅之以非正式的社会规范，使得混合治理工具呈现出多元化特点。此外，领导因素是混合治理中的一个关键因素，正是通过领导，各相关方才能联合起来并得到引航。因此，"有效参与""竞争与协调""有效领导力""建立制度"成为治理过程的重要组成部分。

第一，有效参与是前提。治理组织中各办学主体的有效参与成为平衡各方利益，催化混合治理形成与发展的重要前提。一方面，有效参与不仅要求办学行为主体的范围广，而且要求深度参与治理。混合所有制职业院校的治理主体应由出资者、管理者、教职员工及其他利益相关者共同构成，不仅包括政府、职业院校、企业、行业组织等主导型治理主体，还包含教师、学生、媒体等参与型治理主体，这是其区别于传统治理模式的基本特征。此外，治理主体不是象征性参与，而是在治理过程中拥有一定话语权，凭借资本、知识、技术、管理等要素深度参与治理。另一方面，治理结构架构是治理主体如何有效参与治理的外在表现形式，治理结构的变化直接影响利益相关者的有效参与。长期以来，混合所有制办学治理结构主要采用委托—代理模式。随着委托代理的日益复杂，职业教育治理形式也由原始的单边治理演进成了双边治理、多边治理及利益相关者共同治理。不同治理主体如何有效参与表现为包括股东（政府、企业、社会团体或个人等）、职业化的教育经营者（校长及其集体）以及教学活动的双方即教师和学生等如何赋权的问题。混合治理过程中，如果某一行为主体处于劣势地位，会容易受到占优势地位一方的操控，这种不平等最终会导致各参与方缺乏长期合作。充分保障各利益主体深入参与职业院校治理工作，建立权力间的协调与制衡关系，加大权力制约，成为防止权力越位和错位，降低学校"代理成本"，解决各利益主体"不想混合"问题，保障混合组织稳定、有效运行的关键。因此，混合治理的前提是有效参与，有效参与的前提是各利益方均享有相应的权力，在权力不平衡得到纠正之前，则不建议进行协作。①

第二，竞争与协调是混合组织的两种基本存在形态，体现了行为主体从"被动"到"主动"合作、再到自觉的劳动分工。混合治理是交易行为人相互竞争，反复协调，制度间相互妥协的过程。竞争之所以成为混合治理过程的基本样态，是因为治理主体是不同组织，有不同的权力与利益追求，担心合作关系将会威胁个体自主权。如果交易各方将自身专用性资产投入转化为合作创新成果，一方专用性资产投入将为另一方提供通过机会主义行为获取准租的可能。如何减小这种搭便车的机会主义行为，降低混合治理运行成本，则依赖于合作各方事前的充分协调。参照罗西瑙的治理定义，职业教育混合治理可以理解为通行于复杂系统规制间隙之间的制度安排与机制建立。这些制度与机制通过以下路径实现：政府、职业院校、企业组织等通过努力、相互竞争、彼此协调形成一系列规则系统，并争取各方治理地位的合法性，取得政策关联。

---

① GREYB.Collaborating:Finding Common Ground for Multiparty Problems, San Francisco:Jossey-Bass:1989.

第三，有效领导力是实现组织合作的关键。随着政府办学为主向政府统筹管理、社会多元办学的转变，政府也应实现从直接办学者向教育资本管理者的角色转变。政府作为拥有垄断性质的信息资源、财政资源的权威型组织，拥有政治上的等级权威，通过提供制度资源与组织智慧，充当职业教育办学中各利益主体的协调者、规则制定者，从而为不同治理主体之间的重复博弈、谈判协商等提供基本规则，促进整体性制度变迁，从而保证整个治理过程的制度完整性和社会凝聚力。[①]职业教育混合所有制改革结果是形成不同产权性质的混合组织，如何构建有效领导力，实现组织内跨界领导，显得尤为重要。Ryan 明确了混合治理中有效领导力的三个因素：形成可靠、有说服力且被各方普遍认可的决定；对协同过程进行适当管理；维持"技术权威性"。[②]那么，如何实现呢？一是建立领导力的共同心理模型，为领导力角色和期望创建共同框架并使之广为认同。二是确立混合组织的一致性使命，拥有共同的愿景及使命，创造团队意识，并加强章程建设。三是关注具体的问题，促进和维持问题解决。中国政府在混合所有制院校治理活动中只有实现由"掌控"向"协作"角色的转变，才能发挥有效政府的作用，充分平衡各方之间的利益关系，激发各治理主体的积极性，提高治理绩效。

第四，建立制度是推进组织合作的保障。多种形式的资本组合不会自动带来治理效益的高效，混合治理的实现需嵌入相应的规制予以维系、匡扶和支撑。所谓规制，是根据一定的制度与准则对构成特定社会的人或组织实体进行某种制约与干预。[③]职业教育混合化办学由于缺乏系统的正式规则，如产权制度设计，成本分担、纠纷解决等法律法规，虽然具有旺盛的生命力，但难以避免搭便车、敲竹杠等行为。在此基础上，相关学者提出产权要素的

---

① 青木昌彦：《比较制度分析》，上海远东出版社 2001 年版，第 234~243 页。

② CLAREM. Ryan. Leadership in collaboration policy-making:An analysis of agency roles in regulatory Negotiations.Policy Sciences, 2001, 34(3-4):221—245.

③ 盛宝柱：《规制经济学视野中的高等教育运营——以独立学院为例》，载《南京师大学报（社会科学版）》，2010 年第 6 期，第 90~94 页。

交易和流通问题、民办出资者的所有权保障问题、各行为主体在人才培养上的耦合与平衡等问题，均需政府加快制度场域的构建。需要注意的是，正式制度（契约）越复杂，交易双方的权利、义务和争议解决途径就越会被更详细和更精确地表述。[①] 此外，从国际经验来看，市场经济国家既重视法律，也十分重视经济活动中各行为主体间的契约关系，法律没有专门规定的事项可以通过非正式制度（隐性契约）来实现。因此，混合治理思想意识的提升、有效政府、有为学校和有责企业的价值文化的强化、价值道德规范的形成、社会信誉的完善等非正式制度的建立，可以有效地弥补正式制度体系所无法覆盖的交易范围中的治理缺失，并抑制机会主义的产生，降低交易成本，推进治理的开展，使职业院校"能够混合"并"容易混合"。

三、治理环境：混合治理的中介机制

治理环境是组织赖以生存的土壤与基础，治理是在不断调整个体行为与组织形态的同时，实现自身的适应与变革。混合治理离不开环境的支持，反过来，环境也在不断地适应组织变革。混合所有制职业院校的治理环境与治理过程也不断相互作用。

环境是组织变革的动因。外部环境是组织赖以生存的土壤与基础，直接影响组织的发展与进化。内部环境是组织个体之间所形成的一种文化氛围，也不断改变个体行为，使其不断适应组织的变革。一方面，系统理论指出，组织总是处于一个政治、经济、文化、社会、法律等因素不断互动的复杂外部环境之中，日渐提高的环境复杂性使组织间的联系变得更加必要。混合所有制职业院校的形成正是基于复杂的市场环境而形成。另一方面，复杂适应系统（CAS）理论把系统组织成员看作是具有主动性的主体，各成员积极地与外界环境产生反应，继而促进组织联系。霍兰把个体与环境之间这种主

---

① POPPOL, ZENGERT.Do formal contracts and relational governance function as substitutes or complements?.Strategic management journal, 2002, 23(8):707—725.

动的、反复的交互作用称为"适应"。正是"适应"促使整个系统不断演变
或进化，如新层次的产生、分化和多样性的出现，新的、聚合而成的、更大
的主体的出现等。混合所有制职业院校的稳定发展则是基于不同主体的不断
"适应"，即办学主体以遵守道德规范、坚守信用、加强社会信誉的方式形成
一种内部软环境，这种软环境有助于混合所有制职业院校建立长期、稳定的
可信承诺，减少监督和制裁活动的成本。

　　此外，关注知识学习的学者认为，组织（环境）适应性的形成过程本质
上是一个知识积累与组织学习的过程。[①]知识的学习将直接影响人们认知结
构的改变，促进组织文化氛围的重塑，进而影响人们如何合理化、解释和正
当化这个世界，以适应外在环境的变革。诺斯等人特别强调组织从实践中学
习的重要性，将其界定为一个组织通过重复的互动而获得协调技巧，形成日
常规则的过程。那么，对某一特定治理结构的混合组织而言，其知识系统越
完善，适应能力就越强。这也在一定程度上为混合治理在实施过程中如何改
善组织（环境）适应性提供了理论根据和实践思路。

四、治理结果：混合治理的目标追求

　　混合治理结果是在各行为主体协商、谈判、不断学习适应的过程中以
及完成后达到的效果，旨在实现预期目标。对于结果阶段的构成要素，Gray
和 Wood 强调因研究的理论方向不同，结果也不相同，如是否产生新的伙伴
关系、是否制造新的资源或资本等，均可成为衡量合作成果的重要标准。本
研究的结果层体现在"创造社会资本""节约社会资源"和"提升治理能力"
三个方面。

　　第一，创造社会资本是基础。社会资本是指个体或团体之间的关联——
社会网络、互惠性规范和由此产生的信任，是人们在社会结构中所处的位置

---

① 吕鸿江、刘洪、程明：《多重理论视角下的组织适应性分析》，载《外国经济与管理》，2007
　年第 12 期，第 56~64 页。

给他们带来的资源。Uphoff 将社会资本分为结构社会资本以及文化社会资本。一方面，在混合所有制办学治理过程中政府、职业院校、社会组织等异质性成员往往从组织网络中获得额外的社会资源，以支持自己的工具性行动。混合治理强调个体为追求各自利益基于组织网络关系，通过相互竞争与协调行动形成良好的社会网络及规范的合作规则（结构性社会资本），以提升治理能力和治理效率，促进各自的发展。另一方面，混合治理强调建立信任机制规范个体行为，这种信任是建立在契约关系基础上，以法律和正式的规章制度为保障的信任关系。该种关系在建立初期难免有一定的被动性，但在合作过程中交易方获取各自利益，共生关系被逐渐强化，进而内化为组织共同遵循的价值取向，形成强大的文化社会资本，惠及混合办学过程中的利益相关者。因此，混合治理目标实现的同时，文化社会资本逐渐形成与积累。

第二，降低社会成本是关键。只有当投入后所获取的"净收益"高于"自我生产"所获取的收益时，混合所有制职业院校才能长期存在。在职业院校混合所有制办学中，混合治理能够调动并发挥政府、学校、企业、行业协会及其他社会组织的主体优势，协同办学，创造学校、企业等单个部门难以形成的公众价值，进而降低职业教育供给的社会成本，节约有限的社会资源。国外研究证明，社会资本能够减少不确定性和交易成本，提高交易的效率。在混合所有制院校混合治理过程中，信任机制、声誉机制蕴含了简化、约束、协调与决策等功能，可以代替部分契约的约束，有效降低交易成本，促使交易各方长期合作。

第三，提升治理能力是目的。治理体系和治理能力现代化既是混合所有制办学关注的焦点，也是混合所有制办学深入推进的难点，更是整体推进国家职业教育治理体系和治理能力现代化实现的一个重要支点。[1] 那么，从微观层面上深入探讨中国混合所有制职业院校治理问题，具有重要的理论价值

---

① 雷世平：《混合所有制职业院校治理体系和治理能力现代化论略》，载《当代职业教育》，2020 年第 4 期，第 12~18 页。

和极为现实的实践意义。混合治理过程中各参与主体的深入参与，能够有效
激发职业教育治理活力，提升自身治理能力，增强治理效益，实现治理过程
中的"1+1>2"，主要表现在以下几方面：其一，混合治理过程中各行为主体
以平等的姿态有效地参与其中，并能回应相关利益主体的诉求，增强了私有
资本参与的信心与热情，提升治理的活力。其二，正式制度的规制与非正式
制度的约束直接降低了外部性行为发生的概率，提升治理的效能。其三，混
合治理活动中，中国政府由"掌控"向"引导""监管""支持"态度转变，
服务能力不断增强，治理绩效得以提升。

　　总而言之，发展混合所有制职业院校是中国政府在宏观治理层面，实现
资源配置的效率和政府管理的公益优化组合的制度探索。[①] 本文在整合多学
科理论成果基础上，尝试构建混合所有制职业院校混合治理模式的理论框
架，为混合所有制办学治理提供新的视野，也为化解各主体"不想混合""不
易混合""不能混合"的实践困境提供一定思路。但是，混合治理也存在实
践挑战。一是面临降低效率的风险，有悖初衷。在缺乏文化环境背景下，混
合所有制职业院校的多元办学主体的目标不同将导致行动步伐不一致，不同
主体间的协调成为混合治理的关键。如果无法成功协调多元主体间的利益冲
突，将会产生相互难以适应的情况，反而会降低效率。二是监督成本高，影
响治理效果。混合治理的重要目标之一在于减少机会主义，降低社会成本，
监督机制的建立是减少这种机会主义的重要措施。但是，现实中多元参与的
监督机制无形中增大了运行成本，使得混合所有制办学难以实现低成本监
督。理论与实践总有一定的差距，而差距的弥合则依赖于学者与实践专家的
进一步努力。

---

① 姚翔、刘亚荣：《混合所有制高等院校发展的宏观治理结构探索》，载《中国高教研究》，
　　2016 年第 7 期，第 37~42 页。

第二篇

终身教育视域下"职普继"教育的融通发展探索

若以终身教育视域审视职业教育发展，构建现代职业教育体系定要突破职业教育的组织壁垒，怀揣包容、开放之心态，积极携手企业及其他类型教育，在职业教育体系内部的"纵向贯通"之外，选择"横向融通"的跨界发展路径。横向融通意指职业教育与普通教育、继续教育、高等教育等类型教育的协同、融通发展。职普继教育的融通发展体现了国家教育战略设计转向及未来发展趋向。

——笔者按

20 世纪 90 年代中期之前，职业教育与继续教育在自己轨道内进行规划与实践探索，进入 21 世纪，在构建终身教育体系大背景下，开始职继协同发展的探索。党的十八大以后，国家明确提出"统筹普通教育、职业教育、继续教育的协调发展"目标任务以及探索统筹协调发展机制。

技能型社会构建背景下，为了服务国家发展战略，目前已经形成职业教育与普通教育、继续教育协调发展，与经济社会协调共生的新业态。

如何完成"统筹职业教育和普通教育，畅通人才成长通道"的新时代职业教育重任呢？需要突破传统思维，从观念、制度设计及实施上切实保障学校能够"不拘一格育人才"。

一是破解狭隘的保护意识，营造"劳动光荣，技能宝贵"的时代风尚。部分人担心所谓的职业学校差生进入普通教育将对精英教育构成威胁，影响普通教育资格证书的含金量及普教生源的就业优势。这种意识使得从政府到普通民众难以真正认可"职普沟通，协调发展"政策，实践中产生或积极或消极的抵抗行为。因此，需要利用广播、电视、报纸、新媒体等综合手段引导社会树立正确的人才观和劳动观，营造"尊重'蓝领'，敬畏技术、劳动皆光荣，职业无贵贱"的良好社会氛围。

二是建立健全职业教育国家制度标准框架与国家资历框架，完善终身职业技能培训制度，构建具有中国特色的现代职业教育培训体系。发挥行业参与作用，加强专业教学标准建设、行业专项技能标准建设及职业教育考试、认证与监管标准体系建设，以标准化引领职业教育内涵建设与质量提升。承认学历资格证书与职业资格证书的等值，对基于不同学习经历所获得的职业能力进行认可，从而实现职业教育与普通教育、学历与非学历教育、职前教育和职后教育的沟通衔接。通过"3+2"（中职学校与高职院校）、"3+4"（高职院校与应用型本科院校）、"3+2"（高职院校与应用型本科院校）等模式，切实做好中职与高职教育衔接、职业教育与普通教育在高中、本科及研究生阶段的融通，通过多种形式促进专业人才持续不断地成长。

三是推进职业教育与普通教育协同育人的机制建设。严格规范招生环节，职校生的升学测试要突出技能考核比重，认可技能优势；做好不同类型、不同层次学校的专业设置、课程开发、人才培养方案设计等方面的有效衔接，确保技术技能型人才的专业能力提升通道。加强职业教育特色的专业学位建设、管理与评估实践活动。设置专业学位，允许部分高水平高职院校开设四年制专业学位教育，专业设置与中职学校专业设置保持一致，以满足高中或专科层次学生继续专业学习的需求；或者由普通高等学校招收部分技能突出、学习能力强的学生，达到毕业要求，颁发毕业证书与有"专业学位"标注的学位证书。基于职教生与普教生的个性特点，确立差异化、多元化的考核标准，实施不同院校、不同类型人才的分类管理与评价指导，推动评价标准多元化与人才成长多样化。

第五章　职业教育与普通教育融通发展[①]

职业教育与普通教育是教育体系框架中培养高素质技术技能人才重要的教育类型。促进职业教育与普通教育的沟通融合（以下简称"职普融通"）成为政策、理论研究与实践领域关注的重点。21 世纪以来的几个重要文件——《关于大力推进职业教育改革与发展的决定》（2002）、《国家中长期教育改革和发展规划纲要（2010—2020 年）》（2010）和《国务院关于加快发展现代职业教育的决定》（2014），更是明确提出"加强职业教育与普通教育的衔接、沟通"，"为学生多样化选择、多路径成才搭建'立交桥'。到 2020年，形成适应发展需求、产教深度融合、中高职衔接、职业教育与普通教育相互沟通，体现终身教育理念，具有中国特色、世界水平的现代职业教育体系"。[②] 为了构建职普融通的现代职业教育体系，有必要厘清中国职业教育与普通教育关系的政策演变、学术表达及实现职普融通的内容形式与实践路径。

第一节 职业教育与普通教育关系演变——基于政策文本的分析

20 世纪初，特别是 1985 年以来的重要教育及职业教育政策基本遵循了

---

① 肖凤翔、贾旻：《中国现代职业教育体系视域下的职普融通研究》，载《职教论坛》，2015 年第 1 期，第 31~36 页。

② 国务院：《国务院关于加快发展现代职业教育的决定》[EB/OL]，http://www.moe.edu.cn/publicfiles/business/htmlfiles/moe/moe_1778/201406/170691.html.

职业教育与普通教育走向融合的演变路径。政策文本表现为"职业教育被纳入国家教育体系—确立职业教育与普通教育的平等地位—加强职业教育与普通教育的沟通融合"的演变逻辑。

20世纪前半叶,中国职业教育开始登上大雅之堂,正式进入国家教育系统。1902、1903年的"壬寅癸卯学制"首次将实业教育[①]作为独立体系纳入学校系统。1922年的"壬戌学制"规定,"根据地方情形,在中小学课程中设职业科,通过与普通教育的课程渗透,或与普通教育混合为综合制,尝试沟通职业教育与普通教育"[②]。这一时期的教育政策从文本层面,首次肯定了职业教育在国家教育体系中的价值与地位,提出"职普沟通"路径,但是并未得到很好贯彻,最终流于形式。究其原因,一是因为当时社会动荡,政府忙于政治斗争,无暇顾及职业教育事业;二是因为机器大生产初期的简单流水线生产并不需要掌握太多技能的产业工人,对学校职业教育没有多大需求,更谈不上职业教育与普通教育的课程渗透与类型沟通。

20世纪后半叶,中国职业教育成为教育体系内的一个独立分支,获得了与普通教育平等发展的地位。为了解决"文化大革命"结束后中等职业教育基础薄弱的窘境,1980年国务院颁布的《关于改革中等教育结构的报告》提出改革中等教育结构,大力发展中等职业教育,"实行普通教育与职业技术教育并举"的方针[③];1985年颁布的《中共中央关于教育体制改革的决定》,提出大力发展职业技术教育,"逐步建立起一个从初级到高级、行业配套、

---

①　学术界对中国职业教育的起源问题尚存争议,普遍认为,实业教育是现代职业教育的起源;也有学者认为,实业教育是工业教育,而不是严格意义上的职业教育。本文采用了第一种观点。

②　廖承琳:《近代中国学制演变与职业教育的发展》,《〈教育史研究〉创刊二十周年及中国教育史研究六十年学术研讨会论文集》,2009年。

③　国务院:《关于改革中等教育结构的报告》[EB/OL],http://www.china.com.cn/law/flfg/txt/2006-08/08/ content_ 7058712.htm.

结构合理又能与普通教育相互沟通的职业技术教育体系"[1]，以应对高等教育、基础教育、职业教育设置比例严重不合理的教育现状。1991 年颁布的《国务院关于大力发展职业技术教育的决定》明确提出建立"相互沟通、协调发展的职业技术教育体系的基本框架"[2]。1993 年颁布的《中国教育改革和发展纲要》针对不同的教育发展区域提出实施"小学后、初中后、高中后"三个阶段的教育分流。20 世纪 80、90 年代的政策文件逐步确立"构建职普沟通的职业教育体系"，一方面，赋予职业教育与普通教育同等重要的地位；另一方面，承认职业教育与普通教育的异质性，以及教育系统内部存在职普分流制度。这种职普平等却分离的定位主要基于以下原因：一是中华人民共和国成立后确立的"赶超型现代化"发展目标以经济建设为首要任务，产生了对技术技能型人才的大量需求；二是在没有实现国富民强之前，国家与国民首要解决的是生存问题。所以，发展相对独立的学校职业教育成为提高劳动者从业素质，以满足国家建设需要、促进国民就业的主要形式。

进入 21 世纪，现代职业教育体系的建立和职业教育与普通教育的沟通融合态势较为明显与迫切。1999 年颁布的《面向 21 世纪教育振兴行动计划》，要求"逐步研究建立普通高等教育与职业技术教育之间的立交桥"[3]。2002 年颁布的《国务院关于大力推进职业教育改革与发展的决定》，提出建立"现代职业教育体系"，"加强中等职业教育与高等职业教育，职业教育与普通教育、成人教育的衔接与沟通，建立人才成长'立交桥'"。[4]2005 年

---

[1]　国家教育委员会职业技术教育司：《职业技术教育文件选编 1978—1988》，三联书店 1989 年版，第 1 页。

[2]　国家教育委员会职业技术教育司：《职业技术教育文件选编 1978—1988》，三联书店 1989 年版，第 8 页。

[3]　中华人民共和国教育部：《面向 21 世纪教育振兴行动计划学习参考资料》，北京师范大学出版社 1999 年版。

[4]　国务院：《国务院关于大力推进职业教育改革与发展的决定》[EB/OL]，http://wenku.baidu.com/link? url=QjNAyxR2Y1M39Yrfx9pVO1hY_r0iFqNCGM7 Kpwi7—9QDj3NfJWLd_PwkXYozgjX5KHPS2KHca u129YmXNDXpaK5KSyvjANuwMUydXNesT5a.

《国务院关于大力发展职业教育的决定》和 2010 年《国家中长期教育改革和发展规划纲要（2010—2020 年）》，提出"职业教育和普通教育相互沟通……现代职业教育体系更加完善"，囊括职业教育在内的"终身教育体系基本形成"。[①] 2014 年颁布的《国务院关于加快发展现代职业教育的决定》，提出"加快构建现代职业教育体系"，中等职业学校"在保障学生技术技能培养质量的基础上，加强文化基础教育，实现就业有能力、升学有基础。有条件的普通高中要适当增加职业技术教育内容"。[②] 上述政策文本覆盖了职普融通的原则性要求与具体实施规划，不仅在理念与制度上强调职业教育与各种教育的衔接与沟通，而且还给出诸如课程、教学制度、方法等实践层面的操作建议，以保证衔接问题的顺利实施。这是因为，一是 21 世纪以来中国进入经济综合改革时期，经济转型，结构升级，从"制造大国"转变为"制造强国"所需的高素质劳动者不仅要有熟练技能、良好职业道德，而且要具有可持续发展能力。二是物质文化的丰富促使国民有了更高的精神需求，所以，要求职业教育和普通教育外部沟通、中等职业教育与高等职业教育内部衔接，搭建人才成长立交桥；以及建立不同阶段的教育与培训相互认可、转化的终身教育体系。

上述政策文本反映出了国家对职普融通的认识更加科学、合理，即职业教育与普通教育作为两种教育类型，既有相对独立性，又有"教育性"这一共同属性；同时也体现了国家经济与文化需要变化所带来的教育追求的提高。

---

① 国务院:《国家中长期教育改革和发展规划纲要（2010—2020 年）》［EB/OL］, http://www.china.cn/policy/txt/2010-03/01/content-19492625 __ 3.htm.

② 国务院:《国务院关于加快发展现代职业教育的决定》［EB/OL］, http://www.moe.edu.cn/publicfiles/business/htmlfiles/moe/moe_1778/201406/170691.html.

第二节 职业教育与普通教育关系的学术表达

职业教育与普通教育是教育领域内的两个重要类型，二者关系的表述方式与类型划分吸引了诸多学者的关注，被赋予不同的理解与内涵。作为学术话语对政治话语的一种积极回应，这些不同学术表达不仅成为上述政策演变在学术研究领域的体现，同时也推动了后续科学政策的出台与修订。

一、职业教育与普通教育关系的表述分析

在描述职业教育与普通教育的关系时，不同时代的学者使用了不同的表达词汇。这既表现了不同历史发展时期职普关系研究关注点的变化，也体现了职普关系认识的深化与发展。

20世纪八九十年代中国开始实施教育体制改革，确立了"大力发展职业技术教育"的决策。学者们对官方的改革政策文件做出积极回应，使用"普通教育职业化，职业教育普通化""普通教育与职业教育一体化"，引介国外教育改革的一体化经验，以推动中国教育体制改革。"职业教育与普通教育一体化是当代世界教育的一种发展趋势"[①]，是各国教育体制改革的共同倾向，不过"一体化的形式和程度国家和地区而不同"[②]；联邦德国（20世纪六七十年代）、芬兰（20世纪80年代初）、澳大利亚、奥地利、巴基斯坦、巴西等国探索一体化的种种模式。

---

① 黄中益：《关于普通教育与职业教育一体化的探讨》，载《理论与实践》，1992年第3期，第16~18页。

② 孙祖复：《联邦德国普通教育与职业教育一体化的改革》，载《外国教育资料》，1993年第8期，第17~21页。

21世纪中国教育改革步入深化发展期，工业化、信息化、城镇化、农业现代化对高素质劳动者的需求与现实劳动力的差距、职业教育的规模发展与公信力不高的尴尬，促使中国学者反思职业教育如何更好地服务社会、服务大众，因此，构建职普融通的现代职业教育体系成为这一时期的研究焦点。学者们主要采用"沟通""衔接""渗透"及"融合"来描述普职关系，认为"职业教育与其他教育相互沟通、衔接的体制机制体系"是构建现代职业教育体系的五个系统之一[①]，"上级教育对下级教育的开放""学历教育和非学历教育的沟通与衔接""职业教育与终身教育的沟通"以及"促进中高职教育的有效衔接与沟通是中国职业教育自身发展的需求"。[②]

二、职业教育与普通教育关系的类型分析

《国家职业教育改革实施方案》(2019)明确规定"职业教育与普通教育是两种不同教育类型，具有同等重要地位"。但是，对于二者关系的实质性分析，学者们曾从不同视角展开过深入论述，形成以下几种主要观点。

一是"依赖说"，即不能割裂地看待职业教育和普通教育关系，职业教育的发展有赖于普通教育这一坚实的基础。这一观点主要形成于20世纪二三十年代。蔡元培认为，中国自古以农立国，工业一途亦发达极早，但落后于同时代的西洋，主要缘于科学方面的落后。所以，他鼓励学生在接受普通教育之后继续追求职业教育。"职业教育好像一所房屋，普通教育则像一所房屋的地基，有了地基，便可把楼台亭阁等建筑起来。"[③] 近代职业教育家钟道赞进一步指出，"普通教育是间接的职业教育，职业教育是直接的职业培训"；"任何职业都有用到普通教育的地方，而且往往因为普通教育的根底

---

① 曹晔:《中国现代职业教育体系框架构建》，载《教育发展研究》，2013年第11期，第41~45页。

② 赵璨:《中国中高职衔接的途径探析》，载《教育理论与实践》，2013年第6期，第20~22页。

③ 蔡元培:《普通教育和职业教育》，见《蔡元培教育文选》，人民教育出版社1980年版，第115页。

好，职业的成功比较容易"。[①]

二是"分流说"，即普通教育与职业教育是国民教育结构中的两个重要支柱，承担教育分流的功能。这种观点实质上强调了职业教育与普通教育的异质性。学者们对职业教育和普通教育的分流功能持认可态度。柳夕浪从社会学的视角指出，社会分工是教育分流的内在根源；[②]袁慧芬认为，教育分流满足了社会进化所需的社会分层；[③]洪莹从多元智能理论的视角指出，职业教育与普通教育为具有不同智能结构的学生的成才提供可能性，并促进其潜能获得最佳发展，因此，职业教育与普通教育的分流具有合理性。[④]

三是"渗透说"，即职业教育和普通教育（在教学内容上）应该相互补充。这是中国 21 世纪以来的一种主流观点。职业教育中增加普通文化课的教学，普通教育中增加职业技术教育内容，以实现二者融合、沟通与协调发展。任何一种教育，"其内容既不能纯是普通教育内容，也不能纯是职业教育内容"[⑤]。

四是"复杂说"，即职业教育和普通教育的关系并非如表面那样泾渭分明，需要从多视角来理解职业教育与普通教育的复杂关系。孟景舟认为，从概念的历史起源及变化角度看，职业教育和普通教育既是两种教育哲学，又是两种学校制度。[⑥]职业教育和普通教育分别源于自由主义与实用主义两种不同的教育思想，在近代演化成两个对立的教育体系，工业革命后又成为两种不同的教育制度。

---

① 钟道赞：《职业指导与青年出路》，载《教育与职业》，1933 年第 8 期，第 613~616 页。
② 柳夕浪：《教育分流与分流教育》，载《上海教育科研》，1994 年第 3 期，第 13~16 页。
③ 袁慧芳：《教育分流的社会学分析》，载《现代教育论丛》，2007 年第 6 期，第 47~51 页。
④ 洪莹：《从多元智能理论看职业教育与普通教育的关系》，载《天津职业大学学报》，2011 年第 2 期，第 4~6 页。
⑤ 张晓明：《论职业教育与普通教育的沟通》，载《职业教育研究》，1990 年第 2 期，第 13~15 页。
⑥ 孟景舟：《普通教育和职业教育关系的历史演进》，载《职教论坛》，2011 年第 31 期，第 4~8 页。

第三节　职业教育和普通教育融通的内容与形式

职普融通的内容与形式回答了"通过何种形式的教育内容融通以构建现代职业教育体系"的问题，即职业教育与普通教育在课程与教学内容上的渗透、整合，表现为职业课程与学术课程的整合，以及职业课程作为一个体系贯穿基础教育阶段。

一、整合职业课程与学术课程

20世纪七八十年代以来各国纷纷实行教育改革，其中一个重要方面就是整合职业课程与学术课程，即将职业学科领域与学术学科领域的课程内容要素通过不同模式和运作机制融合在一起。课程整合有利于弥补职业课程与学术课程分离所造成的学生基础能力不够、无法应对未来技术岗位变动的弊端，有利于超越不同学科自身固有逻辑，淡化各类知识间的界限，使学生形成关于工作世界的整体认知并运用知识综合解决现实问题的能力。

目前较为常见的课程整合模式有三种：一是在原有学术课程的基础上通过整合优化形成的融合职业内容的学术型课程；二是在原有职业课程的基础上通过整合优化形成的融合学术内容的职业型课程；三是通过建立一门或一组新型课程来融合职业内容与学术内容的综合型课程模式。[①] 课程整合在一些国家，例如美国，已经取得了一些可供借鉴的成功经验，但是仍然面临着如何设计和实施复杂的整合课程、如何开展科学评价等难题。

---

① 陈鹏：《学术课程、职业课程及其整合的概念解读——职业教育的视角》，载《全球教育展望》，2014年第5期，第20~26页。

二、职业教育课程贯穿基础教育阶段

职业教育课程作为一个完整体系，以"职业启蒙""职业渗透"与"职业选择"形式贯穿于中小学教育阶段，实施基础职业教育。小学的职业启蒙阶段，主要开展热爱劳动、尊重劳动的价值观教育。以与生活密切相关的多种劳动技术课程为载体，培养学生的劳动观念、劳动情感与劳动态度。初中的职业渗透阶段，主要开展职业意识、就业意识和工作意识教育。通过开设职业发展、劳动就业指导课程及入门级职业教育课程，促使学生了解农业、工业、商业方面的知识概念，了解社会经济结构、产业结构、职业岗位和技术发展态势，了解社会、经济、文化和环境领域之间的相互关系。在高中职业选择阶段，学生基于自身兴趣、能力与职业倾向做出职业判断与选择。学校咨询师根据学生特点与学业成绩表现，引导学生做出正确的职业选择；学校或职业教育中心为学生提供较为丰富的职业教育课程，选择职业教育的学生在毕业时掌握了某一领域的基础职业知识与技能，既可以接受高等（职业技术）教育，又可以进入劳动力市场直接就业。

第四节 职业教育与普通教育融通的实践路径

职普融通的实践路径回答了"通过何种融通路径实现现代职教体系"的问题，即受教育者如何在职普两个路径上自由流动，表现在机构组织形式与管理运行机制两个方面。在机构组织形式上，不同教育机构相互协作，企业积极参与；在学校管理与运行上，完善学分系统，构建国家资格框架体系。

一、实施机构的组织形式

（一）建立综合中学

综合中学承载着普通教育、升学预备及职业教育三重目标。自 20 世纪 50 年代成为美国中等教育的主流形式以来，大多数发达国家和部分发展中国家都建立了自己的综合学校。中国历史上 20 世纪二三十年代 [①] 和 80 年代末至 90 年代曾出现过两次综合中学改革试点，2010 年以来部分沿海省市地区再次开展综合高中的探索。但从全国总体情况来看，综合中学的数量相对很少，处于教育体系中的弱势地位。

综合中学是兼施普通教育与职业教育的综合性教育机构，同时提供职业性、学术性和普通类三类课程，以满足学生的多样需求。这种组织形式的安排有利于缩短职普教育的距离（至少是空间距离），为课程设置、教学安排与评价环节的普职融合创造了条件。[②] 综合中学在机构和形式上具备了综合化的特征，但是否真正实现了职普融通仍受到不少质疑，因此，它面临着"后综合中学"的改革与抉择。

（二）开展校际合作

开展校际合作，就是通过协商等方式，建立并加强普通学校、职业学校与职教中心之间的沟通与合作，为学生在职、普两条路径上的自由流动提供机构与制度保障。具体合作路径包括：一是职业学校（综合学校）与普通学校的合作，职业学校（综合学校）帮助普通学校进行职业技术教育，普通学校帮助职业学校（综合学校）开展普通教育；二是普通学校与职业教育中心的合作，普通学校的学生在职教中心选择适合专业，接受职业学习与技能训

---

① 孔凡琴、邓涛：《英国综合高中探析》，载《外国教育研究》，2013 年第 12 期，第 84~91 页。

② 杨晨、顾凤佳：《国外学分互认与转移的探索及启示》，载《现代远距离教育》，2011 年第 4 期，第 9~14 页。

练；三是职业学校（综合学校）与职教中心的合作，职业学校（综合学校）的学生既可以在本校学习职业课程，也可以在职教中心学习。针对上述流动学生的学籍管理，主要采用两种方式：一是当某类学校学生只是在其他学校或职教中心选修课程时，学籍保留在原有学校，修习课程通过学分转移的方式得以认可；二是当学生转学到另一所学校时，学籍和原有学分也随之转移。

（三）开展校企合作

开展校企合作，对学校而言，是为了培养满足劳动力市场需求的人才，出于对公共利益的追求；对企业而言，则主要是出于逐利心态，同时兼顾社会责任的担当。校企合作的形式多样，没有固定模式。例如，企业及行业组织与学校保持合作关系，对学校开展实践性和职业指导教育给予帮助与支持；学校里的职业教育与企业内的职业培训交替进行；企业参与学校的专业设置与课程开发，为学校提供实践指导教师，为学生提供实习场所与实习指导等。"产教融合、校企合作培养技术技能人才是国际职业教育成功国家的共同规律"[1]，但是中国的校企合作却面临"职业学校热情，企业冷淡"的困境。如何建立由政府部门、行业、企业、社会集团、职业院校师生共同参与的、多元化的职业教育办学模式是校企合作急需解决的首要问题。

开展校际合作与校企合作的动力与价值取向是追求社会效用最大化。当单独某一学校无法提供足够的课程与技能训练场所、师资缺乏、培养的劳动力与就业市场需求存在差距时，开展校际合作、校企合作可以推动教育资源的整合利用，从而实现有限资源的规模经济效益与社会效益。

---

① 和震:《建立现代职业教育治理体系 推动产教融合制度创新》，载《中国职业技术教育》，2014 年第 21 期，第 138~142 页。

二、管理运行机制

（一）建立统一的学分系统

"学分"一词，最初产生于19世纪末的美国高等教育，其目的是为了满足学生的个性化学习需求，以及高校选修制改革的全面实施。建立学分体系要求，一是将学分制作为教学管理的基本制度与手段，以学分为计量单位衡量学生学业完成状况。通过学习成果的量化表达，实现不同类型学习成果的互认和衔接。二是探索学分转换、学分互认的具体操作程序和方法，从而实现职业教育学分与普通教育学分的等值互通。国际上已经积累了一些成功经验，例如，美国学分衔接和转移政策、欧洲学分转换与累积系统（ECTS）、韩国学分银行体系（AQF）、加拿大的学分转移制度等。[①]

目前中国仅在高等教育阶段实行学分制，学分互认与转移尚处于探索阶段，因此，建立统一的学分体系，急需解决以下问题：一是教育与培训过程中引入学分制，实行弹性课程与教学管理制度；二是制定学分转移、互认协议标准框架，规范全国范围内学分转换、互认的操作实践；三是形成国家统一课程目录，并规定课程的核心标准，这构成不同类型、层次院校、机构间制定学分互认协议的基础条件；四是探索多种学分转移模式。

（二）构建国家资格框架体系

20世纪90年代以来，世界各国纷纷建立国家资格框架。到2012年，约150个国家和地区不同程度地参与到国家乃至国际资格框架体系的构建中，并积累了成功经验。例如，英国建立国家资格框架为职业性教育与学术性教育的衔接、沟通架设有效桥梁；澳大利亚资格框架（AQF）将15种学校教育、职业教育和大学教育的资格证书连接在一个国家体系中；欧洲资格

---

① 肖凤翔、黄晓玲：《国家资格框架发展的世界经验及其对中国的启示》，载《职教论坛》，2014年第16期，第79~83页。

框架包括 8 个资格等级，跨越教育的各个阶段，通过统一的认证方法和参照标准，对非正规、非正式学习成果进行有效认证，增强各国资格体系之间的透明度。[①] 目前中国正在酝酿国家资格框架的构建。

国家资格框架的本质是作为"衔接不同教育（学习）系统的、不同层次和类型资格的制度平台，以保障不同资格的等值性、融通性、透明度和可比性"。[②] 资格框架体系的科学构建需遵循以下基本原则：一是统一性，即实行国家政策干预，建立全国统一的资格标准，并以此作为资格考试与认证的唯一依据。二是权威性，即国家相关部门参与国家资格框架的整体构建、资格认证体系的建设和完善，制定严格的资格认证管理和鉴定制度，确保资格认证的可信度、科学性与权威性。三是融通性，即将职业教育、职业培训与普通教育作为整体规划，制定出层次分明、相互衔接的国家资格认证体系。统一性、权威性是实现融通性的基础，融通性是统一性与权威性的目标达成。

综上所述，构建职普融通的现代职业教育体系是政治话语与学术话语的共同指向，既反映了国家教育追求，又构成了学者研究领域。在当前中国经济转型、社会重建、实现中华民族伟大复兴中国梦的现实背景下，从人力资源开发与人力资本积累的视角看，职普融通的现代职业教育体系的构建显得尤为重要。如何进一步推进职普融通，在操作层面上落实职业教育与普通教育的内容与路径融通，特别是校企合作与国家资格框架的构建，是现代职业教育体系构建急需解决的问题，也是未来很长时间内职业教育需要重点突破的问题。

---

① 匡瑛：《英、澳国家资格框架的善变与多层次高职的发展》，载《高等工程教育研究》，2013年第 4 期，第 122~126 页。

② 肖凤翔、黄晓玲：《国家资格框架发展的世界经验及其对中国的启示》，载《职教论坛》，2014 年第 16 期，第 79~83 页。

第六章　职业教育与继续教育协同发展 [①]

　　职业教育与继续教育是构建灵活开放的终身教育体系、服务全民终身学习的重要组成部分，肩负着人力资源建设重任。进入新时代以来，如何实现教育资源整合，以满足人民群众对"公平而有质量的教育"的需求，成为教育领域必须思考的问题。职继统筹协调发展是职业教育与继续教育资源整合的实践探索，是实现国家战略布局、推进产业发展的重要举措。本研究通过对职业教育与继续教育发展的历史性回顾，探究二者统筹协调发展的脉络、问题及策略，希冀为实现职业教育与继续教育领域的资源整合提供镜鉴与思考。

第一节　中国职继教育发展之战略设计：从独立发展到统筹协调

　　中华人民共和国成立以来，职业教育与继续教育国家战略设计经历了"独立发展"到"统筹协调发展"的转向。依据关键节点，将改革开放以来中国职业教育与继续教育发展演进具体划分为独立发展、探索性发展以及规范化发展三个阶段。

一、职继教育独立发展阶段（1978—1995）

　　改革开放至 20 世纪 90 年代中期，职业教育与继续教育作为紧密联系社

---

① 肖凤翔、贾旻:《我国现代职业教育体系视域下的职普融通研究》，载《职教论坛》，2015
　　年第 1 期，第 31~36 页。

会政治、经济发展的教育类型，培养了大批劳动者。虽然均以服务国家建设、提高劳动者素质为导向，但是在教育发展战略以及政策文本中尚未提及"统筹协调"，职业教育与继续教育在各自领域内进行发展规划与实践探索。

在职业教育领域，这一时期的发展重点围绕中等职业学校以及中等职业教育结构调整展开。政务院《关于整顿和发展中等技术教育指示》（1952）指出，中等技术学校在学校系统中的地位，任务是为培养工业、农业、交通、运输等方面的中级和初级技术人才，授课内容包括技术训练以及政治教育和基本的文化与科学知识教育。《关于中等职业教育结构改革的报告》（1980），作为关键性文件，要求大力发展中等职业教育，改革高中阶段的教育，实行普通教育和职业教育，全日制学校与半工半读学校、业余学校并举的方针。

在继续教育领域，这一时期国家政策文件以及实践活动主要使用"成人教育"，而非"继续教育"概念，成人教育的主要内容包括干部的文化教育、在职工人识字扫盲教育以及在职技术人员的培训工作等。《关于改革和发展成人教育的决定》（1987）作为里程碑式文件，明确了发展成人教育的总方针，确定"岗位培训、成人基础教育、成人文化和专业教育、继续教育、社会文化和生活教育"为成人教育的主要任务，其中，岗位培训是重点。青壮年职工的文化、技术补课，即"双补任务"完成后，成教工作重点向岗位培训转移。为满足国家建设之需，北京、上海、太原等城市纷纷设立函授站、函授班。总的来说，这一时期的成人教育主要集中在成人学历提升方面，培养方向因"学历主义"而迷失 [1]，忽视了满足成人多元需求和多样层次的本质。

二、职继教育统筹协调的探索性发展阶段（1995—2014）

20世纪90年代中期以来，党和国家非常重视教育事业，一系列法律法

---

[1] 胡娇、孙伟：《改革开放30年成人教育：经验、困境与展望》，载《教育导刊》，2010年第2期，第27~29页。

规的颁布标志着中国教育发展迈向制度化。统筹规划成人教育与职业技术教育，大力开展职前及职后技术培训成为该时期政策文本的基本内容。

20世纪末，一系列法律法规的出台标志着职继教育统筹协调发展的起步。这一时期的相关政策文件提出继续教育和职业教育的融合发展问题，主要特征如下：第一，将继续培训纳入职业教育，职业培训视为职业教育体系不可分割的组成部分。《关于大力发展职业技术教育的决定》（1991）明确指出要加强岗前培训及在职人员的技能培训，并广泛开展短期职业技术培训;《中国教育改革和发展纲要》（1993）明确指出，积极发展多样化的高中后职业教育和培训、以扫盲和岗位培训及继续教育为重点的职业培训。《职业教育法》（1996）规定，建立、健全职业学校教育与职业培训并举，并与其他教育相互沟通、协调发展的职业教育体系。《全国教育事业"九五"计划和2010年发展规划》（1996）指出，办好各级学历教育的同时，要积极发展各级各类非学历教育。第二，在构建终身教育体系的时代主题下推进各级各类学校协调发展。《教育法》（1995）提出，国家适应社会主义市场经济发展和社会进步的需要，推动各级各类教育协调发展，建立和完善终身教育体系。2002年中国共产党第十六次全国代表大会提出，加强职业教育和培训，发展继续教育，构建终身教育体系。《2002—2007年教育振兴行动计划》（2004）提出，大力发展多样化的成人教育和继续教育。鼓励人们通过多种形式和渠道参与终身学习，加强学校教育和继续教育相互结合，完善广覆盖、多层次的教育培训网络，逐步确立以学习者个人为主体、用人单位支持、政府予以必要资助的继续教育保障机制，建立对各种非全日制教育培训学分的认证及积累制度。到2020年，形成体系完整、布局合理、发展均衡的现代国民教育体系和终身教育体系。这一阶段，国家发展战略为统筹规划职业技术教育和成人教育及成人学历教育向职业性方向发展，加强各类成人学校与职业学校的合作；大力发展职业培训和继续教育及各种类型的职前、职后培训和继续教育，基本形成学历教育和非学历教育并重，不同层次教育相衔接，体现终身教育特点的现代职业教育体系。此外，1998年国家教育机构改革中，成人教育司与职业教育司合并为职业教育与成人教育司（简称职成司），这意味着国家为职继统筹协调发展提供了管理上的可能性与便利性。职成司作为垂直管理机构，能够实现机构内部的有效协调，有助于资源的优化配置和管理的务实高效。

进入 21 世纪以来，在终身教育体系构建背景下，职继教育统筹发展步入实践探索阶段，主要特征如下：第一，应个人终身发展需求，开始探索职继教育协调发展。2002 年党的第十六次会议上，明确指出加强职业教育和培训，发展继续教育，构建终身学习体系。《2002—2007 年教育振兴行动计划》（2004）鼓励人们通过多种形式和渠道参与终身学习，加强学校教育和继续教育相互结合。到 2020 年，形成体系完整、布局合理、发展均衡的现代国民教育体系和终身教育体系。第二，职继教育沟通与衔接，构建完善的终身教育体系。《关于大力推进职业教育改革与发展的决定》（2002）明确指出，要加强中等职业教育与高等职业教育，职业教育与普通教育、成人教育的衔接与沟通，建立人才成长"立交桥"；《国家中长期教育改革和发展规划纲要（2010—2020 年）》（2010）指出，构建体系完备的终身教育，包括学历教育和非学历教育协调发展，职业教育和普通教育相互沟通，职前教育和职后教育有效衔接。第三，以改革人才培养模式为重要抓手，深化职继协调发展。《关于进一步深化中等职业教育教学改革的若干意见》（2008 年）指出，大力推行工学结合、校企合作、顶岗实习，处理好学生"工"与"学"的关系。这充分体现了教育对学生本身的关注，在终身学习体系下，对于学生的"工"与"学"的崭新视角的关注。《国家中长期人才发展规划纲要(2010—2020 年)》明确指出，要完善在职人员继续教育制度，分类制定在职人员定期培训办法，倡导干中学，构建网络化、开放式、自主性终身教育体系，大力发展现代远程教育，支持发展各类专业化培训机构。这一阶段，在教育内容、教育形式或教育对象上，职继统筹发展在相应规范性文件都被明确提及，职业培训作为职继教育的交叉内容，与就业市场存在着紧密耦合联动，进一步促进了职继统筹协调发展的进程。在构建终身教育体系的背景下，职继统筹发展呈现出学历与非学历教育并举、职前与职后培训并重的实践探索特征。

三、职继教育统筹协调的规范化发展阶段（自 2014 年至今）

十八大以来，中国经济进入新常态，不确定性因素增多，以结构优化、技术创新为表征的内涵式发展成为提升效率、确保经济稳定增长的重要手段。如何化解人民日益增长的美好生活需要和不平衡不充分的发展之间的社会主要矛盾？教育的人力资本培育功能更为凸显，实现职继教育统筹协调发展成为国家战略。

国家明确提出职继统筹协调发展，加强规范化建设，主要特征如下：第一，国家提出各级各类教育协调发展的战略目标。《关于加快发展现代职业教育的决定》（2014）确立"统筹普通教育、职业教育、继续教育的协调发展"目标任务，坚持学校教育和职业培训并举，全日制与非全日制并重；积极发展多种形式的继续教育，广泛开展职业学校教育和职业培训，利用职业院校资源开展企业职工教育培训；建立有利于全体劳动者接受职业教育的灵活学习制度，服务全民学习、终身学习，推进学习型社会建设。《现代职业教育体系建设规划（2014—2020）》（2014）规定坚持各级各类教育协调发展，统筹职业教育和普通教育、继续教育发展，建立学分积累和转换制度，畅通人才成长通道。第二，确立制度，提出完善职继教育统筹协调发展机制。《关于修改〈中华人民共和国教育法〉的决定第二次修正》（2015）指出国家实行职业教育制度和继续教育制度，同时鼓励各种形式的继续教育，促进不同类型学习成果的互认和衔接，从而推动全民终身学习。这一时期，职继统筹协调发展成为"深入贯彻落实党的十九大精神，构建服务于全民终身学习的教育体系"的重要途径。在构建学习型社会的背景下，职继统筹协调发展成为全民终身教育得以实现的重要保障。

纵观中国职业教育与继续教育统筹协调发展的演进，充分体现了二者从分离到统筹、从满足生存需求到满足发展需求、从满足国家社会发展需求的倒逼的被动式发展到满足关注全民终身教育、个体全面发展的主动式发展转向。

第二节　中国职继教育统筹协调发展之框架设计

想要实现职继教育的统筹协调发展，必须找到职业教育与继续教育间的耦合共生点。从治理体系要素视角切入，发现两者的耦合共生点主要体现在价值体系、结构体系、制度体系及运行体系四个方面，终身教育制度的确立与实施将两者有机衔接起来（如图 6-1 所示）。

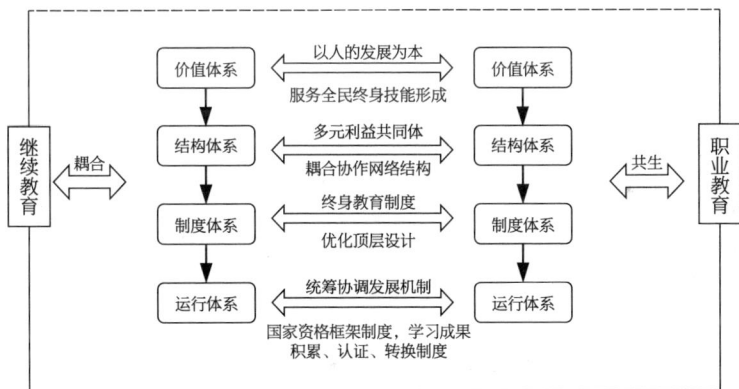

图 6-1 继续教育与职业教育耦合共生框架

一、全民终身职业技能形成：职继教育统筹协调发展的价值引领

第一，职业教育与继续教育拥有共同的价值追求，树立以人为本的价值体系明确了职业教育与继续教育统筹协调发展的方向。从关系范畴看，价值是客体满足主体的某种需要。现代职业教育与继续教育的接受主体是"人"。经济利益驱动下，继续教育主要表现为个体的学历教育补充与学历资格更

新，职业教育重点集中于就业能力提升及获取相关职业资格，但随着"以人为本"概念的引入，二者培养目的逐渐耦合，从"经济人"到"社会人"再到强调个性和创造性发挥的"完整人"，从把人只当作客体片面地追求效率，到把人作为主体，关注人的生存发展，为不同层次的学习者提供接受终身教育、提高综合素质的机会，引导并帮助个体达成更理想、更幸福的生存状态的追求。第二，职业教育与继续教育统筹协调发展指向服务全民终身职业技能形成。服务终身职业技能的形成促使职业教育与继续教育成为面向所有人的主流教育渠道，通过灵活有效的实施方式，淡化专业界限，与个人的一生建立起有机联系，以使各个社会层面和各个年龄段的人均有机会不断接受教育。进入新时代以来，中国社会主要矛盾转化为人民日益增长的美好生活需要和不平衡不充分的发展之间的矛盾，经济结构的转型升级及人民的精神需要促使继续教育由过去专注学历发展转向学历与非学历教育并重，尤其是发展以加强人力资源能力建设为核心的非学历教育，从而满足结束正规学校教育后的所有社会成员知识更新、技能拓展、素质提升的广泛需求，即满足所有社会成员终身学习的需要；职业教育的质量标准也从单纯的就业转变为提高学生就业能力、创新创业能力、职业迁移能力、可持续发展能力等，以服务于终身职业技能的形成。

二、多元利益共同体的生成：职继教育统筹协调发展的组织结构保障

第一，办学机构的多样性为职继教育统筹协调发展提供组织基础。中国继续教育办学机构主要包括普通高校和成人高校、远程教育机构、广播电视大学、行业（企业）等社会教育机构，职业教育办学机构主要包括中等、高等职业院校以及职业培训机构，这些机构承担的功能具有重叠性，既能提供职业教育又能提供继续教育，使得职业教育与继续教育的边界更加模糊化。其中，独立设置的成人高等继续教育办学机构早期有广播电视大学、管理干部学院、独立函授学院等，随着社会的发展，新的办学机构如社区学院、企业大学、开放大学等应运而生或转型升级；业余继续教育形式更加丰富，针

对职前、职后和业余生活的各种继续教育机构出现，如老年大学、月嫂培训机构等，这些教育机构的出现将继续教育的功能进一步拓展，既有继续教育功能又承担了职业培训功能，多样化教育机构为职业教育与继续教育统筹发展提供了组织基础。第二，职业教育与继续教育以"联结式"模式发挥着技术要素提供者作用，共同构成职继教育耦合协作网络结构。多样性的办学少不了多元主体的参与，政府、学校、企业、行业组织等多个主体通过交往机制共同达到各自利益的实现，构成耦合协作网络。《国务院关于加快发展现代职业教育的决定》（2014）指出，"积极发展多种形式的继续教育，建立有利于全体劳动者接受职业教育和培训的灵活学习制度"。事实上，职业教育与继续教育在办学实践中是相互联结的。

三、终身教育制度化：职继教育统筹协调发展的制度基础

尽管学者对终身教育"制度化"持有不同观点，若将制度化理解为规范化、有序化的变迁，那么，加强终身教育制度建设即实现"制度化"成为实现职继教育统筹协调发展的关键。第一，国家政策层面，明确加强职业教育与继续教育发展，二者是实现终身教育、构建学习型社会的重要组成部分。职业教育与继续教育的政策演变围绕着人的终身学习能力培养方向修订。从党的十六大报告（2002）提出"加强职业教育和培训，发展继续教育，构建终身教育体系"，到《中共中央关于坚持和完善中国特色社会主义制度、推进国家治理体系和治理能力现代化若干重大问题的决定》提出"完善职业技术教育、高等教育、继续教育统筹协调发展机制"，均体现出职业教育与继续教育对建立终身教育体系的战略意义，国家将职业教育与继续教育置于终身教育体系框架下实现统筹发展。第二，通过终身教育立法、完善领导体制和管理制度、改革学校教育制度、探索多元投入机制等，为职继教育统筹协调发展提供制度基础。其中，终身教育立法既是保证政策长期实行的重要保

障，也是提升政策效力的根本措施[1]，明确有力的法律将为职业教育与继续教育的统筹协调发展指导规范，确立地位，指明方针原则、管理体制、发展方式和步骤等。完善的国家综合立法以及地方立法能够保证职业教育与继续教育相关制度的长效、权威与落地，更好地实现有法可依、依法治教，保障统筹协调发展效果。

四、完善的国家资格框架及监督保障体系：职继教育统筹协调发展的机制保障

第一，实现职继教育统筹协调发展的核心在于资格框架的有效运行。受环境、经济等因素影响，个体选择的教育形式具有很大差异性。完善的国家资格框架能够在学校职业教育、职业培训、学历与非学历继续教育之间建立起可转换关系，衔接个体在成长过程中继续学习的转换，从而促使个人学习向着终身化发展。国家资格框架的有效运行，需要构建完善且互相衔接的学分互认机制、课程衔接机制、证书互换机制、招生考试机制、弹性学习机制、资源整合机制，才能实现学历提升及技能提升通道的互通[2]，从而逐步实现学历教育和非学历教育、职前教育和职后教育并举并相互衔接，打破制约技术技能人才发展的"天花板"，消除职业教育与继续教育之间的壁垒，提高两者的完整性、开放性与可持续发展性。第二，监督保障体系是运行体系的重要一环，也是职继教育统筹协调有效发展的根本保证。一方面，职业教育与继续教育两者的监控与评估需要政府、行业企业及各类院校机构"三位一体"联合监控与实施；另一方面，监督与评估的结果也刺激、激励着职业教育与继续教育的多元主体主动进行合作，优化治理结构，从而对职继教育统筹协调发展起到助推作用。

---

① 熊晓莉：《中国继续教育政策演变及发展趋势》，载《继续教育研究》，2017年第7期，第12~15页。

② 郝天聪：《职业教育转换研究》，南京师范大学2016年硕士论文。

第三节 中国职继教育统筹协调发展之主要问题

尽管职继教育统筹协调发展具有广泛的现实需求，但是，公众认知、参与主体、制度保障以及运行机制等方面的诸多现实问题造成了二者的共生困境。

一、公众认识滞后，主动参与意识缺乏

服务全民终身技能形成既是职继教育统筹协调发展的逻辑起点，也是终极目标。但是公众认识滞后，一定程度上导致职业教育与继续教育发展观念上的不耦合。其一，继续教育的"文凭为上"观念深入人心——将文凭等同于能力，用人单位以文凭作为筛选工具，教育机构没有把"能力本位""服务终身技能形成"放在首位，继续教育质量受到影响。其二，社会偏见下的职业教育仍被认为是"末流教育"。职业教育主要包括学校职业教育、社会培训和企业内训。学校职业教育中"重道轻器"的错误思想根深蒂固，学生与家长不愿意选择职业教育，多数职业学校招生困难，且生源大多来自中高考失利考生，质量偏低。2018 年国家公务员招录人数为 28533 人，招录比例为 58∶1；2019 年国家公务员招录人数为 14537 人，招录比例为 63∶1。① 这说明大众"入仕"热情高，不愿意成为蓝领阶层。企业内训中的普通员工对培训重视度不高，参与过程敷衍；社会培训不注重培训实效，"交钱领证"现象严重。上述情况说明公众的职继教育认识滞后，因而，综合职业能力提高与终身职业技能形成的主动参与意识缺乏，职继教育在认识上尚未达成耦合。

---

① 《从历年公务员报录比能看出什么》[EB/OL]，https://wenda.hqwx.com/article-39918.html.

二、管理部门条块分割，缺乏整合，多个办学主体各自为营，灵活性不高

　　组织机构不融通，资源缺乏整合，条块分割，导致职业教育与继续教育在结构上难以耦合。目前中国职继教育有教育部门办学、企业办学、联合办学等多种形式，不同形式学校隶属的管理部门不同，主管部门各自为政，形成了"谁办学，谁管理，谁受益"的割裂局面，造成职继教育的融通困难、效率不高、灵活性不足等问题。中国职业教育与继续教育归属职成司管理，但是，继续教育由高等继续教育处管理，政府采用行政管理方式进行管理，经费投入虽多，但经费使用效率不高，整体观之，非学历继续教育发展较为落后。职业教育中，中国中等专业学校、职业高中和高等职业学校归教育部门的职业院校发展处管理，技工学校和职业培训归人设部门管理，导致中央与地方、各部门各单位各自为政，教育资源缺乏整合。职业教育与继续教育部门管理分权不当，政府高度集权导致管理体制较为死板，职业教育与继续教育在实践中处于权力交叉与条块分割的低效率状态。

三、法律政策保障性不高，政策法令制度建设有待提高

　　现有职业教育与继续教育法律政策效力层次低，难以实现统筹协调发展。第一，继续教育领域有《关于开展大学后继续教育的暂行规定》（1987）、《全国专业技术人员继续教育暂行规定》（1995）等相关法律法规将受众局限在了专业技术人员。相关法律政策大多以"意见""规划""决定"为主，号召力与效力不高。有针对性的关于继续教育的单行法律仍处于缺失状态，并且有关促进职继教育统筹协调发展以及向着终身教育发展的继续教育文件也多为"依附"型描述，实际效力低。第二，职业教育领域存在着专门化滞后，相关政策缺乏权威性的问题。《中华人民共和国职业教育法》于1996年颁布并实施以来，鲜少进行修订，法律条文与快速发展的经济社会相比，滞后且单薄，且法律中有关与继续教育、终身教育关系的规定处于缺位状态。其他有关职业教育的法律规定虽然出台数量较多、观念较新，《国

务院关于加快发展现代职业教育的决定》（2014）、《现代职业教育体系建设规划（2014—2020）》等文件中都对职继教育统筹发展有所提及，但条文过于笼统，权责关系划分不清，缺少责任条款。以上种种问题导致继续教育和职业教育法律政策在执行层面难以形成网络化、结构化的执行体系，使得职继教育在统筹协调发展过程中存在着联结失衡、资源浪费、统筹困难等一系列问题。

四、运行过程中的不耦合：转换机制不畅通，资格认证缺乏权威性

职业资格证书、教育学历证书以及工作经验的分离是中国资格认证转换机制不畅通的具体表现。目前资格认证虽然受到国家重视，但在实施层面仍没有实质性突破，具体问题在于：其一，劳动市场的用人信息与职业教育和继续教育的育人供给脱节，育人效果不受市场与企业的认可。其二，各个学校与机构培养目标与层次不同，学分互认困难。中国职业教育与继续教育办学机构众多，各自拟定教学计划开展教学，致使学分、学时等人才培养规格上衔接较为困难。其三，管理操作困难，中国资格培训认证部门由人社部门、行业协会等认证与管理，多重部门间缺乏相互协作，各自为营导致了证出多门、重复考核认证的情况。

资格认证体系因缺乏权威性致使市场信息失灵是导致职继教育成果转换不畅的重要原因。多重认证方式间接造成认证标准缺乏权威性，各类资格证书难以与职业院校颁布的学历文凭及高等学历继续教育所颁布的文凭相联结，从而影响公民参与技能培训和获取职业资格认证的积极性，造成职继教育成果互认困难的局面。利益协调困难，每个教育机构都会本能性地出于自身利益考虑，决定资源共享程度，从而决定了各个机构对资格互认的心态与现实选择是有差异的。此外，监督保障机制缺失也是导致衔接过程"失信""失效"的重要原因之一。职业教育与继续教育属于跨界教育，监督保障机制也应体现"跨界性"，但目前中国多元主体参与的质量保障体系远未建立，行业企业以及第三方尚未真正参与进来，在此情况下教育机构内部建

立起的以自身为主的比较单一的质量保障无法满足市场要求，即使建立质量保障机构、质量保障体系、人才培养状态数据平台等，也存在为评而建、建而不实、建而不用等问题。

第四节 中国职继教育统筹协调发展之改进策略

一、明确统筹协调发展定位，树立整体发展思维

确立职继教育统筹协调发展在终身教育体系中的重要作用与地位。职业教育不是"落后生"的选择，继续教育也不是"混文凭"的捷径，而是终身教育体系的重要组成部分，发挥着促进社会公平、培养"全面发展的人"的重要功能。从职业教育的角度看，增强职业教育的开放性，应发展本科及更高层次的职业教育，畅通学生上升通道；在重视技能教育的同时，关注学生的个性发展，避免"唯技能教育"；职业教育机构向终身教育机构靠拢，兼顾学历教育与非学历教育。从继续教育的角度来看，应紧跟职业变化，积极承担职前、职后人的技能提升任务；发挥灵活性优势，迅速适应新出现的学习需求。确立整体发展思维与规划。在服务终身职业技能形成目标指引下，构建政府、学校、行业、企业等多元利益共同体，建立职继教育政治、经济、文化等资源共享网络，化解因目标利益差异和价值观不同而导致的融合发展中的"碎片化"现象①，打通实施机构之间的分隔。

---

① 贺书霞、冀涛：《基于共享发展理念的职业教育产教融合共同体建构》，载《职业技术教育》，2021 年第 4 期，第 35~41 页。

二、推进职继教育层次结构适应性调整，加强多元利益共同体建设，统筹人才培养方式

"教育正在跃出悠久的传统教育所规定的界限，未来的教育必须成为一个协调的整体，在这个整体内，社会各部分都从结构上统一起来。"[①]第一，推进职继教育层次结构适应性调整。从某种意义上说，适应性不够或者适应性差是继续教育、职业教育社会认可度不高、社会吸引力不强、行业企业支持力度小的重要原因。因此，推进职继教育层次结构适应性调整，以提质培优、增值赋能为主线，构建中等、高等、本科乃至研究生层次的职业教育，大力发展面向不同人群及不同层次的继续教育，坚持学历与非学历职继教育并重，重要的是要打通职业教育与继续教育不同培养主体的壁垒，实现职业教育与继续教育的统筹发展。第二，加强政府、学校、行业、企业等多元利益共同体建设，实行职责分担。政府作为管理者、引导者、服务者，提供职继统筹协调发展的政策、制度、财政支持以及质量监管。学校等教育机构在职业教育与继续教育供给上实现教育资源特别是优质教育资源共享，建立灵活开放的职业教育与继续教育网络，通过标准建设、专业建设、课程建设、师资建设等基础能力建设，为职继统筹协调发展奠定基础。行业企业深度参与职继教育。通过第三方评价机构进行职继教育培训服务评价，在促进优质发展的同时统一考核标准，为职继教育成果转换提供便利。克服各主体间的利益冲突，确立共同的价值追求，以"人"的需求为本，关注高质量培训本身，这样才能更好地促使其统筹协调发展。

---

① 联合国教科文组织国际教育发展委员会：《学会生存：教育世界的今天和明天》，教育科学出版社 1996 年版。

三、细化深化职继教育制度建设，统筹领导管理体制和保障机制建设

第一，法律是正式制度的代表①，法律的强制性及权威性有利于职继教育地位的提升及规范化、系统化发展，应加快完善有利于职继教育统筹协调发展的制度建设。及时修订《职业教育法》，并完善终身教育法等配套制度。终身教育、继续教育及职业教育之间的法治建设不应该是孤立的、碎片化的，而是相互衔接、互嵌的，在后续法制建设中应体现这一点。对职继教育统筹协调发展的重难点出台针对性法律法规，注重立法的可操作性。此外，政策制度的公平性与完整性也是重要考虑依据之一，避免过度追求规模效益、技能提升而忽视人的道德价值培养。第二，统筹职业教育与继续教育的领导管理体制和保障机制建设，健全问责追责制度。职继教育涉及领域众多，需要加强政府的宏观调控力度，坚持经济效益与社会公平兼顾，就业导向与以人为本兼顾，统筹国家与地区、政府与民间相结合。建立跨部门协调机制，保障职继教育统筹协调发展的有序性与前瞻性。健全问责追责制度，不仅要分权，还应共责，明确各主体的权责关系，坚持问责机制的长期化与常态化发展，对未完成任务以及违规操作的主体进行合理处罚，避免市场乱象发生。

四、搭建职继教育统筹发展"立交桥"，丰富资格认证参与主体与认定方式

第一，多角度畅通职继教育统筹发展"立交桥"。从入口来看，应从终身学习视角出发，探索适合多种人群及社会发展需要的入学机制；从培养过程来看，应丰富学习方式，整合利用继续教育和职业教育的优势，有机利用翻转课堂、虚拟社区、VR 技术突破传统课堂空间与时间的局限性，为学生

---

① 辛鸣：《制度论：关于制度哲学的理论建构》，人民出版社 2005 年版。

搭建个性化、多元化的学习共享平台；从出口来看，应加强考核评价机制统筹建设，考核标准在职业教育与继续教育领域间相互协调并与时俱进，考核结果及时与学员学习档案挂钩，与用人单位平时工作考核情况挂钩。第二，从"质"出发，丰富资格认证参与主体与认定方式。只有同质的事物才能进行比较和转换，找到共同的"质"是资格框架有效运行的基础。一是成立全国统一的国家资格认证委员会，作为"共质"管理机构，专项负责资格认证、学分认定等事宜，避免统筹协调过程中职责不清、各部门推诿的现象发生。二是发挥行业协会的"共质"中介机构，及时反应市场变化需求，为国家资格框架、质量保障框架标准设定及学分转换认定提供参考标准，为学生选择培训提供指导。根据学生过往资历、取得证书成果等，进行职继教育之间正式学习与非正式学习、学历教育与非学历教育的对接。三是发挥共同培养目标的主动性，通过个人选择，筛选出具有权威性的教育机构及培训方式。建立个人学习信用卡制度，政府发放虚拟学习币到学生账户上，学生依据自身需要及实际相关评价，选择职继教育培训机构与方式，通过此方式筛选出大众最喜爱且更具权威性的培训机构与方式，并淘汰部分不合格机构，促进"共质"标准的实现。

第七章　国家资格框架及其运行逻辑
——基于专业经历的分析 [①]

　　20世纪90年代以来，为解决劳动力市场普遍存在的技能短缺问题，满足社会终身学习需要，全球150多个国家纷纷制定国家资格框架，确立国家资格框架制度。国家资格框架成为当前世界教育改革的主要趋势之一，中国也提出"制定国家资历框架"的倡议并展开初步尝试，旨在保障公民受教育权利的充分实现，提高"人力资源开发、配置以及人才分层和有序流动"的效率与效益。[②]国家资格融通是国家资格框架制度在执行与实施过程中的关键环节，包括"资格""融通"两个核心要素。其中，"资格"是对个体通过学习所达到的知识、技能与能力水平的认可，以证明、证书、文凭或学位的形式呈现，反映个体人力资本积累状况，是其升学、就业的有效凭证。"融通"即融会贯通、融合通达。国家资格融通意指教育资格证书、职业资格或技能等级证书以及非正式学习证明等按照既定标准进行比较、认定与转化，承认不同形式学习结果的等值性，从而实现资格获得者在不同教育类型之间以及教育界与产业界之间的自由流动。资格融通有何实践意义？应遵循何种逻辑？如何推进实施？到目前为止，学术界对上述问题尚未形成清晰、一致的认识。因此，构建国家资格融通的分析框架、厘清国家资格融通的运行逻辑并基于此提出实践策略，具有重要的理论与实践意义，既可以丰富国家资

---

① 贾旻：《国家资格融通的运行逻辑与实践策略：基于"专业经历"的分析》，载《职教论坛》2021年第37期，第6~12页。

② 肖凤翔：《国家资格框架中学历证书和职业资格或技能等级证书的等值》，载《教育发展研究》，2015年第5期，第3页。

格框架的理论研究，也有助于指导国家资格框架的构建及其有效运行。

第一节 国家资格融通的实践意义

国家资格融通是推进教育一体化与终身化发展、实现教育机会均等的重要工具及策略。进入现代社会，教育含义逐渐丰富与拓展，涵盖了正规教育、非正规教育及非正式教育。受年龄、经济或社会条件等差异化限制，受教育者通常会选取不同教育形式，促进个体人力资源开发，获得专业成长。因此，资格融通将有助于实现职业教育与普通教育的沟通，学校教育、职业培训及基于工作实践的学习之间的认可，从而促使独立运作的教育形式通过某种方式组成一个紧密衔接、相互配合、彼此包容、相互合作的教育整体，最终实现教育一体化发展。此外，不同于物质资本投入达到一定程度后投资边际收益递减，人力资本投资即凝聚于个体身上的知识技能可以持续地转化为劳动者的生产技能，反之亦然，知识技能或生产技能积累实现了叠加与递增。因此，"承认和认证通过多种学习途径获得的知识和能力，是终身学习框架的一部分"①，建立在正规、非正规与非正式教育形式与结果之上的资格融通有助于实现教育终身化，帮助因各种原因无法接受正规学校教育的学生获得其他学习机会，实现专业成长；同时，也保障了公民受教育机会均等与受教育权利的充分实现。教育作为一项人权和公益事业，能够为社会弱势群体提供向上流通的通道，防止贫困的代际传递。由此可见，随着学习空间流动性的增强，学习已经开始突破传统学校教育，通过教育资格证书、职业资格或技能等级证书以及非正式学习证明等不同类型资格融通，"承认和认证

---

① 联合国教科文组织:《反思教育:向"全球共同利益"的理念转变?》，教育科学出版社2015年版，第56页。

流动世界中的学习"① 成为教育改革发展的重要内容。

第二节　国家资格融通的专业经历概念框架

概念框架是呈现研究主题相关概念或变量之间逻辑关系的有效工具，可以推进研究问题的系统化与理论化。"专业经历"概念框架的确立能够清晰呈现国家资格融通乃至国家资格框架制度建设所涉及行为主体的实践活动、组织方式及结果之间的复杂关系，并有助于厘清国家资格融通的实施思路。

专业经历是个体成长过程中获取表征其从事某职业或者岗位群（获得专业领域或职业活动）所需知识、技能与能力的过程及产生的积极结果，即凝聚在个体身上的专业或职业能力及身份认同。在国家资格框架构建中，专业经历既指接受正式、正规教育的过程，也指通过非正式、非正规方式获取专业经验的过程，还指凝聚在个体身上的能力、素质及其身份认同，涉及"专业化""专业教育""专业实践""专业能力""职业能力""资格证书"与"非正式学习证明"等一系列重要相关概念（见图 7-1）。做进一步分析：第一，专业经历从本质上讲，体现的是一种专业化。专业化是从业人员运用专业知识技能，在约定的规范制约下独立自主地解决问题，得到社会广泛认可的过程；既是个体或群体追求社会劳动价值而进行的专业学习与专门实践的过程，也是个体或群体劳动价值获得社会认可之结果表征。第二，作"过程"之解的专业经历，通过教育系统中的"专业教育"和职业系统中的"专业实践"两种形式得以推进。其中，专业教育是为学生从事某领域工作所需的知

---

① 辞海编辑委员会：《辞海（上）》，上海辞书出版社 1979 年版，第 1335 页。

识和技能做准备的高等教育①，有职业性与学术性之分②。专业教育的过程是
技术工具理性与价值理性生成的过程，通过专业课程学习与实践训练，个体
获得从事职业活动所需的技术技能。第三，作"结果"之解的专业经历表现为
凝结于受教育者及从业者身上的专业能力、职业能力及其外化表征——资格证
书。其中，专业或职业能力是通过教育培训及实践活动获得的在某专业领域从
事职业活动所需的品格与关键能力，综合体现在知识、技能、情感、态度、价
值观等多方面要求上。专业能力是个体获得专业发展的核心，职业能力是个体
职业成长的关键，二者共同表征个体人力资本。第四，国家资格融通的"资格"
反映个体人力资本积累状况，是升学与就业的有效凭证，具体表现为教育资格
证书、职业资格证书、技能等级证书以及非正式学习证明，共同构成国家资格
框架体系的核心要件。现代社会中，教育资格证书作为一种模拟筛选信号，可
通过它选拔具有较高生产力的潜在个体，给予其接受教育、获得成长的机会；
职业资格或技能等级证书作为一种认证信号，为劳动力市场过滤、挑选出高素
质劳动者，成为劳动力市场通行的质量信号；非正式学习证明的信号功能偏弱，
仅证明持有者通过有目的的学习或偶然学习获得某方面知识、技能或能力。

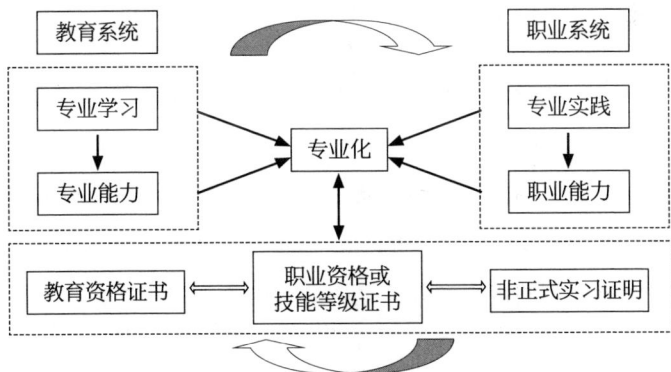

图7-1"专业经历"概念框架图

---

①　联合国教科文组织：《反思教育：向"全球共同利益"的理念转变？》，教育科学出版社
　　2015年版，第69页。

②　谷建春、张世英：《论通识教育与专业教育整合的学历依据》，载《求索》，2004年第12期，
　　第172~174页。

第三节 国家资格融通的运行逻辑

罗素和维特根斯坦认为,逻辑是研究现实世界和客观事物的普遍结构与规律。国家资格融通的运行逻辑是从资格融通所涉及的诸多要素间的结构与关系入手,分析如何有效地推进并实现不同类型资格融通。

一、共同利益诉求是国家资格融通的核心动力

国家资格框架涉及不同类型与等级水平资格及行为主体。政府、教育与培训机构、行业、企业、受教育者等行为主体就人力资源开发和合理配置以及人才分层和自由流动达成价值共识,共同利益诉求成为国家资格融通的核心动力。

第一,共同利益诉求是基于价值共识与集体认同。现代社会中,教育资格证书作为一种模拟筛选信号,可通过它选拔具有较高生产力的潜在个体,给予其接受教育、获得成长的机会;职业资格或技能等级证书作为一种认证信号,为劳动力市场挑选出高素质劳动者,成为劳动力市场通行的质量信号;非正式学习证明的信号功能偏弱,仅证明持有者通过有目的的学习或偶然学习获得某方面知识、技能或能力。相同类型证书系统内部又可分为从低到高、反映持有者不同水平的等级证书。资格的类型多样化与等级渐递性为人才成长提供广阔的选择机会。同时,如果能够整合这些资格所基于的丰富教育培训资源,对政府、学校与培训机构而言,可以充分发挥有限的教育资源作用,避免重复学习带来的资源与时间浪费,提高教育效率;对行业、企业代表的劳动力市场而言,能够给持有不同证书的求职者以一种有效的筛选工具,基于能力而不是唯学历至上;对受教育者而言,可以通过多重路径实

现持续不断的教育与培训，满足其职业生涯发展需要。因此，上述行为主体就实现不同类型资格的互认与转换、不同等级水平资格的衔接与沟通达成共识与集体认同——"流动世界中的学习"成为深刻变革的 21 世纪的一种趋势，因此，有必要构建基于成果的资质体系，支持灵活的教育路径，通过资格融通促进个体学习成果的积累、认可和转换，对通过多种学习途径获得的知识和能力给予承认和认证，打通不同类型与等级水平教育间的障碍，实现教育与工作实践成果的联结。

第二，共同利益是一种社会群体的善意，"在相互关系中实现"[①]。资格融通是政府、教育与培训机构、行业、企业、受教育者等行为主体通过交往机制产生信任并达成共识，即通过"协商""对话"方式，围绕基于"何种价值理念"、遵循"何种标准"、采用"何种途径"而展开。进一步解释，国家资格融通体现的是基于能力的结果导向性学习，专业或职业能力是国家资格融通的基础，学习结果是确认资格融通的实施标准。各类资格的分级、认定与转化是基于广泛认可的职业教育标准与行业技能标准而进行的，标准意味着质量保障；资格融通离不开政府尤其是地方政府的管理、行业企业与教育培训机构在标准研制、资格培训与认证中的协同作用。资格融通承认正规、非正规与非正式学习途径的平等性，将其看作个体能力发展的合法途径；个体凭借获取的各种资格，实现教育领域与劳动力市场之间的自由流动。国家资格融通就是在上述不断地协商与对话进程中实现的。

二、专业教育与专业经验奠定国家资格融通的基础

20 世纪中叶以来，由传承和创新所表征的技术进步成为时代主题。以人为载体的家族或师徒传承的传统技术传承方式被现代社会的公共教育制度与知识积累制度所代替，教育场域中的专业教育和工作场域中的专业实践成为

---

① 孙华、郝瑜：《西方大学专业教育与自由教育理念的 1000 年分野》，载《现代大学教育》，2012 年第 6 期，第 49~57 页。

获取专业经历的两种主要方式，共同奠定了国家资格融通的基础。

第一，专业教育赋予个体技术理性，使其获得从事职业活动所需的技术技能。专业教育是培养将来能够从事某专业或职业的负责任国家公民；是以未来工作需求为着力点，以"专"为导向，以"应用"为目的，通过专门知识和能力传授，培养从事特定职业的专业人才或者"行家里手"，是技术工具理性与价值理性生成的过程。专业教育的工具理性体现在专业教育本着"尊重技术，合理利用技术"的技术观，给学生提供"如何做"的知识、技术与技能，通过技术手段更好地生产使用价值，追求经济利益最大化。价值理性体现在专业教育的责任与功能放置于"育人"而非"训练"上，是依据结果和目的的价值做出的应然判断。"缺少信仰的教育不成其为教育，而只是教学的技术而已"[①]。因此，专业教育应该思考以下内容，将其贯穿于整个教育过程并渗透于环境、课程以及教育各个环节。一是引导学生正确思考技术是什么、技术与社会的关系是什么，不仅以科学主义，更要以人文主义视角看待现实社会中技术及其存在价值。二是现代社会的技术价值理性是什么？生成什么样的技术价值理性？三是如何培养学生的质量意识，精益求精，追求创新的做事态度与情怀，关爱环境的环保意识等。这些问题的思考与回答正是生成技术价值理性的过程及其结果。

第二，专业实践夯实个体专业经验，使其实现技术技能的积累与提升。专业经验既是在工作实践中逐渐获取的从事职业活动所需的知识、技能与能力的感性认识，也是实践理性与实践智慧的生成过程。其一，技术技能的存在被赋予经验性与实践性。从历史来看，"技术成就的获得并不得益于科学，它们由于偶然或普遍的经验而产生"[②]。技术技能源于实践经验，以实践方式存在着，是人类长期劳动的经验成果，并得到实践的检验与修正。实践取向

---

① 雅斯贝尔斯：《什么是教育》，邹进译，生活·读书·新知三联书店1991年版，第44页。

② 金观涛、樊洪业、刘青峰：《历史上的科学技术结构：试论十七世纪之后中国科学技术落后于西方的原因》，载《自然辩证法通讯》，1982年第5期，第7~23页。

的经验观认为，经验既是基于专业或职业行动的主动"尝试"，也是被动地"承受结果"，实践中获得的知识或技能包含"行动或尝试和所经受的结果之间的联结"[①]。其中，"人"是主体，不管经验也好、实践也罢，主体永远在场；"反思"是经验有意义的条件，有意义的经验通过人的思维参与，实现了专业实践与实践结果的关联。其二，技术技能的积累从本质上讲是"向善"原则指导下实践理性与实践智慧的生成；实践理性与实践智慧既转向现实，又超越现实，具有两个向度——"形而下"的现实向度和"形而上"的理论批判向度。技术技能在实践中关注现实问题与现实情境，关注如何"做"并追求现实结果的实用性。此外，技术技能还需关注"应该"内容，技术技能积累应遵循正当性原则，合乎一定的价值原则或实践规范。

三、专业能力与职业能力是国家资格融通的衡量标准

通过教育系统获得的专业能力与通过职业系统获取的职业能力共同表征个体人力资本状况，构成国家资格融通的衡量标准。

第一，专业能力与职业能力之间存在通约性，两种能力之间可以进行由此及彼的渗透甚至取代。专业能力是个体接受专门系统的教育与训练，掌握充足的专业知识与技能，获得符合专业规训、专业文化的职业观和伦理观，从而成为一名专业人；以"专业规训"为基本特点，成长体系表现为规训式。职业能力是在工作实践中通过模仿、体验与人际互动学习，成长为能够从事某一特定职业的职业人；以"职业经验"为基本特点，成长体系表现为经验式。尽管规训式与经验式具有不同的生成逻辑与基本特点，但是，二者本质上均体现了社会分工与专业化趋势下个体从事专业或职业活动的能力与素养。拥有专业能力的个体进入职业领域，拥有职业能力的个体进入教育领域，先前具备的能力成为其他能力的基础，发展后的能力成为原有能力的延

---

① JAMESK.FEIBLEMAN: Peure science, applied science, technology, engineering: an attempt at definitions, Technology and Culture, 1961（4）: 305–317.

伸，二者相互扶持、相互转化，共同服务于个体人力资本积累与技术技能提升。

第二，专业能力与职业能力是人力资本积累的结果表征。经济学家贝克将人力资本分为通用性人力资本和专业性人力资本，前者主要在学校教育中获得，虽然不能直接产生经济效益，却构成人力资本的基础；后者主要通过产业系统中的在职培训获得，对企业的依赖程度较高，在企业服务中获得增值，是通用性人力资本的发展。学校与企业是生成人力资本的重要组织机构，职业教育领域的双元制或现代学徒制是联结教育与产业系统来完成企业所需技能型人力资本积累的典范。

第三，专业能力与职业能力构成国家资格以及资格等级的核心。教育资格证书、职业资格或技能等级证书、非正式学习证明是个人专业或职业能力以及学习或职业经历的表征。资格证书之所以能够成为劳动力市场通行的质量信号，承担劳动力资源合理配置与有序流动的责任，是基于其赋予接受教育或从事职业活动的个体以反映其水平与能力的身份和地位。国际通行的资格等级划分依据是知识、技能与能力蕴含的水平差异。资格证书获取、不同类型资格证书的转换、不同等级水平资格证书的衔接、资格证书或证明的社会认可度等均将专业或职业能力作为评判与操作依据。由此可见，资格及资格等级均指向专业或职业能力，这是国家资格框架构建、实施的根本依据。

四、专业经历等值是国家资格融通的关键

国家资格融通本质上体现为资格及获取者所承载的专业经历的等值，因此，专业经历等值成为实现国家资格融通的关键，具体表现在以下四个方面：

第一，以技能为表征的不同类型教育形式具有等值性。《辞海》将技能定义为运用知识和经验执行一定活动的方式[①]，体现了行为与认知活动的结合。资格框架体系囊括普通教育、职业教育、职业培训、高等教育以及非正式学习等，尽管教育形式多样，教育目标与侧重点也不尽相同，资格最终获

---

① 杜威:《民主主义与教育》，王承绪译，人民教育出版社 2001 年版，第 154~165 页。

得者均具备读、写、算的基本技能和解决问题能力、团队合作能力及继续学习能力等可转移性技能以及特定职业技术技能。因此，正规教育、非正规教育以及非正式学习结果具有技能等值性。

第二，以职业能力为核心的不同类型学习标准具有协同性。资格融通意味着不同资格提供的学习内容能够共同表征个体职业能力。不同资格对于职业能力的培养主要依据共同的专业或职业标准，设置最低标准起点，然后据此选择学习内容并开展教育培训或实践活动。因此，不同资格基于共同的专业或职业标准而具有职业能力的协同性。

第三，以专业实践为基础的不同类型学习成果具有统一性。学习成果是个体完成一个学习过程后在知识、技能与能力维度上所获取的陈述。正规教育、非正规教育与非正式学习成果建立在专业实践基础上，指向个体共同经验，专业实践构成学习成果积累与转化的基础。同时，以反映资格水平的学分为基本度量单位，对学习成果进行比较、换算。因此，不同类型资格的学习成果具有专业实践统一性；专业理论和专门能力构成基础与结果的关系。

第四，以职业基本价值观为主导的职业认同渗透于多样化的学习过程中。职业认同是对社会分工体系中获得的劳动角色的认可，"缺乏—模糊—清晰—强烈"的连续过程使得个体在学校教育以及工作实践中逐步获得良好的职业价值观和职业信念。专业学习伊始，教师进行职业介绍，帮助学生获得将来所从事职业的初步认识；课程学习中，不断灌输热爱、忠诚、精益求精的职业态度；模拟或真实的职业工作情境中，通过实践活动树立职业追求，使得个体对职业活动呈现出较高的认同意识；进入职场，职业认同意识转化为职业认同行为。此外，校园与企业文化建设也是培养个体职业认同的重要途径。

第四节 国家资格融通的实践策略

"虽然尚未定论，但已有证据表明国家资格框架的效果比预期要小得多"[1]，究其原因是资格框架实施过程中存在资格融通不畅的问题。中国"重道轻艺"以及视技术为"奇技淫巧"的文化土壤赋予各类"资格"不同身份与权威，为资格融通埋下社会心理阻碍；教育与就业制度的沟通乏力，国家教育、劳动与社会保障配套制度设计的缺失，成为资格融通的制度障碍；具体实施过程中的工具不完善与运行机制问题，成为国家资格融通的实施障碍。因此，需要树立正确的价值观，加强顶层制度设计，完善实施工具以及运行机制。

一、弘扬"劳动光荣，技能宝贵"的时代风尚，树立正确的劳动价值观和人才观

习近平同志就加快发展现代职业教育做出重要指示，要求弘扬劳动光荣、技能宝贵的时代风尚，营造人人皆可成才、人人尽展其才的良好环境，努力培养高素质劳动者和技术技能人才。马克思的价值论认为，价值是凝结在商品中的无差别的人类劳动；生产商品所耗费的劳动量，即劳动的持续时间决定着商品价值。由此可见，价值大小无关乎体力劳动还是脑力劳动，任何劳动形态都是平等的，都以特有方式为社会作出贡献，推动经济社会发展。随着知识经济社会的到来，马克思提出的全面发展的新人设想正在成为

---

[1] DAVIDRAFFE: What is the Evidence for the Impact of National Qualification Frameworks？, Comparative Education, 2012（2）: 143~162.

现实，纯粹的体力劳动与脑力劳动的分界线逐渐模糊，混合型劳动者将成为社会主力劳动群体，如具有较高知识层次、一定创新能力与技能熟练的灰领，正在成为体现未来发展特征的职业人才。

人才是具有一定专业知识或专门技能并从事创造性劳动的人，属于人力资源中具有较高素质与能力的劳动者。从类型上看，可分为学术型、工程型、技术型与技能型人才；从层次上看，可分为初级、中级与高级人才。人才成长是一个循序渐进的过程，即个体通过努力既可以实现同一系列的内部成长，也可以实现跨类型的人才转化；其实现途径既可以通过学校高等教育机构接受规范教育，也可以在工作场所中通过实践进行经验积累，实质是专业或职业能力的获得与持续提升。

"十三五"规划明确提出"制定国家资历框架，推进非学历教育学习成果、职业技能等级学分转换互认"，但是，不同资格的社会认可度是不同的，社会各界普遍认为教育资格证书比职业资格或技能等级证书更具权威性，资格证书比非正式学习证明更具含金量，实施过程中很难给予不同"资格"同等待遇。因此，唯有树立正确的劳动价值观与人才观，才能从根本上克服"身份文化"所带来的影响资格融通的负面社会心理效应。[①]

二、做好顶层制度设计，加强国家资格融通的法律与组织保障

加强国家顶层制度设计，完善相关教育与劳动法律、法规，严格实施国家资格及资格准入制度，完善国家资格体系，实现不同类型与等级资格的衔接沟通与等值互认，促进教育体系与劳动力市场的紧密联系，为个体成长与职业发展提供多种选择路径。制定国家资格框架法及相关实施细则，对国家资格融通的根本问题做出明确规定，指明资格融通的意义、功能、操作原则以及保障措施等。结合中国教育与经济社会发展情况，加强国家资格融通

[①]　肖凤翔、安培：《国家资格融通的困惑及其消解》，载《职业技术教育》，2017 年第 12 期，第 29~33 页。

政策制定与路径规划的科学性与可实施性，加强不同类型学习成果累计与转换、资格衔接的政策制定以及具体实施路径规划，为资格融通提供实施依据与过程性规范。

成立专门的独立于教育培训提供机构的资格认证综合机构，保持其独立性与客观公正性，避免因"权力寻租"而影响资格证书与非正式学习证明的权威性。资格认证综合机构主要承担审核颁证机构资质，监督、指导教育与颁证机构的工作，鼓励、协调社会合作伙伴、企业界及其他相关机构积极参与等职责。例如，德国的资格框架协调小组、英国的国家资格证书及考试条例办公室、爱尔兰的质量保障和资格认证局，作为独立的资格管理机构，积极开展与政府、高等教育机构和用人单位之间的合作与交流，有力地推动了资格融通的实施。

三、兼顾效率与公平，选择并组合国家资格融通工具包

兼顾效率与公平意味着国家资格融通工具包的选择与组织既要考虑实施行动的成本，又要保障实施效果惠及所有个体，尽可能低成本地实现资格融通效果最大化。工具包是将目标转化为具体行动的一系列手段和行为机制。国家资格融通需要标准体系、认证体系、转换体系以及质量保障体系构成的工具包的支持。构建共同核心标准体系，规定人才培养质量规格预期。共同核心标准对学习性质、目标、内容以及实施建议做出指导性与原则性规定，为不同类型教育与学习设置最低标准限制，从而成为不同资格学习内容的选择、组织、实施与评价的基础。从标准确立过程来看，中国职业标准、企业标准、教育标准分别由人力资源与社会保障部门、企业、政府教育部门制定、颁布，这从根本上导致了中国标准体系建设的组织机制分离。因此，应建立以职业能力标准为导向的系统改革，将其作为资格融通、正规教育、非正规教育以及非正式学习成果的认定依据与标准。此外，共同核心标准的制定需要政府统筹牵头各部门、行业企业参与，围绕技术与职业发展需求做出正确制定与及时修订。从标准体系构成要素来看，至少包括资格类型、等级

及等级标准三方面以及知识、技能与能力三维度，为普通教育、职业教育、高等教育、职业培训的沟通衔接提供技术标准支持。

完善资格认证体系，实现资格框架体系内部同等级的横向沟通和不同等级的纵向衔接。确立严格、规范的认证标准，保障不同认证机构据此做出有质量的科学认证。明确认证程序，制定科学、规范、合理的认证流程，从而确保资格认证过程中的严格遵守与规范操作。规范认定机制，从"量"与"质"两个方面展开，不仅比较学习经历的时间长度，还要考虑学习内容与难易程度，这将有助于学习者在不同学习背景下有效地获得完整的资格证书。此外，建立层次指标体系，通过不同类型或不同等级资格的详细描述与比对，密切教育与培训的关系，实现不同类型的横向沟通和不同等级的纵向衔接。

明确资格转换体系，实现学习的个性化与终身化。资格转化是基于学分对不同类型学习结果进行比较，找出相关或等值部分，进而确定资格衔接的类型与路径。因此，资格转换体系的核心是学分转换，难点是非正式学习证明与资格证书的衔接，关键是明确关联资格在学习结果上的等值部分，以学分转移、免修形式将已获取资格中的等值内容纳入目标资格。此外，需要根据等级指标对资格进行等级划分，划分标准是知识、技能与能力所表征的学习结果；明确规定不同等级之间的对应与衔接，从而实现不同教育培训机构授予的资格间的互认、对比和转换。

完善质量保障体系，确保资格融通的质量。质量保证体系涉及管理机构、认证机构与教育培训机构，分别承担对认证机构、教育培训机构及专业人员的资质与行为定期评估、教育服务质量监管的责任。由专门机构负责对资格考评工具、转换认证工具及其流程进行监督，提高证书、证明的可靠性和权威性。资格认证过程中，需要遵循共同核心标准，使用统一的测评工具，提高资格证书与非正式学习证明的透明度，以专业或职业能力为导向，从规章制度、约束机制和操作程序上，严把资格鉴定、转换的质量关。

四、以内容为载体、能力为核心，完善学习成果的认证与转换机制

国家资格是建立在学习内容基础上，以专业或职业能力获取为衡量标准的，因此，资格融通实施关键是围绕内容与能力构建科学、有效的运行机制，主要是学习成果认证机制、转换机制，实现不同类型与等级水平学习成果的互认、衔接。

建立以学习者为中心的认证机制，对先前学习进行认证。认证是教育领域的一种学习成果评价手段，是权威机构依据标准，对个体接受正规、非正规与非正式学习获得的知识、技能与能力进行评估，旨在将个体现有的知识技能转化为其他教育机构认可的学分或是为其提供获得相应资格证书的凭证。对先前学习认证秉承开放态度，面向所有正规、非正规与非正式学习结果，承认个体实际获得的职业能力，通过免修一定课程并直接获得相应课程学分、申请资格证书等级、获得继续学习机会等，实现各级各类教育、培训的衔接沟通，从而提高学习的经济性和有效性。

建立以学分为依托的转换机制，实现学习成果的认可、累积与转换。学分是计算个体学习量的单位，包含"难度"和"学习量"两个维度，详细记录了学生在相应领域的学习经历及发展程度，每门课程及实践环节的具体学分数以专业教学计划的规定为准。欧洲的学分转换与积累系统（ECTS）就是用学分来衡量和累计部分学习经历带来的学习成果。个体获得学分达到最低限度的学分量，即可申请资格证书。学分能否在不同资格间转移以及转移比例主要取决于不同资格学习结果的等值性判断。不同资格代表的学习内容、方法及培养方式的差异性增加了等值判断的难度，普遍将专业或职业能力作为学习结果等值性的判断标准。

| 第三篇 |

職业技能培训的演进、政策及实践探索

"努力建设技能型社会，提高整个社会的技能水平"是新时期发展职业教育的战略选择。职业技能培训作为人力资源开发与人力资本积累的有效形式，能够为实现中华民族伟大复兴的中国梦提供有力的人才和技能支撑。若要加快构建面向全体人民、贯穿全生命周期、服务全产业链的职业教育体系，职业技能培训作为重要组成部分不容忽视。

——笔者按

第八章　中华人民共和国成立以来职业教育的历史演进 [1]

　　中华人民共和国成立 70 余年来，职业教育从蹒跚起步到飞速发展，从满目疮痍到稳步提升，走过了令人瞩目的发展历程，逐步拥有了世界最大体量的职业教育，并成为推动中国经济与社会发展的巨大人力引擎。截止到 2018 年，中国职业院校已达 1.17 万所，在校生 2685.54 万人，为现代制造业与新兴产业提供了 70% 的新增从业人员。[2] 本研究以职业教育体系建设与管理体制改革为主线，审视职业教育 70 余年发展历程与特征，总结经验并展望未来，对丰富和发展中国特色社会主义职业教育理论体系，坚定中国特色社会主义职业教育道路自信，具有重要的理论与时代意义。

第一节　中华人民共和国成立 70 余年职业教育发展的历史演进

　　中华人民共和国成立 70 余年来，职业教育从恢复、发展中等职业教育到重视高等职业教育，再到完善职业教育体系，实现了从等级划分到分类、从管理到治理的重大转变，逐步迈向现代化。依据职业教育发展的阶段特

---

①　贾旻、王迎春：《新中国成立 70 年职业教育发展历程、经验与展望》，载《河北大学成人教育学院学报》，2020 年第 2 期，第 91~100 页。

②　教育部：《2018 年全国职业院校已达 1.17 万所》[EB/OL]，http://news.sina.com.cn/o/2019-02-19/dov-ihrfqzka71280058.shtml, 2019-02-19.

征、重要政策及关键事件，将中华人民共和国成立以来的职业教育划分为调整及曲折发展、恢复发展及辉煌、规范发展及波动、重振及质量提升和综合改革及深化五个发展阶段。

一、调整及曲折发展时期（1949—1978 年）

中华人民共和国成立之初，技术技能人才供给严重不足，党和国家改造遗留的高级职业学校，以满足恢复国民经济之所需。这一时期，中等职业教育成为教育领域中一支重要力量，在调整中获得迅速发展。

第一，接管旧时教育，加大职业教育的改造、调整与发展。一是将私立学校改为公立学校，适应社会主义建设。中华人民共和国成立之初，职业学校有公立、私立及教会学校三种类型，中等职业学校 564 所，其中私立学校 235 所，随后国家对其进行大规模改造，1951 年底私立学校全部完成改造，退出历史舞台。[①] 二是实行高等院校调整，压缩高等专科学校。20 世纪 50 年代中期，中国全面实行高等院校院系调整，原设专科学校基本停办或改办，除一部分被撤销外，大多数被拆并到本科院校或改办中专，至 1958 年全国仅剩高等专科学校 10 所。[②] 同时，国家采用多种方式举办职业教育，如普通中学改办、教育部门与其他部门联办等。

第二，大力发展中等职业教育，各类中等职业院校在调整中获得发展。中华人民共和国成立之初，技能人才培养严重不足，随着国家两个"五年计划"的实施，职业教育的工农兵建设成为该时期的重点任务。各种类型的农业中学、中等专业学校、技工学校以及短期职业技术培训班涌现，并得到空前发展。与 1949 年相比，1956 年技工学校由 3 所增加到 212 所，在校生数由 2700 人增加到 110867 人；中等专业学校由 561 所增长到 755 所，在校生

---

①　闻友信、杨金梅：《职业教育史》，海南出版社 2000 年版，第 23 页。

②　杨金土：《20 世纪中国高职发展历程回顾》，载《中国职业技术教育》，2017 年第 9 期，第 5~17 页。

由 77100 人增加到 538500 人。[①]1961 年，教育部对职业学校进行较大规模压缩与调整，各类型中等职业学校与技工学校进入恢复和稳步发展时期。"两种教育制度，两种劳动制度"的提出使得半工半读学校获得发展，1965 年，中等职业技术学校达到 7294 所，在校生为 126.65 万人。与此同时，技工学校、中专和农村职业高中人数达到 143.5 万，占高中阶段总人数的 52.3%，中等职业教育发展达到高峰。[②]1971 至 1976 年间，中等技术学校和技工学校逐渐恢复办学，但是半工半读学校、职业中学和农村职业中学一直没有招生，农村职业教育受到打击，直到 1980 年才艰难恢复。[③]

第三，改革职业教育领导与管理制度，确立以地方分权为主的职业教育行政体制。职业学校由国民经济相关部门管理。《关于整顿和发展中等技术教育指示》指出，"各类中等技术学校应在统一的方针下，由各级人民政府的教育部门与各有关业务部门分工领导"，即实行归口的行业部门管理。中等职业教育管理实行分级管理形式，管理权限逐步下放。《关于教育事业管理权力下放问题的决定》强调，"教育事业必须要改变过去条条为主的管理体制，调整中央与地方的管理权限，加强地方对教育事业的领导管理"，职业中学、一般中等专业学校和各类学校的设置和发展由地方自行决定。此外，地方院校毕业生实行"分成分配"的办法，即中央抽取一定比例统一分配，余下由地方政府分配。

二、恢复发展及辉煌时期（1979—1991 年）

改革开放后，党和国家把工作中心转移到经济建设中来，职业教育因此受到重视。调整中等教育结构、探索职业教育体系、改革教育管理体制成为该时期职业教育的发展重点。

---

① 万卫：《混合所有制职业院校的兴起》，载《职业技术教育》，2017 年第 12 期，第 42~47 页。

② 《锻造大国工匠奠基中国制造》[EB/OL]，http://www.bjpress.cn/xinwen/51365.html，2019-09-27.

③ 黄育云：《职业技术教育在中国》，电子科技大学出版社 2002 年版，第 112 页。

第一，调整中等教育结构，中等职业教育逐渐恢复并获得快速发展。1977 年，普通高中毕业生 726.1 万人，中专毕业生 18.1 万人，技工学校毕业生 12 万人，后两类仅占高中阶段毕业生总数的 4%。[①] 为满足工作中心转向经济建设之需，国家开始调整中等教育结构。《关于中等教育结构改革的报告》和《关于教育体制改革的决定》作为关键性文件，奠定了调整中等教育结构、大力发展职业技术教育的基础，尤其是前者明确"中等教育改革主要是改革高中阶段的教育，实行普通教育与职业教育、全日制学校与半工半读学校、业余学校并举的方针"，"将部分普通高中改办为职业（技术）学校、职业中学、农业中学"，并改革普通高中课程，逐渐增设职业技术课程。经过改革，中等职业技术学校在校生占高中阶段学生的比例由 1978 年的 7.6% 上升到 1990 年的 45.7%，[②] 基本上改变了国家中等教育结构单一化的状况。

第二，提升职业教育办学层次，初步探索职业教育体系。随着各类职业教育不断发展，国家就如何建立一个相对完善的职业教育体系展开探索。《关于教育体制改革的决定》明确指出，"发展职业教育要以中等职业教育为重点，同时积极发展高等职业技术学院，逐步建立起一个从初级到高级，行业配套、结构合理又能与普通教育相互沟通的职业技术教育体系"。伴随现代化建设对高层次人才的需要以及高考政策的恢复，各地开始探索高等职业教育的建设。一方面，专科教育逐渐恢复。1978 年，全国恢复和新建专科学校 98 所，招收专科生 12.37 万人，在校专科生 37.96 万人，占本专科生总数的 45.3%。[③] 此外，有部分中专学校试办五年制技术专科学校。另一方面，国家开始试办各种短期职业大学。据统计，至 1990 年，全国有短期职业大学 114 所，毕业生 2.65 万人，招生 2.41 万人，在校生 7.26 万人，教职工

---

① 杨明：《应试与素质：中国中等教育 60 年》，浙江大学出版社 2009 年版，第 81 页。
② 国家教育委员会职业技术教育司组织：《中国职业技术教育简史》，北京师范大学出版社 1994 年版，第 69 页。
③ 李均：《中国高等专科教育发展史》，学林出版社 2005 年版，第 175 页。

2.11 万人。[①] 与此同时，在正规学校教育之外还积极开展成人中等职业教育，职业教育从学历教育为主转向学历与非学历教育并重，包括初、中、高等职业教育在内以及学历与非学历并存的职业教育体系正在逐步形成。

第三，职业教育管理体制不断调整，管理职权进一步下移。改革开放后，随着工作重心转移，原有的领导管理体制不适应现有形势，新的职业教育领导管理体制有待建立。《中共中央关于转发全国劳动就业会议文件的通知》规定，"在管理体制上，中等专业学校和由普通中学改建的职业学校，以教育部门为主，劳动部门配合；技工学校和各种职业训练班以劳动部门为主，教育部门配合"，奠定了职业教育由教育部门与劳动部门共同管理的格局。《中共中央关于教育体制改革的决定》指出，"中职主要由地方负责，中央各部门办的这类学校，地方也要予以协调和配合"，奠定了地方政府在职业教育管理工作中的基础性作用。1986 年，全国职业技术教育工作会议指出，"七五"期间全国职业技术教育的发展目标是逐步形成一个既有利于地方统筹协调，也能调动各业务部门积极性，学校又有较大自主权限的管理体制。

三、规范发展及波动时期（1992—2004 年）

1992 年，社会主义市场经济体制确立，《职业教育法》《高等教育法》《民办教育促进法》等一系列法律法规出台，职业教育发展进入有章可循的规范时期。但是，随着市场经济改革深化，职业教育政策力度有所下降，呈现出波动中探索前行的特征。

第一，中等职业教育在规模缩减的基础上注重质量提升。《中国教育改革和发展纲要》（1993）指出，"有计划地实行小学后、初中后、高中后三级分流……大部分地区以初中后分流为主，大力发展中等职业教育"。在此政策指导下，中等职业教育招生数量于 1996 年达到新高，占高中招生总数

---

① 《中国教育年鉴》编辑部：《中国教育年鉴 1991D》，人民教育出版社 1992 年版，第 247 页。

的 57.6%。[①]1998 年，世界银行《21 世纪中国教育战略目标》对中国发展中
等职业教育的必要性提出质疑，建议降低中等职业教育的比例。[②]与此同时，
中国产业结构调整，就业环境趋紧，高等教育扩招，中等职业教育因不能适
应市场与用人单位需要，再次陷入滑坡。此后，中国逐渐开始重视中等职业
教育的质量发展。《关于开展国家及重点职业高级中学评估认定工作的通知》
指出，"要集中力量建设一批办学水平较高的职业高级中学"，开展国家级重
点中专、职业高中、技工学校以及一批省级重点中等职业学校评选。中等职
业教育发展进入从数量为主转向质量提升的新阶段。

　　第二，高等职业教育获得快速发展，地位显著提升。随着产业结构变化
对人才需求层次、结构与规格的大幅提升，高等教育实施的精英教育无法满
足社会经济对多类型人才的需求，发展高等职业教育成为缓解人才需求结构
失衡的必然选择。1994 年，第二次教育工作会议提出实施"三改一补"政
策，即对现有的高等专科学校、短期职业大学和独立设置的成人高校进行改
革、改组和改制，并选择部分符合条件的中专改办为专科层次职业院校。截
至 1998 年，独立设置的高职院校已有 101 所，招生 6.28 万人，在校生 14.86
万。[③]2001 年，全国职业教育工作会议提出"扩大高职教育的规模"，教育部
将原有高职、高专和成人高校合称为"高职高专教育"，由高职与高专教育处
宏观统筹规划人才培养工作。高等职业教育异军突起，获得跨越式发展。据
统计，2003 年高等职业教育逐渐占据高等教育领域的"半壁江山"[④]，高等教
育毛入学率为17%[⑤]，进入教育大众化阶段。此外，职业教育的属性与地位逐

---

① 陈光：《大力发展职业教育提高劳动者素质》，载《职教论坛》，1997 年第 6 期，第 6~7 页。

② 王爱武：《中等职业教育消极发展论辨析》，载《中国成人教育》，2003 年第 4 期，第 24~25 页。

③ 胡永：《论中国高等职业教育政策的得与失》，载《黑龙江教育（高教研究与评估）》，2006
年第 5 期，第 3~5 页。

④ 国家统计局：《新中国五十五年统计资料汇编》[EB/OL]，https://max.book118.com/htlm/2017/0427/102695940.shtm，2020−01−13.

⑤ 教育部：《2003 年全国教育事业发展统计公报》[EB/OL]，http://www.moe.gov.cn/s78/A03/ghs_left/s182.moe_633/tnull_3570.html，2004−05−27.

渐得到确立。《职业教育法》明确高等职业教育是职业教育的一个重要层次。《高等教育法》规定高等职业教育属于高等教育，肯定了高等职业教育的法律地位及兼具高教性、职教性的双重属性。《关于以就业为导向深化高等职业教育改革的若干意见》明确"高等职业教育应以服务为宗旨，以就业为导向，走产学研结合的发展道路"，成为当前就业导向办学实践的依据。

第三，加大职业教育体制改革，促进职业教育发展。一是加大办学体制改革，民办职业教育获得合法地位。美、英、日等国在高等教育大众化进程中社会力量共同办学的发展路径为中国高等教育大众化提供了经验借鉴。《中国教育改革发展纲要》提出，改变中国职业教育办学主体单一局面，把办学主体"以政府投资为主"转变为"以社会力量办学为主、政府支持为辅"，形成多层次、多形式、全社会共办职业技术教育的局面。1994 年，全国教育大会指出，"发展民办教育是当前教育体制改革的重要内容；改变政府包揽办学的局面，逐步建立以政府办学为主体，社会各界共同办学的体制"。1995 年《中华人民共和国教育法》颁布，民办教育的合法性在教育最高法规中得到体现，即"国家鼓励企业事业组织、社会团体、其他社会组织以及公民个人依法举办学校及其他教育机构"。截至 1996 年底，民办职业教育由 1992 年的 50 所发展到 1219 所，增幅高达 234%。[①]二是加大管理体制改革，国家机构的管理职能减弱，地方统筹与协调职能加强。《国务院关于大力推进职业教育改革与发展的决定》指出，推进职业教育管理体制改革，要逐步建立"在国务院领导下，分级管理、地方为主、政府统筹、社会参与的新的职业教育管理体制"。国家逐渐简政放权，赋予地方政府和社会力量直接参与管理的重要职能。

第四，农村职业教育得到重视与发展。随着农村经济结构调整和城镇化进程加快，促进农村剩余劳动力转移、服务农村经济全面发展以及阻断贫困

---

① 职业技术教育特别采访组:《民办，能不能创造中国职业教育的神话》，载《职业技术教育》，2000 年 10 期，第 4~13 页。

成为这一时期农村职业教育的主要目标。《国家八七扶贫攻坚计划（1994—2000年）》要求教育部门积极推进并加强贫困地区成人教育和职业教育的改革与发展，大力开展职业教育和技术技能培训，使大多数青壮年劳动力至少掌握一门实用技术。《关于加快中西部地区职业教育改革与发展的意见》指出，"实行三教统筹，大力发展多层次多形式的职业教育……把办好农村职业教育特别是农业职业教育放在十分重要的位置"。《关于进一步加强职业教育工作的若干意见》指出，每个县要重点办好一所中等职业技术学校或职业教育中心，并将其置于与普通高中学校同等重要的位置。《2003—2007年教育振兴行动计划》指出，大力发展农村职业教育，实施"农村劳动力转移培训计划"，对进城务工农民进行职业教育和培训。此外，政府还提出"农村劳动力转移阳光工程""农村实用人才培训工程"等。这一时期农村职业教育与培训为加快"三农"工作、促进农村劳动力转移以及新农村建设做出重大贡献。

四、重振及质量提升时期（2005—2013年）

21世纪初期，职业教育仍是教育系统中的薄弱部分。中央连续召开全国职业教育工作会议，重申大力发展职业教育的方针，加大经费投入。职业教育在扩大教育规模基础上加强基础能力建设，提升质量内涵，进入发展新阶段。

第一，以质量项目为引领，注重内涵式发展。分别始于2006年和2010年的100所国家示范性高职院校和1000所示范性中等职业学校建设，意味着中国职业教育进入内涵发展及质量提升阶段。一是加强职业教育基础能力建设。2005年，全国职业教育工作会议首次提出加强职业教育基础能力建设，并以"四项工程""四大计划""四项改革"等措施促进职业教育的发展。这一时期高职院校人才培养水平不断提升，为区域经济发展做出重大贡献。二是重视职业教育教学质量提升。《关于全面提高高等职业教育教学质量的若干意见》提出"加大课程建设与改革力度，提高课程教学质量"，注重精品课程建设，改革教学方法，增强学生职业能力。《高等职业院校人才培养工作评估方案》提出建立完善的高职院校人才培养评估体系，通过人才评估促进教学发展。三是注重提升师资水平。《关于实施职业院校教师素质提高计划的意见》与《中等职业学校教师专业标准（试行）》两大文件出台对职业院校师资队伍建设提出具体目标与规范要求，通过打造"双师素质"教学团队、开发教学科研项目以及争创教学名师等活动提升职业院校师资水平。

第二，办学体制改革不断深化，多元办学格局初步形成。《国务院关于大力发展职业教育的决定》提出，"探索以公有制为主导、产权明晰、多种所有制并存的办学体制……推动公办职业学校资源整合和重组，走规模化、集团化、连锁化办学的路子"。《现代职业教育体系建设规划（2014—2020年）》明确了重点鼓励建设的职业教育集团类型、组建方式、治理模式等，提出300所骨干职业教育集团的建设目标。从鼓励开展职教集团向大力建设骨干集团的政策转变，说明中国对职业教育集团化办学较为重视。截至2014年底，据不完全统计，中国职业教育集团数量达1048个，与2006年相比，呈现大幅度增长趋势，涨幅高达803%。①《关于加快发展现代职业教育的决定》和《现代职业教育体系建设规划（2014—2020年）》明确"探索发展股份制、混合所有制职业院校"，"鼓励企业和公办职业院校合作举办混合所有制性质的二级学院"。目前各地已展开混合所有制院校试点工作，并取得一定成果，多元办学格局初步形成。

第三，改革招生制度，实现入学途径多样化。《国务院关于大力发展职业教育的决定》要求继续加大职业教育规模，提出到2010年职业教育与普通教育招生规模大体相当的目标。为此，政府不断探索招生制度改革，将现有高等职业学校的招生考试权限交由地方政府，积极探索"自主考试、注册入学、破格录取"等多种招生方式。这一时期的招生政策同样重视中高职教育衔接问题。《国家中长期教育改革和发展规划纲要（2010—2020年）》指

---

① 刘占山：《〈中国职业教育集团化办学发展报告（2015）〉正式发布》[EB/OL]，http://www/chinazy.org/models/adefault/detail.aspx?artid=61425&cateid=1538, 2015-11-30.

出，"中等职业学校实行自主招生或注册入学，高等职业教育入学考试由各省、自治区、直辖市组织，探索招生与考试相对分离的办法……逐步形成分类考试、综合评价、多元录取的考试招生制度"，这为职业教育招生制度改革提供了根本依据。《教育部关于积极推进高等职业教育招生考试制度改革的指导意见》强调，高等职业教育考试招生制度逐步与普通高校本科考试分离，重点探索"知识＋技能"的考试评价办法，"知识＋技能"逐渐成为职业教育评价标准的重要选择。总体来看，中国职业教育招生逐步实现了统一考试模式向多元考试招生评价模式的转变，弱化统一考试与强化分类考试成为职业院校考试招生政策变迁与实践的基本趋势。

第四，经费扶持不断加大，中职教育资助体系逐步完善，高职教育生均拨款获得保障。"十一五"期间，中央财政投入 100 亿资金资助基本设施建设，重点建立完善助学金和学费减免等贫困资助制度。《中等职业学校国家助学金管理办法》指出，国家助学金由中央和地方政府共同出资设立，逐渐形成以中央政府为主导，以财政为主体，社会各方参与，多元化助学手段并举的助学制度体系，如"中等职业教育券""藏区'9+3'"免费教育等模式。此外，还制定了高职院校生均拨款标准，使高职生均拨款由定性要求走向量化标准。《关于建立完善以改革和绩效为导向的生均拨款制度加快发展现代高等职业教育的意见》指出，"从 2014 年起，中央财政建立'以奖代补'机制，……2017 年各地高职院校年生均财政拨款水平应当不低于 12000 元"。《现代职业教育体系建设规划（2014—2020）》要求"2015 年底前，各地依法出台职业院校生均经费标准或公用经费标准"，为高等职业教育经费投入提供重要依据。

五、综合改革及深化时期（2014 年至今）

进入"十三五"以来，新一轮科技革命和产业革命正在发生，"中国制造 2025""精准扶贫""一带一路"等重大国家战略对职业教育提出新要求。"优质""一流""特色""高水平"成为时代主题，职业教育围绕"质量提升"

展开深层次改革。

第一，推进地方普通高等院校转型发展职业教育，确立中国特色职业教育体系。《高等职业教育创新发展行动计划（2015—2018 年）》指出，到 2018 年，接受本科层次职业教育学生达到一定规模，以职业需求为导向的专业学位研究生模式取得阶段性成果，本科层次职业教育推进步入实质性阶段。《关于引导部分地方普通本科高校向应用型转变的指导意见》（2015）指出地方高校转型发展的主要思路、任务及具体配套的政策措施。《国家职业教育改革发展方案》明确"开展本科层次职业教育试点"，将职业本科教育纳入高层次应用型人才培养体系，完善职业教育体系的制度架构。目前，已经有 15 所"职业学院"更名为"职业大学"，发展本科层次的职业教育，培养动手能力强、学术理论高的高层次应用型人才。自此，中国特色职业教育体系正式建立起来。

第二，对接国家发展战略，拓宽职业教育发展路径。各地高职院校配合"一带一路"企业，面向当地员工开展技术技能培训和学历职业教育，形成了"鲁班工坊""丝路学院"等国际交流合作新品牌。2017 年，329 所高职院校与"一带一路"沿线国家开展了 351 项国际合作；在国内面向"一带一路"沿线国家开展学历教育，培养学生近 6000 人，培训超 10 万人次，成为服务"一带一路"倡议的生力军。[①]其次，职业教育主动对接国家精准扶贫系统工程。《教育脱贫攻坚"十三五"规划》指出，鼓励职业院校面向建档立卡等贫困家庭开展多种形式的职业教育和技术技能培训，提升贫困地区人口就业创业、脱贫致富的能力，确保贫困家庭劳动力掌握实用技术技能。《职业教育东西协作行动计划（2016—2020 年）》与《深度贫困地区教育脱贫攻坚实施方案（2018—2020 年）》强调落实东西职业院校协作全覆盖行动、东

---

① 《〈高等职业教育创新发展行动计划（2015—2018 年）〉实施情况》［EB/OL］，http://www.moe.gov.cn/jyb_xwfb/xw_fbh/moe_2069/xwfbh_2018n/xwfb_20181107/sfcl/201811/t20181107_353846.html，2018-11-07.

西协作中职招生兜底行动和职业院校参与东西劳务协作，广泛开展公益性职业技能培训，实现脱贫举措与技能培训的精准对接。目前已形成"9＋3"学费减免、区域帮扶东西协作行动计划、普职融合双证式、项目推进雨露计划等多种职业教育精准扶贫模式。

第三，推进人才培养模式、专业设置与教学模式不断改革。一是大力发展现代学徒制人才培养模式，促进产教深度融合。《关于开展现代学徒制试点工作的通知》正式启动国家级现代学徒制试点工作。截至2018年，共有558个现代学徒制试点，覆盖1480多个专业点、9万余名学生学徒、2200多家紧密型合作企业参与。①《职业学校校企合作促进办法》指出，教育行政部门应将校企合作作为衡量职业学校办学水平的基本指标。由此可见，中国把校企合作人才培养模式放在一个至关重要的位置。二是不断打造优势专业，加大教学改革，全面提升人才培养质量。《关于深化职业教育教学改革全面提高人才培养质量的若干意见》指出，要深化职业教育教学改革，全面提高人才培养质量。2016年，中央大力推进供给侧结构性改革，职业教育领域要求职业院校优化专业结构，提高人才培养质量。2017年，31个省份启动骨干专业建设项目，2019年实施中国特色高水平高职学校和专业建设计划（简称"双高计划"），集中力量建设50所左右高水平高职学校和150个高水平专业群，目前已公布197所"双高计划"建设名单，旨在发挥专业群的集聚效应和服务功能，实现人才培养供给侧和产业需求侧结构要素全方位融合。

---

① 教育部：《职业教育将启动"特高计划"和"1＋X证书制度"》［EB/OL］，http://www.sohu.com/a/275419864_369446，2018-11-10.

第二节 中华人民共和国成立 70 余年职业教育发展的主要经验

中华人民共和国成立 70 余年以来，坚持将发展职业教育视为国家责任，并逐步确立了国家职业教育制度。始终秉持公益性与普惠性，坚持政府主导以及渐进式路线，初步形成中国特色的职业教育改革与发展经验。

一、坚持公益性与普惠性的职业教育价值取向

政府坚持公益性与普惠性价值取向，努力构建面向全体国民的职业教育公共服务体系。《国家中长期教育改革和发展规划纲要（2010—2020 年）》重申教育的公益性与普惠性原则，要求"形成惠及全民的公平教育"，"努力办好每一所学校，教好每一个学生，不让一个学生因家庭经济困难而失学"。

职业教育公益性是指职业教育及其收益无排他性的为国家大多数甚至全体公民无偿享有，由公共资源予以补偿。[1]70 余年来，中国职业教育主要由政府资助，中央与地方政府提供职教发展所需大部分资金。职业学历教育方面，以中等职业教育为例，逐步建立了完善的资助体系及其制度，从"设置助学金、奖学金"到"助学金为主，工学结合、顶岗实习为辅"再到"免学费"，逐步确立"以国家免学费及助学金为主，奖学金、顶岗实习、减免学费等为辅"的资助政策，[2]保证来自农村和城镇低收入家庭孩子的继续求学机会。中职免费成为满足人们受教育需求，普及高中阶段教育以及提升中华民族素质的重要选择，职业教育公益性价值在此过程中逐渐彰显。职业培训方

---

[1] 中央党校第 47 期省部班（民生与社会建设专题）第三课题组（执笔：鲁昕等）:《职业教育的公益性质及其实现形式》，2010 年，第 66 页。

[2] 杨东梅:《中职学生资助政策演变》，载《职教通讯》，2014 年第 7 期，第 25~28 页。

面，政府加大投入与创新机制相结合，通过开展公共就业培训、购买职业教育服务等形式为推进农民工市民化、转岗人员再就业等提供免费或质优价廉的职业教育与技能培训。

普惠性体现在职业教育招生对象的普及性及所获收益的惠及性，体现面向人人并终其一生的教育理念。70余年来，职业教育招生对象具有广阔包容性，面向普通初、高中毕业生以及往应届毕业生、退役军人、农村青年、下岗失业人员等社会群体，实现教育机会均等。受益惠及性体现于人力资本的内部效应与外部效应。职业教育与培训使有需求的社会成员"学有所教"，提高个体人力资本存量，带来个体生产效率和收益的提高，即人力资本的内部效应。个体劳动者之间通过合作与竞争性互动，带来人力资本社会平均水平的提高，进而提高所有生产要素的生产率，实现社会经济组织的生产效率提升，促进整体国民素质及经济实力的增强，进而提升国家综合竞争力。职业教育成果惠及个体、企业、社会及国家，即人力资本的外部效应。

二、坚持政府主导的职业教育改革与发展原则

国家被视为理性行为主体，《职业教育法》明确规定，"发展职业教育、推进职业教育改革、提高职业教育质量、建立健全职业教育制度"是国家责任，坚持政府主导的职业教育改革与发展原则。

政府发挥主导作用，切实履行职教职责。发挥有限政府、责任政府和法治政府的相关职能，不断转变政府职能，提升行政效率、宏观监管能力和公共服务能力，促进职业教育规范与持续发展。通过统筹规划能力、资源配置能力、制度供给能力和政策配套能力的供给，主导职业教育办学方向、层次结构、体制机制、办学模式及经费投入，促使职业教育获得快速发展。政府导向的制度安排决定了职业教育政策走向及实践的有力推进，当职业教育新制度安排与旧制度发生抵触时，政府可以进行有效的强制性干预，政策与政府行为成为影响职业教育发展的关键性事件。

中国采取权威型政府治理模式，走中央政府领导、地方政府积极实施的

自上而下的改革与发展路径。从权力分配视角看，中国政府的执行能力强，不同于社会组织和企业等经济组织，政府作为政治行为者对政策结果的影响力最大。在政策的支持与引导下，通过政策合力、财政支持、资源优化配置等方式，在短时间内实现了职业教育的发展，成为职业教育持续发展的重要保障。

三、坚持渐进式的职业教育改革与发展路线

从时间视角来看，渐进式职业教育改革遵循"由易到难，由点到面，先试点后推广"的发展理念，分步进行。中华人民共和国成立 70 余年以来，职业教育发展基本没有出现断裂，尽管发展过程存在波折，但是政府能够很快意识到并采取措施予以纠正。例如，20 世纪 90 年代，国家对职业教育政策支持力度有所下降，在计划经济时期的就业优惠政策陆续取消以及高校扩招等政策环境下职业教育发展出现滑坡，2002—2005 年，政府连续三年召开全国职业教育工作会议，重新肯定职业教育的重要战略意义，从政策视角及时纠偏。2005 年、2010 年的示范性高职与中职建设、2019 年的"双高计划"以及伴随配套的财政支持等，都在逐步改进的基础上引领职业教育朝着更高水平、更高质量的方向发展。

从空间视野来看，渐进式职业教育改革主要采用增量模式。第一，采用"体制外改革"形式，在计划经济体制以外或计划经济体制薄弱边缘给予市场经济试验的空间。例如，职业教育办学体制的改革、多元办学格局的形成。办学过程中，政府始终坚持以公有制为主的办学原则，同时充分发挥市场机制，调动社会活力，引导不同办学主体通过独资、合资、合作等形式举办职业教育，并允许不同办学主体以资本、技术、知识等要素参与职业教育办学，大力举办职教集团，积极探索混合所有制及股份制职业教育办学模式，最终形成公办和民办职业院校共同发展的办学格局。政府在不改变原有模式基础上引入市场机制的改革模式符合增量式改革的逻辑，极大减少了制度变迁的阻力与摩擦成本，并逐渐打破旧的利益分配格局，使新旧利益格局

共生共存。第二，以增量激活存量，实现体制改革的转轨。这种改革方式是在保持总体不变的情况下，以试验区试点的形式进行制度与方法创新，积累经验，逐步推进增量扩增，逐渐优化甚至取代原有制度，促进职业教育制度体系的完善。此模式是中国职业教育发展与改革的主要选择，例如，在职业教育管理上实行中央统筹规划，省、市乃至县享有具体开展改革试点的权力与责任，通过总结试点经验，中央权力逐渐下放，建立起多元参与、权责分明、高效运行的职业教育现代管理机制。此外，实施"三改一补"政策积极推进职业大学、成人高校试点发展高等职业教育，开展高职院校单独招生试点，推进高考选拔制度改革，实行混合所有制办学以及现代学徒制试点工作等，都采用了以增量激活存量的改革模式。这种改革模式可以规避盲目改革与扩张风险，减小改革成本，成为中国职业教育改革与发展的主要特色之一。

第三节　职业教育发展的未来展望

职业教育现代化是实现中国教育现代化的关键环节，如何提高职业教育的吸引力、凝聚力和适应力将成为职业教育未来很长一段时间的努力方向。

一、全方位提升职业教育吸引力

《国家中长期教育改革和发展规划纲要（2010 — 2020 年）》明确将"增强职业教育吸引力"作为职业教育改革发展的目标和任务之一。职业教育要想成为现代教育体系中一种真正有担当的类型教育，需提升办学吸引力。

职业教育吸引力不足是个国际问题，影响因素有待遇、质量以及观念等。经济和社会待遇低是职业教育缺乏吸引力的直接原因。职业教育特别是中等职业教育的个人收益低，表现为工资收入低、就业质量低、权益得不到保障、发展空间受限等。因此，政府应继续加大财政支持力度，给予学生助学金、奖学金及减免学费等多种形式资助，调整国民收入格局，提升技术工人的经济与社会待遇。

学校教育质量不高、办学特色缺乏是职业教育缺乏吸引力的根本原因。教育质量影响个体及群体从业人员的职业能力及素养，进而影响"中国制造"的品牌效应。政府应逐步建立职业教育专业标准、教学标准、评价标准，促进职业教育标准化办学，提高办学质量，以此为着力点促进职业教育吸引力提升。此外，应使中国职业教育得到更多的社会文化认同。新制度主义视野下，职业教育发展存在文化依赖，文化、观念或传统的非正式制度作为制度变迁的环境因素在各个层次上制约正式制度的实施推行，因此，完善办学与管理体制、支持行业企业参与职业教育离不开文化支持。有必要利用媒体技术，如电视、报刊、网络等媒体加强职业教育及大国工匠的宣传力度，提高职业教育的知名度与认可度，改变人们对职业教育的消极态度，使全社会成员了解职教、参与职教、共享职教改革发展成果，从而逐渐形成全社会重视职业教育的氛围。

二、深转型提高职业教育凝聚力

"人们从未像今天一样，如此努力地构建、复兴、寻找和研究共同体。"[①]在职业教育领域，随着参与主体的多元化，构建职业教育共同体成为世界各国教育改革的追求目标。而如何提高共同体的凝聚力，成为职业教育成功的关键。

一是加强职业教育共同体的集体认同。职业教育共同体由中央政府、地方政府、政府派生实体、非政府组织、私人机构以及公民个人构成。促进各主体在集体效能感、归属心理、共同责任、权利意识上达成一致，职业教育目标才能达成。二是职业教育由统筹型管理转向治理型管理。政府简政放

---

① Christensen, K. & D. Levinson(eds.). En-,cyclopedia of Community: From the Village to the Virtual World，Thousand Oaks, CA:Sage, 2003:31.

权、转变职能，确保各参与方有充分的话语权，通过民主协商达成各方共识是转型成功的关键。基于共同发展目标，寻找利益结合点，凝聚职业教育各方力量，才能确保治理型管理的顺利展开。三是实现人才培养模式转型，推进现代学徒制。以"政府引导、行业参与、社会支持，企业和职业院校双主体育人"为主要内容的中国特色现代学徒制已具雏形，能够有效化解产教融合、校企合作的困境，为行业、企业提供高技能高素质实用人才。四是完善法律法规政策以及资金等配套措施。明晰职业教育各参与主体的职业教育职能和权限，政府简政放权，行业企业积极参与，社会组织发挥协调、服务与评价职能，实现人才培养各个环节有机联结，从而增强凝聚力。

三、多角度增强职业教育适应力

以智能化为主要特征的第四次工业革命给社会就业带来很大冲击，低技能任务自动化引发失业率上升，同时催生新职业。因此，职业教育需要增强适应力，尽可能满足学生、社会的多样化需求。

2018 年数据显示，中国技术工人人数超过 1.65 亿，占就业人口总数的 21.3%。其中，高技能人才仅 4791 万，占就业人口总数的 6.2%，高级技师和高级工程师的职位空缺严重。[①] 接近 52.7% 的企业对劳动者的技术等级或者专业技术职称有明确要求，但是全国就业人员参加技术人员资格考试比例不足 2%，专业技术人员资格证书持有率不到 4%。[②] 这些数据表明，高技能人才匮乏阻碍了中国产业结构转型升级的脚步，使中国面临巨大的高技能人才需求压力。企业对劳动者知识技能结构的要求不断升级，职业教育尤其是高等职业教育具有广阔发展前景。职业教育应从以下方面进行改革：一是积极探索并逐步推行"1 + X"证书制度，培养个人职业生涯发展所需综合能

---

① 《2019 年高职扩展一百万，产业升级需要更多优秀的产业工人》[EB/OL], http:www.sohu. com/a/325658559_100023170,2019–07–09.

② 《职业教育话题上了〈焦点访谈〉，大家都是怎么说的？》[EB/OL], http://www.cvae.edu.cn/ zgzcw/yjdt1/201903/bc91e7a58b564382b55390ad72d063af.shtml, 2019–03–08.

力，增强学生的企业适应力；二是把握产业变革特征，及时调整专业设置，同社会、企业需求接轨，帮助学生获得相应技术技能资格证书；三是深化以实训为导向的课程体系改革、以技能为导向的教学体制改革、以就业为导向的实习模式改革，实现应用型高技能人才的培养目标；四是拓展学生就业创业本领，缓解企业需求与市场供给脱节的压力；五是发挥职业教育对弱势群体的教育补偿功能，比如为缓解当前产业转型升级过程中出现的结构性失业问题，中国政府提出主要面向退役军人、下岗职工、农民工群体的高职百万扩招计划。

第九章 中华人民共和国成立以来职业技能培训的历史演进[①]

职业技能培训是人力资源开发以及人力资本积累的有效形式，为中国经济社会发展培养了各类人才，为社会主义现代化建设做出突出贡献。中华人民共和国成立以来，职业技能培训事业价值日益凸显，成为终身教育体系中不可或缺的组成部分。在经济发展进入新常态、工业改革迈入 4.0 的重要历史时期，梳理中国职业技能培训发展历程，分析中国职业技能培训发展特征，对于加快劳动力终身职业技能培训体系建设、促进中国产业转型和经济发展，具有重要意义。

第一节 中国职业技能培训的演进历程

根据中国职业技能培训的重要政策文件及发展特征，将划分为创立与探索、破坏与重建、改革与发展、调整与提升、深化与完善五个演进阶段。

一、创立与探索期（1949—1965 年）

中华人民共和国成立初期，为了适应国家政治与文化建设，恢复国民经

[①] 贾旻、王迎春：《新中国七十年成人职业培训发展历程、特征及启示》，载《中国成人教育》，2019 年第 24 期，第 66~71 页。

济，干部培训与工农教育被列为中国教育发展重点。随着两个"五年计划"的推进，中国职业技能培训蹒跚起步，不断探索，各种类型的职业培训学校与培训机构逐渐兴起。

第一，将干部教育放在重要位置，大力发展各层次干部培训。中华人民共和国成立之初，大量老干部的政治、业务素质不高，缺少领导经济文化建设的本领。为了巩固新生政权，加快国民经济恢复，全国各地掀起了干部培训的热潮。《中国人民政治协商会议共同纲领》（1949）在"文化教育政策"层面规定，"注重技术教育，加强在职干部教育，以适应革命工作和国家建设工作的广泛需要"。《关于加强理论教育的决定（草案）》（1951）、《关于加强干部文化教育工作的指示》（1954）、《关于轮训干部的决定》（1961）等政策文件分别从政治理论、党性教育与文化、业务教育等方面论述了干部教育的重要性。在此背景下，以工农干部为主要对象，以扫除文盲、提升科学文化素质为基本目标，以中高等学校为依托的干部培训大力开展。

第二，为适应国家经济快速建设，工农职业培训在探索中不断发展。中华人民共和国成立之初，百业待兴，各领域的建设都需要一批有文化、有技术的劳动人才。在此推动下，各类工农职业培训被提上议程。《关于开展职工业余教育的指示》（1950）指出："职工扫盲教育是提高广大工人职工群众政治、文化与技术水平的重要方法。"《关于改革学制的决定》（1951）正式将各类以扫盲为主的业余教育纳入教育体系中，规定其与其他各种教育具有同样地位。《关于改革学制的决定》成为当时中国职业培训领域内效力最高的文件。1953年，"一五"计划将提高国家工业化建设作为重要任务，要求全国各条战线的职工必须提高文化和科学技术水平。因此，职工教育也从扫盲工作逐渐转移到文化与技术教育，并主要以学徒培训形式展开。此时，农民培训主要以扫盲为主，将扫盲教育作为提高农民科学文化水平的基础性工作，农业生产技术培训主要在普通中学开展。

第三，为加快国家经济建设的步伐，工农速成中学与半工半读学校应运而生。为了适应国家经济建设快速发展的迫切需要，以速成为特点的工农速成中学作为一种临时性学校得以快速孕育。1951 年，全国第一次教育工农速成会议确定了工农速成中学的方针、任务、性质、学制等。在此背景下，速成中学在各地大力开办，1955 年招生人数已达 3.3 万人，在校生已达 8.4 万人。[①] 为了提高广大工人的技术能力，加快工业化建设，《关于 1953 年工农速成中学招生工作的指示》（1953）提出"工人返还制"。但因中国工业体系尚不发达，在职工人人数有限，工农速成中学很快停止招生。尽管"一五"计划期间，各类培训机构为工业化建设提供了大量人才，但仍无法满足社会建设所需。结合中国实际，改革办学体制，将受教育对象扩展到广大劳动人民的"半工半读"教育异军突起，取得快速发展。据统计，到 1965 年，半工半读试点的全日制高校达到 177 所。[②] 就高等农业学校而言，全国 66 所高等农业院校中，开展半农半读的有 37 所，参与的学生数占在校学生数 15%。[③] 在此影响下，半工半读性质的职工业余大学纷纷设立，出现了农村业余教育和厂矿工人业余教育比肩发展的局面。

二、破坏与重建期（1966–1986 年）

20 世纪 60 年代中期至 70 年代中期，中国职业技能培训事业发展较缓。十一届三中全会后，职业技能培训事业迈入正轨，并在"调整，改革，整顿，提高"的方针指引下，朝着规范化方向发展。

第一，为发展中国特色社会主义，广泛开展干部培训。为了解放思想、加强政治体制改革，党和国家提出"干部四化"的方针，并将此作为干部队伍建设的根本方向。《关于加强干部培训工作的报告》（1984）指出："大规模地、正规化地培训在职干部，提高干部队伍的政治、业务素质和经营管理水平，是实现干部队伍'四化'的根本途径之一。"为了加强干部培训，教

---

① 《必须重视和改进工农速成教育》，载《人民日报》，1953 年 8 月 29 日。
② 周惠英：《中国教育同生产劳动相结合大事记》，教育科学出版社 1995 年版，第 140 页。
③ 毛礼锐：《中国教育通史》，山东教育出版社 1989 年版，第 186~187 页。

育部提出干部委托培养计划，《高等学校举办干部专修班，中等专业学校举办干部、职工中专班的试行办法》（1984）的提出标志着普通学校、中专学校承担起干部教育的任务。此外，这一时期干部培训对象不仅包括在职党政机关领导干部，而且包括其他各级各类干部、后备干部、企事业单位和管理部门的主要领导干部。为造就一批各行各业干部专家，干部培训工作遵循"干什么学什么，缺什么补什么"的培训原则。

第二，职工培训逐渐恢复，并取得新的进展。《关于1979年国民经济计划草案的报告》将职工教育重新纳入国家计划，并提出要积极办好厂办大学和中专技工学校，中国职工培训事业逐渐恢复。《关于加强职工教育工作的决定》（1981）的颁布标志着中国职工教育开始进入有计划的全员培训和建立较正规职工教育制度的新阶段。此外，加大"青工"补偿教育，《关于切实搞好青壮年职工文化技术补课工作的联合通知》（1982）要求各级领导把青工"双补"教育作为职工教育的重点和企业整顿的重要内容，并明确提出要吸引多主体参与培训工作。在此推动下，包括企事业单位、业务部门、教育部门及社会团体等各方力量积极开展"双补"工作。据统计，截至1984年8月，为1584万人补上了初中文化课，补课合格率达56.5%；为1189万人补上初级技术课，补课合格率达54.2%。①1985年底，青工"双补"教育任务基本完成。此外，学徒制培训成为培养技工人才的重要来源。《关于进一步搞好技工培训工作的通知》（1979）指出，学徒制仍然是中国培养技术工人的主要来源，同时重申20世纪50年代建立的学徒制。《关于加强和改进学徒培训工作的意见》（1982）对招收学徒条件、学徒学习年限、学习内容、考核制度等方面都做出严格的规定。1983年，全国培训工作会议指出："全面系统的改革培训制度，从实际出发，今后企业招收的工人将从职前培训转向在职培训，将招工转向招生。"在此影响下，企业由过去的招收学徒工变为招收中等、高等职业院校的毕业生。

---

① 李荣生：《改革开放三十年我国职工教育发展回顾》，载《中国培训》，2008年第4期，第4~8页。

第三，农村教育事业不断发展，教育重点从扫盲转向农业科学技术培训。随着中国工作重心向经济建设转移，农村经济体制改革逐渐开展，农业朝着专业化、商品化、现代化转变，国家逐渐认识到农民技术培训的重要性。农村成人教育迅速恢复与发展，并进入以职业技术教育为主、政治文化和科学知识教育综合发展的新阶段。《关于迅速加强农业技术培训工作的报告》（1982）指出，"迅速加强农业技术培训工作是推动农业生产持续增长的一项迫切而有效的措施，重点要抓好乡镇初高中毕业生、能工巧匠和科技户、重点户、专业户的各种技术培训"。大部分地区普遍建立农民文化技术学校，"六五"期间，全国参加各类技术培训的农民达 8000 多万人次 [1]，农民的经济收入明显增加，出现了一批又一批依靠农业科学技术脱贫致富的"万元户"。

三、改革与发展期（1987—2000 年）

进入"七五"计划以来，中国职业技能培训改革框架逐步确立。以职业分类和职业技能鉴定为重点，提高劳动者就业能力、岗位工作能力和劳动者素质为目的的职业技能培训发展模式逐渐形成。

第一，企业主导的职工培训制度逐渐确立，职工培训走向专业化、制度化与法制化。科学技术的迅猛发展、企业自动化程度的快速提高、产品更新换代周期的不断加快，对中国劳动工人的能力与素质提出了更高要求。《国家教育委员会关于改革和发展成人教育的决定》（1987）提出，把开展岗位能力培训作为成人教育的重点，广泛开展岗位培训。在此推动下，成人教育的工作重点由对青壮年职工的思想政治、文化技术补课转向岗位培训。《关于加强工人培训工作的决定》（1992）指出，"大力发展职业技能培训事业，切实加强工人培训工作，全面提高工人队伍素质，是实现 21 世纪战略目标和下世纪经济振兴的紧迫任务"，第一次把培训与技术等级、就业和上

---

[1] 董明传等：《成人教育史》，海南出版社 2002 年版，第 141 页。

岗结合起来，这对规范职工培训工作产生了重要作用。《职业技能鉴定规定》（1993）的制定和实施标志着计划经济体制下的工人技术等级考核制度开始向市场经济体制要求的国家职业技能鉴定制度转轨。《企业职工培训规定》（1996）的颁布标志着中国职工培训制度正式确立。与此同时，伴随着国企改革、现代企业制度与市场化用工制度的建立，中国职工培训由"政府主导"走向"企业主导"。以本企业职工为培训对象，以更新管理知识、提高劳动技能为目的的企业自主培训在各单位普遍开展。但由于企业自主培训意识不强，职工培训机构并未获得良好发展。据不完全统计，1995 至 1997 年被撤销的职工培训机构占总数的 45%，被合并的占 47%，还剩 8% 处于萧条之中。

第二，以区域帮扶、脱贫攻坚为重点，农村职业技能培训获得快速发展。《关于加强贫困地区经济开发工作的通知》（1987）要求，"以在乡知识青年为重点认真办好农村职业技术教育和成人教育，有计划地开展对农民的专业技术培训"。1988 年，国家教委提出在全国农村实施"燎原计划"，推行"三教统筹""农科教结合"的农村教育改革实验。至 1990 年上半年，在 11 个地市通过农科教统筹培训农民 300 多万人次，推广实用技术 517 项。[①]与此同时，以《关于开展农民技术资格证书制度试点工作的意见》（1990）的出台为标志，农民培训工作进入规范化探索阶段。同年，绿色证书工程开始试点，要求农牧民进行专业技术学习并通过考试，方能持证上岗。农业部从 1994 年开始在全国全面组织实施绿色证书工程，还专门出台了《绿色证书制度管理办法》。

第三，办学体制不断改革，社会力量逐渐成为职业技能培训的重要组成部分。《关于社会力量办学的若干暂行规定》（1987）、《国家教育委员会关于改革和发展成人教青的决定》（1987）均指出，社会力量主要开展各种类型的短期职业教育、岗位培训、各类辅导学校（班）和继续教育的进修班。《中

---

① 孙运仁：《谈谈对农科教结合的认识》，载《教育与职业》，1991 年第 2 期，第 15~16 页。

国教育改革和发展纲要》（1993）指出，"改变政府包揽办学的格局，逐步建立以政府办学为主体，社会各界共同办学的体制"。《中华人民共和国教育法》（1995）的颁布使民办职业培训机构的合法性在教育最高法规中得到体现。截至1996年底，中国民办高校由1992年的50所发展到1219所，五年来增幅高达234%。其中，无颁发学历文凭资格的民办高校机构1109所，各种非学历职业培训机构约占全国民办教育机构的45%。[①]

四、调整与提升期（2001—2012年）

进入新世纪，随着中国加入世贸组织（WTO），国际竞争日益加剧，加大人力资源开发力度、促进科技水平提升、推动城乡区域协调发展成为促进中国国民经济调整的重要内容。随着"三年三千万"计划、"农村劳动力转移培训阳光工程""农村劳动力技能就业计划"等项目的开展，中国职业技能培训不断调整与发展，办学地位逐渐彰显。

第一，加强职工技术教育，重视职工知识水平的提升与素质能力的发展。知识经济飞速发展，国际的竞争已经变为人才竞争的新时代，中国政府逐渐意识到建设"人才强国"的重要性。2003年，中华人民共和国成立后的首次全国人才工作会议制定《中共中央国务院关于进一步加强人才工作的决定》，要求牢固树立人力资源是第一资源的观念，充分发挥人才资源开发在经济社会发展中的基础性、战略性、决定性作用。劳动保障部启动"三年五十万新技师培养计划"，计划在3年内培养50万技师、高级技师，实际培养了59万人。[②]此外，随着终身教育制度的确立，终身学习理念深入人心，职工学习能力与创新能力的培养成为职工培训的重点。随着《加强职业培训提高就业能力计划》（2002）、《关于开展全国"创建学习型组织，争做知识

---

① 本刊特别采访组：《民办，能不能创造中国职业教育的神话》，载《职业技术教育》，2000年第30期，第4~13页。

② 庞利：《建国以来中国职工教育的回顾与前瞻》，载《广州广播电视大学学报》，2013第1期，第10~14页、第107页。

型职工"活动的实施意见》（2004）等政策的出台，各地纷纷喊出"大力提倡职工教育，建设学习型企业"的口号。各种职工培训在全国各地蓬勃开展，至 2010 年 9 月底，全国有 30 个省（区、市）总工会成立了职工素质建设工程领导机构，27 个省级工会制定了本地区职工素质建设工程实施意见，19 个省级工会制定了本地区职工素质建设工程五年或三年规划。[①]

第二，企业培训师制度逐渐建立，有效促进了培训事业发展。自 2000 年劳动保障部委托中国职工教育与职业教育协会研究和筹划中国培训师职业资格体系建设以来，中国开始组织专家去国外调研，逐步建立起中国企业培训师职业资格体系和制度框架。《企业培训师国家职业标准》（2002）从职业概况、基本要求、工作要求等方面对企业培训师资格予以规定。《关于进一步加强高技能人才工作的意见》（2006）明确指出，要在企业建立企业培训师制度、技师研修制度和现代学徒制度，推进现代企业制度建设。

第三，随着城镇化与新农村建设的不断推进，农民劳动力人口转移培训与农业技术实用人才培训迅速发展。首先，在农村转移劳动力培训方面，《国民经济和社会发展第十个五年计划纲要》（2001）指出提高城镇化水平，转移农村人口，为经济发展提供广阔的市场和持久的动力，促进国民经济良性循环和社会协调发展，并提出 5 年内转移农村劳动力 4000 万人的具体指标。由此，以公共财政为主要保障，引导农村劳动力合理有序流动的农民工转移培训工作顺利开展。至 2010 年，全国城镇单位就业人员同比增加 555 万人，农民工就业仍在增加，截至三季度末，全国跨乡镇以外外出农民工的总量是 1.64 亿人，比 2009 年同期增加 606 万人，就业形势好于预期。[②]其次，为服务新农村建设，广泛开展新型农民培训项目。"十一五"纲要提出，发展农民创业培训，培养具有"较高专业技能、较大生产规模、较强创业能力"的

---

① 《上海 200 万农民工接受基本素质培训》［EB/OL］.http://www.shedunews.com/zixun/shanghai/ zonghe/2010/12/07/3233.html，2019.

② 国家统计局：《三季度全国城镇单位就业人员同比增 555 万》［EB/OL］.http://www.mei.net.cn/ jxgy/201110/394449.html, 2019.

高素质创业型农民。《关于中等职业学校面向返乡农民工开展职业教育培训工作的紧急通知》（2008）指出，"以县级职教中心为主要基地，充分发挥农村成人文化技术学校、普通中学及其他培训机构的作用……组织返乡农民工就近接受职业教育培训"。

五、深化与完善时期（自 2013 年至今）

迈入工业 4.0 时代，中国高级技术人才供给严重不足，与此同时，终身学习理念深入人心，广大劳动者迫切需要提升自身技术技能水平和就业再就业能力。在此推动下，中国职业技能培训工作获得长足发展，职业技能培训体系逐渐建立，培训制度进一步完善。

第一，职业技能培训面临重大挑战，走向全面改革。随着产业不断转型升级，科学技术日新月异，中国劳动力市场的结构性就业矛盾日益突出。以人才供给侧改革为导向，缓解改革带来的失业问题、妥善处理职工安置问题、实现劳动者再就业问题成为职业技能培训发展的重要难题。2016 年《化解过剩产能企业职工特别职业技能培训计划》《关于钢铁行业化解过剩产能实现脱困发展的意见》《关于煤炭行业化解过剩产能实现脱困发展的意见》及《关于实施化解过剩产能企业职工特别职业技能培训计划的通知》等多部文件，基于供给侧改革视角，强调把职业技能培训、提高职业技能纳入人力资源战略、经济增长转型的改革背景中。职业技能培训在此背景下被赋予新的使命，无论是培训体系构建还是人才培养结构层次，都将面临着重大改革。

第二，经济发展呈现新常态，终身职业技能培训体系逐渐建立。构建终身职业技能培训体系可以有效地将庞大的人力资源转化为人才资源优势，推动经济结构战略性调整和产业转型升级。《中共中央关于全面深化改革若干重大问题的决定》（2013）指出，"劳动者终身学习的关键在于构建劳动者终身职业技能培训体系"。《关于推行终身职业技能培训制度的意见》（2018）进一步明确了终身职业技能培训对推动"大众创业，万众创新"、推进制造强国建设、推动经济迈上中高端的重要意义，并重点突出了"人人皆学，时时能学，处处可学"的终身学习理念。由此可知，现行政策供给从宏观设计和具体实施中积极推进职业技能培训，并将职业技能培训体系放在终身教育的框架中做出统一规划。

第三，随着各项改革的不断深化，职业技能培训体制机制不断完善。办学体制方面，《国务院关于推行终身职业技能培训制度的意见》（2018）提出，"政府、企业、社会等各类培训资源优化整合力度，提高培训供给能力"。人才评价机制方面，以职业能力为导向的人才评价、技能等级制度逐渐健全。资金投入机制方面，《国务院关于推行终身职业技能培训制度的意见》（2018）要求，"建立政府、企业、社会多元投入机制"。职业技能培训监督机制方面，要求从培训过程的监督管理、绩效考核等方面入手，加强培训机构的监督管理。《职业技能提升行动方案（2019—2021年）》强调要依法加强资金监管，定期向社会公开资金使用情况，加强监督检查和专项审计工作，加强廉政风险防控，保障资金安全和效益。

第二节　中国职业技能培训的发展特征

中华人民共和国成立70余年来，中国职业技能培训始终紧跟国家经济发展，为社会了培养数以亿计的各级各类人才，极大地提升了中国人力资源开发效率，促进了中国经济的现代化转型。因此，探讨中国职业技能培训发展特征，为设计未来发展具有重要意义。

一、以服务经济发展为导向的培训理念

坚持服务经济发展的培训理念是中国职业技能培训逐渐走向完善的重要特征。在此理念的影响下，中国职业技能培训从早期的扫盲教育与短期培训

演进为今天的职业技术培训。服务国家建设之需赋予职业技能培训以发展动力，凝聚了各方力量为中国产业发展与调整做出重要贡献。

70余年来，中国职业技能培训理念经历了以下几个阶段的嬗变：一是适应国家政治文化建设，服务国民经济发展的扫盲与文化补课阶段，为提高国民劳动力素质做出重要贡献；二是以技术等级培训、岗位培训为抓手，培养各层次人才，为区域协调发展、产业优化调整和社会民生保障打下坚实基础的阶段；三是服务经济结构调整，面向全员开展培训，注重人的职业能力、职业生涯发展的终身职业技能培训阶段，为中国现代化建设和制造强国战略实施提供重要支撑。由此可见，依据社会发展需求和经济发展趋势的变化不断调整培训重点，是中国职业技能培训发展的重要特征。此外，实践中职业技能培训积极开展"三年五十万新技师培养计划""农村劳动力转移培训阳光工程"及"1500万人次以上的职工技能提升和转岗转业培训"等项目，面向不同受训群体实行差异化培训，这对于促进中国人力资源水平提升、经济可持续发展及社会的和谐与稳定产生了重大影响。

二、遵循公益性与普惠性的价值取向

中国职业技能培训作为促进人力资本合理流动、提高中华民族素质、减轻社会贫困、维护社会和谐稳定的"助推器"，无论是办学定位还是外部表现，均显示出极强的公益性与普惠性价值取向。

在经济体制改革过程中，中国市场经济发展并不完备，下岗工人再就业困难、高技能人才短缺、"用工荒"等新问题长期存在。在此严峻形势下，中国政府及时承担自身责任，为劳动者提供免费或部分免费的培训服务，使社会弱势群体获得培训机会，享受培训资源，彰显出职业技能培训的公益性与普惠性价值取向。如20世纪末，国有企业改革与全员合同制的推进，造成大量失业人员。为解决再就业问题，中国实施了待业职工转业训练项目，并使参加培训的人员免费参与。此外，政府针对转岗人员、在职人员、劳动力市场急需的中高级技能人员开展培训工作，并探索公共服务购买机制，加大职业技能培训力度，扩大培训规模，提高培训投入，以提升参训者职业能力，促进其顺利就业。为保障广大劳动者的合法权益，中国政府设定"条件公开，自愿申请，择优认定，社会公示"的购买成果程序，并对承担政府补贴培训任务的培训机构的基本条件、认定程序和管理办法做出明确规定。职业技能培训的普惠性主要体现在培训对象的普及性以及所获收益的惠及性。中国职业技能培训主要面向毕业生、失业人员、转岗人员、在职工人等各类成人群体开展公平的职业技能培训。此外，职业技能培训作为人力资源开发中较为有效的方式，在提升个体竞争力、为个体带来经济收益的同时，也促进社会生产力水平的提升，增加社会资本存量。

三、坚持政府主导职业技能培训的办学原则

中国经济体制由过去的计划经济过渡为当下的市场经济体制，但中国职业技能培训坚持政府主导的根本原则却未改变。70 余年的发展实践中，政府积极发挥自身有限政府、法治政府与责任政府的职能，主导职业技能培训事业的发展，为其指明正确方向，有效地提升了培训效率。

中国政府的主导性作用主要表现在：一是建立健全职业技能培训的法律法规、机制，确保这些政策和系统的维护和保持。二是通过财政投入，保障全体公民都有享受职业技能培训的机会。如中国政府广开项目，承担举办职业技能培训的责任，并通过免费、减免学费、补贴、税收优惠等方式支持职业技能培训的开展。三是充分发挥自身的社会管理、公共服务和协调职能，促进培训的规范化运行。四是通过建立职业技能培训的质量评估机构、质量评估体系、制定考核鉴定标准等方式对培训进行监督与评价。五是在办学体制上，广泛发动民众、社会力量参与办学，促进多元化、多层次职业技能培训体系的形成。此外，中国政府坚持服务型政府的定位，积极搭建信息交流平台，为企业、培训机构、院校学生、社会劳动者等群体提供网上职业技能培训信息交流渠道，促使职业技能培训的供需双方相互交流，保障职业技能培训效益。总之，中国的职业技能培训从一开始就是在党的政策指导下创立

的，经历 70 余年的发展与变革，动力强劲，势头迅猛，覆盖面广，培训方式灵活，为中国经济发展走向世界前列做出了重要贡献。

第三节 中国职业技能培训的未来发展思考

70 余年来，中国职业技能培训的改革与发展取得显著成就，但是仍旧面临资金投入不足、培训监督制度缺位、资源分配不合理以及效果评价机制缺失等问题。如何从中华人民共和国成立 70 余年的历程中寻找职业技能培训规律，并以发展的眼光审视职业技能培训的未来可能，成为 70 余年发展回顾的重点。

一、坚持"以人为本"，改革职业技能培训模式

随着中国职业技能培训体系的初步建立，培训覆盖范围的不断扩大，坚持"以人为本"理念，增强服务意识，提高社会服务能力，满足广大社会群体的个性化需求，将成为中国职业技能培训内涵式发展的重要举措。

知识经济时代，知识和技术更新逐渐加快，一次终结性的职业技术教育和培训已无法满足从业人员变换工种和职业的需要。[1]职业技能培训应以终身教育理念为指导，转变以往帮助受训者实现就业的单一目标，将促进受训者职业能力的可持续发展作为重要追求，不断拓展就业培训的内涵，提供更加丰富与人性化的培训服务。具体实施上，在培训的准备阶段，改变以往以供给为导向的职业技能培训模式，以市场需求为导向，开展市场调研活动，提高培训的针对性与实用性，以满足参训者的职业能力发展需求。另外，加

---

[1] 伍醒：《职业技能培训：德国与韩国的比较》，载《中国成人教育》，2010 年第 21 期，第 142~143 页。

强对公众的指导、宣传和引导，使参训者准确了解培训信息，做出有利于自身发展和满足经济社会发展需要的正确选择。培训过程中，培训机构要在培训内容、方法、时间等方面对参训者做需求分析，增强其设计的灵活性和人性化，并注意提高师资水平，改善培训的硬件环境，增强培训的适应性与有效性。培训结束后，对参训学员做后续跟踪调查，以客观的评价标准准确评估培训的效果，找出不足之处，进而逐渐完善。此外，职业技能培训组织过程中要以"职业能力为本位"，坚持就业导向，大力推行与就业紧密联系的培训模式，通过与企事业单位合作，将培训质量标准与用人单位技能标准相匹配，增强培训的有效性。主动创新培训模式，积极探索"订单式"的人才培养方式，注重参训者的职业素质与职业技能并重发展，并将企业文化融入课堂培训教学过程中，以增强参训者的就业适应能力，使培养的技术人才更加符合就业市场和企业用工要求。

二、建立健全法律法规，加强制度建设

完善的制度保障体系是职业技能培训健康可持续发展的关键。70余年来，中国职业技能培训事业已迈上新台阶，但从发展的适应性程度来看，职业技能培训仍落后于经济发展，大量高技能人才供给严重不足。因此，厘清培训环节各主体的相关责任、完善法制建设是中国职业技能培训实现跨越式发展的重要保障。

中国职业技能培训体系涉及多个主体，各主体间的利益相互交织增加了职业技能培训管理的复杂性，加之政府既是培训供给者又是监督者，在立法中缺乏对自身在职业技能培训中的义务和责任的具体规定，导致自身角色责任不明，职责不清，职业技能培训制度的作用无法彰显，进一步加深了培训管理的复杂程度。从立法层面来看，《宪法》《劳动法》《职业教育法》及《就业促进法》等多部法律均涉及职业技能培训，近年也出台多项针对职业技能培训的相关法规政策，但存在法规政策不完善、不明晰、难以操作等法制化程度不高的问题，加之中国《成人教育法》以及相关法规缺位，更不利于中

国职业技能培训的健康发展。从法规政策实施过程来看，由于执行不力、检查监督不到位，许多培训政策落实不够；而培训规划机制和激励机制的缺失、相关培训单位未担负起其相应责任等则导致职业技能培训滞后，劳动力文化素质与技术能力普遍偏低。在实施"中国制造2025""一带一路"倡议，决胜全面建设小康社会的关键时期，如果高技能与高素质人才供给不足，将会阻碍中国迈向社会主义现代化强国的步伐。因此，中国政府应从培养现代化建设所需人力资源角度考虑职业技能培训的发展，出台相关法律法规，加强企业作为重要办学主体的责任落实，鼓励行业与企业相互合作，整合培训资源，优化职工学校和社会培训机构，积极引导职业院校发挥自身优势，积极承担各项职业技能培训项目。此外，中国政府应将职业技能培训作为解决教育问题、民生问题和经济问题的重要抓手，增强其发展地位，并加强立法，完善相关法律保障，不断建立各项体制机制；各部门也应严格执法，促进各项制度建设，规范职业技能培训事业发展，使职业技能培训真正成为中国教育事业的重要增长点，促进中国人力资源开发，满足经济发展需求。

三、实施多方联动的成本分担机制

不同于普通教育，职业技能培训需要大量资金投入，单纯依赖公共财政支持远远不足以维持。建立政府、企业、个人联动的培训成本分担机制，成为促进经济结构调整、产业优化升级与社会和谐稳定的重要基础保障。

在中国大力实施职业技能提升行动、积极落实扶贫开发系统工程的社会背景下，以失业人员和农村富足劳动力为主体的职业技能培训、以毕业生和脱产职工为主体的技能人才培养、以企业一线操作工人为主体的岗位能力提升培训、以高级工及以上人才为主体的技术技能创新培训成为职业技能培训的主要内容。面对众多培训主体，建立起多方联动的培训机制成为中国成人培训事业可持续发展的重要选择。因此，中国政府应在以公共资金大力扶持技能不足人员参加职业技能培训的基础上，鼓励和支持企业在岗职工参加职业技能培训。此外，对于劳动力转移、失业及转岗培训，可以实施政府购买私人服务的形式，对于考核合格，并达到要求的，政府给予一定补贴及税收优惠；对于取得技师及以上职业资格证书的人员参加职业技能提升专项培训并考核合格的，给予补贴，并遵循"谁出资培养，谁享受补贴"原则；对于新兴产业，相关企业应根据岗位需要，向职业院校或培训机构定制"个性化"培训，考核合格的可按比例分担培训成本。此外，针对职工培训问题，企业应落实培训经费分配的相关规定，并采用聘请技术专家组织内训或组织人员外出学习等方式为职工提供培训服务。职工个人也应对自己有正确分析，合理规划自身职业生涯发展，积极参加政府、培训机构组织的相关培训，以提升自身职业能力，为社会经济发展做出更大贡献。

第十章 21世纪以来中国职业技能培训政策的嬗变逻辑 [①]

21世纪以来，中国职业技能培训获得迅速发展，国家相继发布了20余部相关政策性文件。在终身教育国际思潮影响下，结合本国国情，党的十八届三中全会提出"构建终身职业培训体系"的改革部署后，其扩展到"终身"的脚步更是促进了职业技能培训的推进与完善。与之相关的政策也在承接中不断发展，在发展中不断递进，在递进中不断超越。以下将从政策理念、政策主体、政策规划、政策内涵以及政策设计五个方面，透视中国职业技能培训政策的嬗变逻辑。

第一节 政策理念：从重视技能提升转向接轨终身教育

政策理念是政策过程中的指导思想和基本原则，与政治、经济、文化、社会的发展相适应。职业技能培训承载着广泛开发人力资源、促进经济健康发展、保障社会和谐稳定的重要职责，其作为应对时代嬗变的有效举措被大力发展，从相关政策的出台数量和实施质量中可窥见一斑。随着终身教育观

---

① 任鸿倩、闫卫平：《新世纪中国职业技能培训政策的嬗变逻辑——基于21世纪以来相关政策性文件的解读》，载《中国成人教育》，2019年第22期，第14~19页。

念的广泛传播，终身职业教育作为终身教育的应有之义 ① 在中国得到重视，政策所秉持的价值观也在改变。职业技能培训政策理念历经了从聚焦"当下"以技能为本的工具理性逐渐向覆盖"终身"以人为本的价值理性的嬗变，主要表现在更具长效性和开放性上。

职业技能培训政策的长效化、系统化观念不断加强，促使政策更加长效。政策发展要适应社会的发展，20 世纪末到 21 世纪初，经济全球化的进程急速加快，经济结构向知识经济过渡，中国城镇化进程持续加快，失业成为日益严峻的社会问题。2002—2011 年，城镇化速度达到了平均 1.35% 的年增长率，农民工数量持续增加。国家层面出台的仅关于农民工职业技能培训的政策性文件就多达 18 个，政策的频繁出台说明其时效性很短，仅专注于眼前，解决短期问题，却无法防止新的短期问题。相关政策必须着眼于长远，在一个更加广阔的时期，既能解决当下面临的问题，又能提前扼杀产生问题的病灶。2012—2018 年间，政策规划长效化，实现了较长远的设计，培训政策的出台急剧减少。最近的《农民工等人员返乡创业培训五年行动计划》《新生代农民工职业技能提升计划》与《职业技能提升行动方案》，分别是跨度 5 年、4 年、3 年的政策性文件，相关政策不再局限于解决眼前就业问题，而是进行长远设计。同时，中国在逐步形成有机的职业培训政策系统，一旦有政策决定，职业技能培训发展历程就有相应的政策工具保障政策的执行，且有评价反馈，从而基本上有效解决了政策的执行问题。这种政策问题—政策决定—政策工具—政策执行—政策评价等一系列有机过程 ②，利于从重视眼前项目培训过渡发展至终身培训的实施，利于中长期培训政策的执行，并建立长效机制。职业技能培训政策的人本观念、公平观念不断加深，促使政策更加开放。首先，蕴含人本理念的培训政策有助于劳动者得到

---

① 周永平、石伟平:《论"终身职业教育"》,载《中国职业技术教育》,2017 年第 5 期,第 57~61 页。

② 苟顺民:《欧盟职业教育政策研究》,人民出版社 2014 年版,第 4 页。

自我更新和自我实现。21 世纪初发布的相关政策，理念目标偏向于帮助弱势人群掌握一技之长，从而保障他们的生存权。十八大以后，中国愈加重视教育的改革，教育不仅要传递知识，还应贯彻人的全面发展精神，国家对职业教育与培训规律的把握能力不断提升。职业技能培训在提升劳动者能力的同时，也在保障全体劳动者的可持续发展。随着终身教育向终身学习发展，终身职业技能培训也与终身学习接轨，成为建设学习型社会的重要力量，又为终身职业技能培训的实现提供了多方社会环境支持。其次，蕴含公平理念的培训政策有助于社会保障向社会保护延伸，更具包容性。每个人都应该获得"开发自己的潜力和自由就业"[①]的权利，职业培训同社会救助、就业服务等共同被列入社会保护项目中[②]，正是由于职业培训的范围宽泛，扩大了社会保障的覆盖范围。政策的核心和灵魂是政策的价值取向，职业技能培训以人为本的价值取向，不是对以技能为本的价值取向的否定，而是一种超越，是对生命本位的尊重。新的时代给予政策新的启示，培训政策的价值取向深受影响，不仅关注提供终身职业技能培训服务、条件与机会的政府行为，还侧重关注劳动者自身的内部变化与作为生命主体的个体行为。政策理念进一步深化，面向劳动者"终身"职业生涯，对他们的生存权乃至人权的保障成为政策追求的价值理念。

第二节　政策主体：从教育行政部门到国务院顶层设计攀升

十几年来，职业技能培训的政策主体与责任主体逐级攀升，越来越具有

---

① E1i Ginzberg, Human R esources: The Wealth of a Nation, Green wood Press, 1958: 24–25.
② 唐钧:《从社会保障到社会保护：社会政策理念的演进》，载《社会科学》，2014 年第 10 期，第 56~62 页。

权威性。政策主体经历了由单一部门上升至国务院，逐步达到顶层化的嬗变轨迹；责任主体历经了由笼统分散、对接模糊到责任具体、分工细化，职责逐渐明确的嬗变轨迹；实施主体历经了从单一实施培训组织到实施组织体系形成，载体多样的嬗变轨迹。

职业技能培训的政策主体逐渐从教育部、人社部攀升至国务院，提高到统筹全局的国家顶层设计的高度。21 世纪以来，国家层面发布的名称中含有"就业、职业、教育培训""技能提升"的政策，共 17 部。2010 年之前，诸多政策的制定与实施由教育部负责；党的十八大后，国务院逐渐成为职业技能培训政策的主体。政策的制定是多方力量与资源的集合：统计局提供的资料对相关政策制定的影响非常大，实现了"以证据为支撑"的政策导向，即以客观的事实及统计数据为支撑；教育部、国家国际合作发展署等部门与机构汇集了众多相关领域的专家，对职业技能培训政策的制定做了大量的研究；人民银行、财政部为职业技能培训政策提供了有力的支持。多方参与政策的制定，使其既能应对短期问题，又有较长远的战略视野；既有实践价值，又有深厚的理论基础。[①] 同时，人社部始终作为重要的政策主体，其职能的延伸，对劳动者培训、就业的保障更为全面，职业技能培训作为一项民生工程更加凸显。职业技能培训政策的责任主体从教育行政部门逐渐扩展至25 个国务院部门和机构，还有众多的其他部门、机构与社会团体，推进了责任主体的全方位延伸。21 世纪之初，培训政策的对接责任主体主要是具有教育管理职能的部门。至 2014 年，《关于进一步做好为农民工服务工作的意见》将培训的责任主体扩展到人社部等 14 个部门和机构。2018 年，被作为构建终身职业技能培训体系的顶层设计和基本框[②]，再次把责任主体扩大，新增了 11 个部门和机构。至此，对接责任的国务院组成部门共 15 个，约占

---

① 荀顺民：《欧盟职业教育政策研究》，人民出版社 2014 年版，第 4 页。

② 李桃、赵伟：《终身职业技能培训体系的发展路径分析》，载《中国职业技术教育》，2018 年第 30 期，第 49~56 页。

其总数的三分之二。此外，还有最高人民法院、中央宣传部、全国妇联、中国残联等广泛参与，各自发挥职能优势，形成工作合力，更好地铺就实现"人之一生所需的知识、技能、态度等应如何被开发和运用的全过程"[①]的培训平台。职业技能培训政策的实施主体逐渐形成一套贯穿培训的组织实施体系。把抽象的政策具体化、把政策规划付诸实践，需要实施职业技能培训的主体多方协作。21 世纪初，相关政策的实施主体在政府。十八大后，随着不同人群培训综合计划的制订，实施主体更加明确而宽泛。完善政府购买培训成果机制的同时，各企业行业、基层的培训工作站点勇于承担自身的培训责任，各类培训机构积极承接开展培训，多方社会中介组织对培训工作进行严格监管，职业技能鉴定机构不断完善培训的考核机制与技能鉴定制度，公共就业服务机构的功能更加广泛。2018 年，对职业技能培训的组织实施做了明确规定，培训的主要供给在政府与企业，主要载体在各培训机构、职业院校、行业企业。

相关政策发展到多部门联合发文；责任主体从全局视角出发，统筹考虑职业技能培训的各层次和各要素，有效调动政府及其他团体的协作运行；组织实施体系逐渐建立，使职业技能培训成为一项真正的政府工程。政策理念推进政策主体与责任主体越来越具有权威性，政策主体与责任主体的提升又推动了政策理念的落实。相关政策得到不断完善，促使其更好地为中国经济的发展提供新动能与坚实的人才保障。

第三节　政策规划：从单项政策形式转向着力制度建设

中国职业技能培训的发展突飞猛进，政策体系初步建立，自上而下地对

---

① 吴遵民：《现代国际终身教育论》，中国人民大学出版社 2007 年版，第 10 页。

其政策进行系统规划，就需要建立一整套职业技能培训活动及其组织体系赖以存在和运行，具有法规性与指导性的规则，即要向制度建设转变。职业技能培训政策历经了从单项政策形式逐步走向体系化建设，再到必然出现制度化落实的嬗变轨迹。

成熟的政策不只是出台一个又一个的单项政策，更需要的是与之相关的配套政策的支撑，逐渐构成政策体系。[①] 职业技能培训政策的发展轨迹就是单一政策先行，先是原则性的培训政策居多，后来再逐步健全完善支持培训所需要的就业服务、资金保障、管理监督等配套政策，促进培训政策之间的相互支持，推进政策间不同要素的相互作用。体系是制度的重要标志，职业技能培训政策的落实需要制度定型。制度形成之逻辑并非共时性的，多是历史性的，它的产生、形成、建立皆是在现实的实践活动中发生的。[②]21 世纪之初，很多相关政策是指导性文件，可供操作的具体规划较少。2008 年，《国务院关于做好促进就业工作的通知》提出建立的职业技能培训制度要面向全体劳动者。十八大后，关于加强职业技能培训制度的建设多次在有关的政策性文件中被提及，职业技能培训政策的内容设计逐渐兼顾原则与实施，包含三大方面：第一，增强职业技能培训的吸引力，加强职业培训与劳动力市场的联系，对多种培训形式做了明确规定。第二，完善监督评价机制，提升培训质量。第三，建立健全培训资金投入机制。首先加大财力投入，完善规范的培训资金管理制度。其次，对培训资金进行全过程监管，具体提出了监管方法。职业技能培训制度化的标志性文件是 2018 年出台的《关于推行终身职业技能培训制度的意见》，对培训的对象范围、贯穿时间、项目类型、工作环节，如组织、落实、评价、选拔等，做出制度性的规定。根据这一意见的部署要求，又相继出台了后续政策对培训制度进行完善。制度先是制定、执行，之后还要随着实践的检验不断进行完善，制度建设的过程应如

---

① 苟顺民:《欧盟职业教育政策研究》，人民出版社 2014 年版，第 4 页。

② 苏力:《制度是如何形成的》，北京大学出版社 2007 年版，第 9 页。

是[①]，根据社会与职业的发展而不断修订，适应新形势新任务的要求。以政府部门为主导，培训政策由多方介入监管与评价，针对职业技能培训政策在与时代的交互中可能出现的问题，不断健全科学有效、切实可行的职业技能培训制度。政策规划的内在系统相互交织，不断出台职业技能培训政策的支撑政策，逐渐形成与高质量发展相适应的政策协同体系。职业技能培训政策的计划、组织、实施、评价等外部环节的完备，体系化、制度化台阶的向上与递进，是职业技能培训政策走向成熟的标志。事实上，这种制度建设有例可循，并且很多发达国家出台了专门针对职业技能培训的法律法规。未来，进一步加强职业技能培训政策的落实，超越制度的法制化推进将会是一个重要的趋势。

第四节　政策内涵：从重视生存就业转向提升生活质量

城市化进程的加快带来诸多益处的同时，新的就业问题也接连产生，职业技能培训政策顺应时代要求做出相应的改变。所以，为了应对和防范各种社会问题出现，为了面对急速的知识技术革新，为了适应人们在终身教育背景下劳动观和职业观的变化，职业技能培训政策涉及的培训对象历经了以失业人员、农民工为主的弱势群体到全体劳动者的嬗变轨迹，保证人人可以获得学习的权利；政策内涵历经了由单一的技能培训过渡到服务职业的可发展能力的培训，再到重视贯穿终身的职业技能培训的嬗变轨迹，逐渐满足劳动者生命个体个性学习的需要。

职业技能培训作为一种公益性、包容性、普惠性的教育，其对象集群具体而言经过了两次重要变化：第一次是从以失业人员为主的弱势群体到以农

---

① 胡国喜：《中国共产党制度执行力研究》，中共中央党校 2013 年博士学位论文。

民工为主的弱势群体。2003—2007 年，失业人员的再就业和创业培训占总培训的 39.48% ；2008—2011 年，农民工培训占总培训的 45.2% 。21 世纪初期，中国就业方面的主要矛盾是劳动力供求总量矛盾和就业结构性矛盾同时并存，新成长劳动力就业与失业人员再就业问题相互交织。[①] 随着工业化和城市化的推进，很多失地农民和农村剩余劳动力涌入城镇。2007 年，中国已进入以工促农的发展阶段。2008 年，受金融危机影响，出现了农民工"返乡潮"，促进返乡农民工职业培训的政策随之颁布。十七大报告指出要加强农村富余劳动力转移就业培训后，以农民工为主的弱势群体成为培训的重点人群。第二次扩容则是覆盖了包括弱势群体在内的全体劳动者，2012—2018 年，就业技能培训和岗位技能提升培训占到总培训的 86.91% ，培训的焦点不仅放在弱势群体职前就业能力提升的培训上，在岗职工的技能提升培训也得到了加强。一方面，企业产业升级，要求加强对所有劳动者的培训。另一方面，虽然人口经济结构剧变，但终身教育和终身学习观念的传播范围扩大，自觉践行学习权、提升自我能力的观念也渐渐深入人心，培训成为提升劳动者职业能力的关键途径。人在劳动中创造了自身的一切[②]，要想让每一个人都有人生出彩的机会[③]，就必须将培训的对象集群覆盖到全体劳动者。十八大报告专门对职业技能培训做出指导，2017 年《关于印发国家教育事业发展"十三五"规划的通知》，不仅要为进城定居农民工、新型职业农民等人群提供继续教育，还重点兼顾现代产业工人和退役军人等人群的职业培训；十九大报告提出要"大规模开展职业技能培训"。共建共享是推进教育现代化的基本理念，国务院文件明确提出建立并推行的职业技能培训制度必须覆盖城乡全体劳动者，既包括农村转移就业人员和新生代农民工，也包括

---

① 中华人民共和国国务院：《国务院关于进一步做好下岗失业人员再就业工作的通知》［EB/OL］.https：// wenku. baidu. com/ view/ f1bb850bf68a6529647d27284b73f242336c3110.html，2002.

② 《马克思恩格斯选集（第 4 卷）》，人民出版社 1995 年版。

③ 《习近平就加快发展职业教育作出重要指示》，载《人民日报》，2014 年 6 月 24 日。

失业人员和转岗职工，还包括城乡未继续升学的初高中毕业生、退役军人、建档立卡的贫困家庭、农村"低保"家庭、困难职工家庭和残疾人，同时也包括服刑人员、强制隔离戒毒人员。不同的培训内容针对不同的培训人群，培训对象包容性不断增强的同时，必然引起政策内涵的逐渐丰富和深刻。政策内涵经历了由点到面再到立体的演变，每一阶段都是前一阶段的发展与超越：第一是就业技能培训阶段，主要是面向社会劳动力转移和个体当下失业或无业的问题，培训内容是围绕提高个体就业能力的技能课程。《关于印发〈农村劳动力转移培训计划〉的通知》提出要使培训对象掌握一至二项在非农产业和城镇就业的技能。然而，单一的职业技能提升课程不能够满足劳动者长远的职业适应和职业发展，于是便进入了第二阶段——加强职业培训与服务的阶段。"职业"比"就业"的内容更加宽泛和丰满，影响个体的生命阶段时间更长。培训内容呈现出以职业技能培训为主，兼顾提升可迁移能力的特点，加强职业道德、价值、规范、通用职业素质和求职能力等综合性培训。第三是终身职业技能培训阶段，引入"终身"概念，以劳动者职业生涯发展为导向、能力可持续发展为本位。国发《关于进一步做好为农民工服务工作的意见》第二十一条指出，要加强对农民工的人文关怀，培训课程囊括了新市民培训、心理疏导、技能培训在内的具有人性关怀的多层次课程，进行精准化、个性化培训，以满足不同劳动者的培训需求，促进身份感的认同。职业技能培训促进培训对象的就业能力、认知能力、生命自我更新能力的提升，有助于保障他们的生存权、学习权与幸福权。[①] 培训受惠人群和培训内容扩容，是终身职业技能培训这一民生工程的本质特点，是稳定社会、提升劳动者就业能力的现实诉求，是对全体劳动者人权与生命质量提升的有效保障，也是一个发展中国家职业培训政策成熟经验的本土实现。职业技能培训从福利救助性质逐步走向公共职业技能培训，使人人都可以在职业更

---

① 桑宁霞、任鸿倩：《成人能力提升的社会保障价值研究——基于相关教育政策的解读》，载《中国成人教育》，2018 年第 23 期，第 16~20 页。

换迅速的社会大分工中，始终拥有获得职业、在劳动中提升自我生命质量的能力。

第五节　政策设计：从原则导引转向赋能增效

有效性是政策执行的生命和灵魂，职业技能培训政策是静态的文本文件与动态的实践过程的结合。[①]培训项目的实施是政策付诸实践的关键环节，21世纪以来，职业技能培训政策逐步加强培训项目实施的有效性、过程监管的严格性、质量评价的科学性。政策设计历经了从各种类型的培训项目单打独斗到职业培训体系初步建立，再到终身职业培训体系发展的嬗变轨迹；历经了从政策文本提出评估方法到国家培训服务标准程序的建立，再给予政策文件有益反馈与经验的嬗变轨迹。职业技能培训政策逐渐引导建立一套培训体系来指导、规范培训项目的实施，增强培训的适应性与效益性。21世纪初，中国的培训项目种类繁多，许多培训项目具有单一性。首先，针对的人群有限，单个的培训项目仅是处理一个又一个具体问题的人力计划的拼凑与组合，包容性较低；其次，空间适应性较弱，很难合适地推广到别的地方；再次，时间持续性不强，多是计时培训与阶段培训，即人们按照规定的时间参加培训，一般是10天到6个月，当阶段培训完成后，还有培训需求的劳动者，难以找到适合的培训项目；最后，对培训资源的有效利用率较低，组织不成程序的培训项目会耗费更多的人力物力。以针对农民工的培训为例，2002—2006年，培训项目众多且不断更换，但大多稳定性较弱，有的甚至还未完全实施便已滞后于社会需求。2008年，《国务院关于做好促进就业工作的通知》提出要积极探索职业培训项目化运作模式。2010年，相

---

① 邓旭:《教育政策执行模式研究：一种制度分析的范式》，教育科学出版社2010年版，第9页。

关政策提出要加大职业培训资源整合力度，加强职业培训体系建设。2012年以后，培训目标很少通过增加培训项目与计划的数量来达成，而是通过综合性的政策措施，推进其向完整设计发展，不断完善职业培训体系，同时这一体系的建立也逐渐往"终身"的方向发展。十八届三中全会提出要构建终身职业培训体系；2014年，国务院出台《关于进一步做好为农民工服务工作的意见》，明确提出将农民工纳入终身职业培训体系；十九大报告强调"完善培训体系"；2018年，相关政策再次强调"终身"。实践证明，职业技能培训体系的建立促进了培训效益的提升，城镇失业率从2014年开始逐年下降，2017年首次下降至4.0%以下，2018年末仅为3.8%。可以看出，现行政策供给积极推进职业培训，并且将职业培训体系放在终身教育的框架下统一规划。① 培训体系的建立需要以实际操作性较强的培训模式为基础，如就业导向的培训模式，根据就业需要和职业技能标准的要求，深化职业培训模式改革，增强了培训针对性和有效性；"互联网 + 职业培训"模式，是信息网络技术在职业技能培训领域的应用，提高了培训便利度和可及性。培训模式的可推广性较好地增强了培训的包容性与空间适应性。政策引导培训建立一套标准化的程序，制定、发布和实施标准以达到统一，同时运用标准化的程序带来有益的经验，形成一种内在科学化的循环运作机制。不同时期，注重效率始终是职业培训政策的价值导向。② 评价具有鉴定、导向、诊断、监督等功能，职业技能培训的评价包括两方面的内容：其一是对培训项目的评估。2003年，六部委联合制定的政策措施基本没有涉及对培训质量的监管与评价。2012年，成人教育培训服务的三项国家标准出台，有助于推进培训服务的标准化建设和规范化管理。其制定的意义在于将理论和实践经验

---

① 任岩岩：《我国终身职业培训体系建设：政策演进与实践路径》，载《职教论坛》，2019年第6期，第38~43页。
② 潘姿曲、祁占勇：《改革开放四十年我国职业培训政策的变迁逻辑与未来走向》，载《职教论坛》，2018年第11期，第68~74页。

转化为国家标准[①]，为培训机构的规范化运行提供了一种积极的、工具性的可参照的框架。[②] 这种全过程的标准有力地促进了培训流程中各组织间的协作与配合，为培训项目的高效运转创造良好的条件和环境，促进培训目标的实现。2012 年以后，每一部职业技能培训政策都把培训的监管和评估考核纳入了重要的保障措施，逐渐建立了培训质量效益评估体系。2014 年，人社部文件提出要严格遵循程序和标准，加强培训过程管理，对培训过程实时监测，开展绩效评估和考核检查，确保项目有效完成。2019 年，人社部文件将"切实提高培训质量"作为二级标题，提出了涉及培训内容、方式、机制等体系内部的管理增强培训及其政策的有效性。培训项目从立项到实施再到结果全过程都处于良性状态，才能更有效益。项目设计综合考量，项目实施过程协调，项目结果有效反馈，构成的完整项目执行才是"有意义的培训"。其二是对技能人才的评价。十九大后，职业技能培训政策更加重视建立技能人才的多元评价机制。职业技能培训的体系逐步构建，有了一套具体的过程性评价标准、严格的结果性评价程序，培训资源能够节约地、有效地得到分配和利用，坚决杜绝以培训为名浪费社会公共资源的行为，从而将职业技能培训推向更具效益的协调发展、绿色发展、开放发展，再走向贯穿全体劳动者整个职业生涯的共享发展。纵向寻求职业技能培训相关政策的连贯性和渐进性，横向寻求职业技能培训相关政策的统一与整合，宏观看职业技能培训政策的嬗变对中国经济结构转型与升级、建设人才强国与制造强国的战略意义，微观看职业技能培训政策的嬗变对个体全面发展、生命质量提升与生命幸福获得的重要价值。在技术竞争不断激烈的时代，加快探索职业教育发展之路，是中国制造向中国创造飞跃的必由之路，是满足数以亿计的技能人才

---

① 叶忠海：《术语（国标）：我国成人教育培训服务标准化的标志》［EB/OL］.http：//www.cnaet.or g/ html/ peixunbiaozhun/ yezhonghai- shuyu- guobiao- woguochengrenjiaoyu peixunfuwu- biazhunhua debiaozhi/，2019.

② 丁红玲、孙景昊：《〈成人教育培训服务三项国家标准〉价值分析》，载《职教论坛》，2014年第 36 期，第 49~51 页。

需求的重要途径。然而，中国的职业技能培训起步较晚，它的跨越式发展，是要实现弯道超车的必然飞跃。政府部门、培训机构、职业学校、行业企业、社会组织培训为社会上所有的劳动者搭建起培训的服务平台，劳动者自身则掌握着培训的发展进程及培训目标实现的主动权。

第十一章 再就业技能培训的理论模型与改进策略
——以过剩产能职工为例①

产能过剩是市场经济中的一种普遍现象，作为亟待解决的全球性问题，成为 2016 年 G20 峰会热点话题之一。"十一五"规划以来，中共中央经济工作会议均将产能过剩问题列为重要议题。随着"十二五"期间规范淘汰落后产能任务的基本完成，"十三五"规划的主要任务转变为化解过剩产能，加大去产能化力度，并率先在煤炭和钢铁两个领域展开。2016 年 2 月 29 日国务院新闻发布会上，人力资源和社会保障部部长尹蔚民表示，钢铁、煤炭行业化解产能过剩大约涉及 180 万职工的分流安置；2016 年已安置职工 72.6 万人，2017 年仍需安置约 50 万人。②尽管全国钢铁行业在 2017 年进入新的盈利周期，2018 年在继续去产能的背景下，如何解决这一过程中产生的较大规模职工再就业问题仍显紧迫，这不仅事关经济结构调整与转型升级的成功与否，而且关系到社会稳定和谐与人民的幸福生活。从教育补偿视角看，为改革发展过程中的"利益受损群体"提供技能培训，能够给弱势群体提供公平发展的机会，确保其体面、有尊严地生活，这是为化解人民日益增长的美好生活需要和不平衡不充分的发展之间的矛盾所做的教育努力。那么，为过剩产能职工提供再就业技能培训的理论依据以及构建何种形态的再就业技能培训理论模型就成为值得关注的问题。进一步看，基于理想与现实差距，

---

① 贾旻、张雪莲、聂淑萍：《过剩产能职工再就业技能培训的理论前提与模型构建》，载《经济问题》，2018 第 10 期，第 78~84 页。

② 《国新办举行就业和社会保障有关情况新闻发布会》［EB/OL］. http://www.scio.gov.cn/xwfbh/xwbfbh/wqfbh/33978/34234/index.htm，2017 — 03 — 01.

如何来有效改进产能过剩职工的再就业技能培训？上述问题的解答不仅有助于明晰提供再就业技能培训、化解职工再就业问题的理论释义，而且可以从技能培训视角提供化解过剩产能职工再就业问题的解决思路与实施路径。

第一节　再就业技能培训的理论依据

过剩产能职工再就业技能培训的理论依据有许多，包括公共产品理论、社会再生产理论、新经济发展理论、制度经济学理论、人力资本理论、教育补偿理论等，其中较为重要的理论为罗尔斯的公平正义理论和人力资本理论，前者秉承的公平正义理念指明过剩产能职工再就业技能培训的价值所在，后者则指出过剩产能职工再就业技能培训的本质。

一、过剩产能职工再就业技能培训乃公平、效率之举

罗尔斯的"公平的正义观"所包含原则按照优先次序是"平等自由原则""机会公平正义原则"以及"差别对待原则"。其中，"差别对待原则"体现着对最少受惠者的偏爱，希望通过某种补偿或再分配使社会所有成员都处于平等地位，从而达到"基本的社会善"的目标。[①]从"正义是社会制度的第一美德"这样的价值选择出发，对社会"最不利者"即弱者提供包括教育在内的补偿是实现"差别对待"的手段，目的在于解决平等机会下因自然禀赋不同造成的不平等；通过补偿为弱势群体带来最大收益，将不平等控制在社会容许且不破坏社会秩序的范围之内。过剩产能职工再就业技能培训是在公平的正义观指导下，追求立体公平与全面效率的理性选择，以社会底层弱

---

① 约翰·罗尔斯:《正义论》，何怀宏、何包钢、廖申白译，中国社会科学出版社2011年版，第6页。

者利益为基准进行的社会制度安排。

过剩产能职工再就业技能培训是政府和社会为过剩产能职工设计的教育培训补偿制度及补偿行为的总称，包括"机会补偿"与"成本补偿"；体现为受益方在公平与效率理念指导下的责任行为。第一，再就业技能培训是教育从"有教无类"的水平公平向"差别对待"的垂直公平拓展，体现了教育公平内涵的提升。为过剩产能职工提供再就业技能培训，通过教育资源的倾斜来提高社会处境不利者的知识与技能，帮助其实现再就业与体面生活，从而达到"结果公平"的目标，真正体现社会的正义精神。正如欧盟报告所宣称，"职业教育的正确应用也许可以减少不公平现象并在这个危机的时代加强民族国家的社会融合"[1]；即使再就业技能培训无法完全解决贫穷陷阱，至少可以做到对社会公平无害。第二，再就业技能培训是提高教育的经济效率与社会效率的重要举措。经济效率主要通过教育投入产出结果与教育资源配置和使用过程来反映。教育补偿作为纠正教育资源配置失衡的有效路径，借助技能培训形式把职业教育资源投向过剩产能职工群体，提升该群体的教育水平与职业技能，帮助其获得改善社会经济地位的能力，从而有效发挥教育资源的效率和效益。教育的社会效率高低由教育功能发挥程度来反映。提高教育社会效率主要通过对弱势群体进行教育补偿即技能培训、促进阶层流动来实现。中国钢铁、煤炭、电解铝等行业产能过剩是长期以来整体工业行业产能的结构性过剩，而非全面性过剩。[2] 过剩产能职工普遍存在年龄结构偏大、学历偏低、技能偏弱、劳动力就业市场竞争力弱、就业难的困境。以就业为导向的技能培训可以帮助产能过剩职工提升职业技能或习得其他新技能，在技能水平或者广度上有所变化，从而适应劳动力市场需求。这既体现了教育公平，也提升了教育效率，使得社会使用较少的教育投入，即可帮助

---

① 臧志军：《职业教育国家制度的比较研究》，华东师范大学 2013 年博士学位论文。

② 郑耀群、王婷：《基于产能利用率测度下的中国产能过剩问题研究》，载《统计与信息论坛》，2017 年第 3 期，第 85~91 页。

过剩产能职工重新就业，有效规避"因失业而致贫"的风险。

二、过剩产能职工再就业技能培训表现为技能型人力资本积累

人力资本理论认为，人力资本作为一种重要生产要素，是当代经济中最具价值的资源。新时代经济增长的重要源泉与驱动力是技术进步和人力资本，技术进步是包含人力资本在内的诸多因素相互作用的结果，因此，经济增长的根本原因在于人力资本积累的持续增长；个体人力资本存量越高，人力资源质量就越高，意味着人均产出或劳动生产率会越高。[1] 贝克尔将人力资本划分为一般性人力资本和专用性人力资本，后者可再细分为技能型、技术型、管理型和企业家型或创新型人力资本。[2] 技能型人力资本是具有专业知识和操作技能并合理使用以完成特定活动的人力资本，综合能力构成中突出操作技能，承载者是各级各类技能员工。[3] 技能型人力资本的专用性体现得尤为明显，即知识和技能对某个特定领域有价值，一旦离开这个领域，人力资本价值可能无法实现。过剩产能职工的再就业技能培训是为改革发展中的利益受损群体提供培训，提高职工就业能力、创业能力与职业转换能力以获得新职业地位的过程，实质上体现为技术技能型人力资本积累。

经济结构调整、产业转型的改革时期，劳动力市场"知识技能系统"发生改变，产能过剩行业去产能造成人力资本供给的结构性过剩，具体表现为：落后技术淘汰与技术升级为代表的技术进步引发生产要素间的内在比例关系变化，企业引进新技术及机器设备、裁减部分工作岗位、设置需要更高技能或者新技能岗位，势必造成低技能劳动力的人力资本闲置，人力资本收入能力弱化。以调研的煤钢行业的 T、Y 企业为例，产能过剩行业

① ROMER,PAUL..Increasing returns and long run growth，Journal of Political Economy，1986(5):1002–1037.
② 马振华：《中国技能型人力资本的形成与积累》，中国物资出版社 2009 年版，第 35 页。
③ 崔宗超：《基于人力资源聚集效应的高层次人才培养模式与优化策略》，载《河南师范大学学报（哲学社会科学版）》，2018 年第 4 期，第 75~79 页。

富余职工呈现出以下群体特征：企业分流安置的富余职工以男性居多，为"40+""50+"人群，工资是家庭主要收入来源，家庭抚养负担较重（多有未成年子女）；文化程度偏低，高中及同等学力偏少，初中学历者居多；技能偏弱，多为从事熟练工种的劣势劳动力，劳动力市场上竞争力较弱，再就业难度偏大等。这类人群主要处于经济生命周期的中期阶段，人力资本存量与收益水平已经达到峰值，如果不追加人力资本投资，提高人力资本的使用价值，就面临退出劳动力市场的风险。

再就业技能培训是实行技能型人力资本开发与积累，化解低技能劳工或非技术劳工社会排除的有效途径。当前中国去产能造成富余职工属于结构性失业问题，核心要素是技能，表现为职工因低技能工作被淘汰而下岗与高技能工作缺乏合适产业工人之间的矛盾困境。因此，一旦遭遇技术进步与岗位变化，低技能职工通常很难适应新的岗位需求，人力资本存量面临贬损，出现两种结果：一是人力资本断裂。"在市场转轨和产业结构改造的大转折时期，会发生劳动力市场'知识技能系统'的改变，从而导致'人力资本的断裂'"[1]，原有的人力资本积累在新的"知识技能系统"需求中不再明显发挥作用。二是人力资本失灵。具有较高文化程度的下岗人员找工作并非易事，即便找到工作后的收入也不比文化水平低的人高。为避免上述两种现象，需要通过技能提升手段重建个体"知识技能系统"。通过富有实效的技能提升培训、转岗转业培训以及创业培训等，不断改善职工个体知识结构，提升工作技能，使其重新获得职业能力，成功实现职业迁移。再就业中的"再"意味着新技能形成与积累，"就业"表征职业地位获得，再就业中的人力资本不仅影响职工再就业机会的获得，还影响再就业的职业声望和收入水平。[2]因此，人力资本积累构成过剩产能职工再就业技能培训的逻辑起点，技能培训

---

[1]　李培林、张翼：《走出生活逆境的阴影——失业下岗职工再就业中的"人力资本失灵"研究》，载《中国社会科学》，2003年第5期，第86~101页。

[2]　赵延东、风笑天：《社会资本、人力资本与下岗职工的再就业》，载《上海社会科学院学术季刊》，2000年第2期，第138~146页。

的制度设计、培训行为及其目的均是增强技能型人力资本积累与再就业能力。

第二节　再就业技能培训的理论模型

遵循"基于何种理念""由谁提供""培训什么"以及"如何开展"的逻辑，构建基于教育补偿理念的过剩产能职工再就业技能培训理论模型（见图11-1），旨在通过教育补偿理念的明晰、制度设计与实施来延续技能型人力资本积累，实现去产能、稳就业与促发展的改革目标。

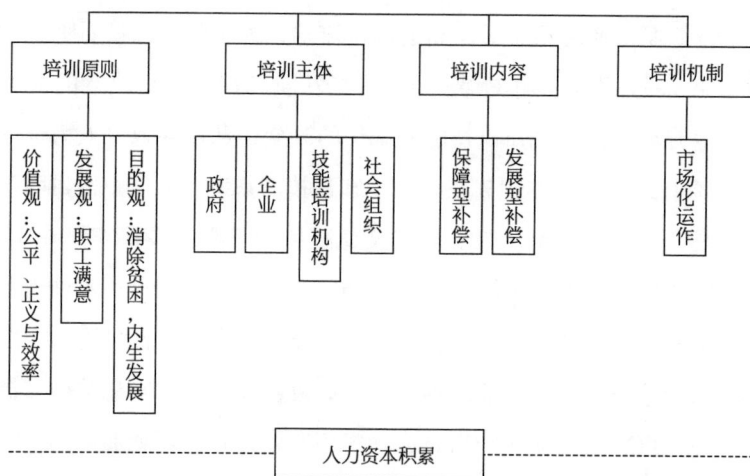

图 11-1 再就业技能培训框架

一、"以人为本"的再就业技能培训指导思想

过剩产能职工的再就业技能培训重视弱势群体的利益诉求，从"处境不利的人"出发，走向"体面生活的人"；核心价值取向是以人为本，承认并尊重人的价值与尊严。

基于公平正义视角，确立改善产能过剩职工群体不利处境的再就业技能培训价值观。随着国有企业改革的深入，长期以来隐含的富余职工在去产能背景下逐渐凸显。技能培训作为实现社会公平正义的教育手段，给予经济转型发展中的利益受损群体——产能过剩企业富余职工有差别的对待，减少因分配造成的收入差距和地位差别，确保社会和谐与良性运转。

基于民生视角，努力办好职工满意的再就业技能培训发展观。着眼于产能过剩企业富余职工的基本生活与生存状态，将促进教育公平、增进人民福祉作为再就业技能培训的出发点和目标，贯穿补偿教育全过程；强化政府的公共服务基本责任，实现再就业技能培训机会均等化，面向产能过剩企业有再就业需求的所有职工；围绕职工的基本发展机会、发展能力和基本权益，提升教育质量，改善教育品质，丰富教育的多样化与选择性，提升职工职业能力与人力资本积累，从而实现推动更高质量再就业的目标。

基于消除贫困视角，确立实现职工内生发展的再就业技能培训目的观。调研显示，过剩产能职工收入是家庭收入的主要来源，一旦失去工作将会影响家庭生活质量。再就业技能培训可以提高劳动力岗位技能，提供再教育机会，一定程度上弥补了职工的低人力资本，帮助其成功实现再就业，消除或排除有可能出现的"因下岗而致贫"的风险；同时，以实现产能过剩职工的内生可持续发展以及体面、幸福生活的能力为终极培训目的。

二、"国家—市场—社会"的再就业技能培训联合体

过剩产能职工再就业技能培训联合体包括责任主体、实施主体与评价主体，代表着国家、市场与社会力量的联合，各主体明确角色定位、分工合作，承担再就业技能培训之重任。

责任主体，指承担再就业技能培训责任的单位、组织或者部门；各级政府与企业是过剩产能职工再就业技能培训的责任主体。政府是"国家的权威性表现形式"，作为国家权力机关的执行机关，代表社会公共权力制定、实施公共决策，实现有序治理。多年来，中国全能型政府对市场和微观经济领

域实行强制性干涉，以 GDP 为主要指标的政绩考核体系和与之对应的官员升迁激励机制、根深蒂固的地方保护本位主义传统[①]、地方政府对企业的投资补贴等，导致企业过度投资与低成本无限扩张的生产规模[②]，形成了中国特色的体制性产能过剩。因此，政府有责任为过剩产能职工这个利益受损群体提供补偿，地方政府是主要责任主体。再就业技能培训是政府的责任，政府不仅是道义责任主体，还是法律责任主体。从"服务型政府"定位出发，各级政府承担决策制定、实施与监管等服务。此外，企业作为营利性组织，使用职工劳动力价值生产商品而获利，应该将部分剩余价值以培训形式返还给职工；无论是从提高人力资本以获得更大利润视角还是从社会责任视角来看，企业毫无疑问是职工再就业技能培训的责任主体。

实施主体，指提供再就业技能培训服务的机构，过剩产能职工再就业技能培训的实施主体是企业的教育与培训中心（以下简称"教培中心"）、地方职业院校、指定的职业培训或创业培训机构等。企业最为重要与常用的人力资本积累渠道是为员工提供各种在职培训；隶属教育部门的中高等职业院校、隶属于人社部门的技工院校以及指定的社会培训机构与创业机构等，拥有丰富的教学资源，可以提供多类型、内容广泛的职业教育与培训，开展职业标准研发与技能鉴定等工作。

评价主体，指对再就业技能培训政策实施效果、效益、效率等方面进行判断的个体和组织，包括内部评价主体与外部评价主体。前者指实施主体的自我评价，后者指独立于教育实施机构与管理机构之外的具有评估资质的第三方组织和机构。鉴于第三方评价所具有的独立性、专业性与公正性等特点，过剩产能职工再就业技能培训质量评价应该引入实施与管理机构之外的第三方评价。各地的教育评估院、社会评估机构、产能过剩行业的行业协会

---

① 陈胜勇、孙仕祺：《产能过剩的中国特色、形成机制与治理对策——以 1996 年以来的钢铁为例》，载《南京社会科学》，2013 年第 5 期，第 7~14 页。

② 刘瑛、周虹琼、李春爱：《化解煤炭行业过剩产能中职工安置工作的难点与思考》，载《天津市工会管理干部学院学报》，2016 年第 9 期，第 1~5 页。

以及代表职工利益的工会等作为独立于责任主体与实施主体的第三方，能够利用自身优势资源对再就业技能培训制度及其行为进行有效监督。

三、保障与发展相结合的再就业技能培训内容

再就业技能培训的核心是职业能力，即进入职业世界所必需的职业知识、技能、态度和价值观等构成的综合能力系统，呈现为层次化的秩序结构体。基于人的发展过程，过剩产能职工再就业技能培训由保障型补偿和发展型补偿构成，表现为解决"生存之道与发展之道"的连续体。

保障型补偿，指通过提供特定岗位的职业技能训练，帮助下岗职工获得基本谋生能力，即从事特定工作岗位的能力。对于弱势群体来说，技能培训是"就业教育"；解决生存之道的技能培训内容具有技术技能主导性特征，构成其他职业能力的生长点。中国大规模工业化基本处于第二级人力资本主导之下，中等教育水平的人力资本占绝大部分比重。一旦出现技术进步、经济转型与结构调整，最先受到冲击的往往是低人力资本劳动者。再就业技能培训定位于保障企业富余职工的基本生活与工作权利，提供专业培训课程，以提高当前低人力资本劳动力的知识与技能，培养其工作岗位任务的实际解决能力。

发展型补偿，指提供社会能力、方法能力等核心能力培养，帮助下岗职工获得应对职业世界动态变化的可持续发展能力。科学技术的不断进步与变革，势必带来工作岗位的消长。解决发展之道的再就业技能培训内容具有技术技能迁移性、通用性等特征，这是确保职业迁移、社会流动的关键性能力。此外，应加强职业指导，帮助下岗工人树立正确的职业观，增强职业认同感。企业富余职工对劳动力市场与就业形势缺乏充分了解，如果离开熟悉的企业体制与工作岗位，很难确定职业发展目标。职业指导可以帮助他们了解职业性质、特点、要求、发展前景等，促使其更有针对性地提高自身素质，明确职业目标，确立正确的职业观与职业理想。

四、市场化运作的再就业技能培训机制

不仅化解过剩产能需要坚持市场导向，提供再就业技能培训也需要采用市场化运作机制，让市场在教育资源配置中发挥决定性作用，以便节省教育资源，提高补偿效率。

从实施形式来看，过剩产能职工再就业技能培训重点是技能提升与转岗培训，经济主体企业应以竞争和创新为两大驱动力，通过技术改造、延伸产业链、发展新兴产业以及通过盘活自有资源的方式，创设新的工作岗位，扩大职工安置渠道。[①]从实施结构来看，除了企业教培中心之外，再就业技能培训的实施机构可以根据市场优胜劣汰的竞争法则，选择经受市场考验、声誉良好的公立或民办职业教育培训机构与创业培训机构，从质量源头上确保再就业技能培训质量。从实施过程来看，开展广泛的劳动力市场调研，根据市场需求决定开设专业；基于岗位对劳动力职业素质要求，选择、组织课程，尽可能地培养零对接的技术技能型人才。重视再就业技能培训效果的评价，以就业率与就业质量为主要指标考核再就业技能培训行为；加强第三方监测与评价，以行业协会为代表的社会组织为外部评价主体，并结合职业院校自主评价；政府基于再就业技能培训规模与质量的市场化表现提供相应财政补贴。

第三节　再就业技能培训的改进策略

化解产能过剩职工再就业技能培训是一个复杂问题，存在诸如职工参与

---

① 王立国、高越青：《建立和完善市场退出机制有效化解产能过剩》，载《宏观经济研究》，2014 年第 10 期，第 8~21 页。

再就业技能培训意识不强、积极性不高，再就业技能培训对象有限、没有囊括所有下岗职工，再就业技能培训方向不明确，补偿内容单一、就业适应面较窄，补偿经费不到位等问题。因此，需要在以下方面做出更大努力。

一、构建"一体两翼"的再就业技能培训联合体

从再就业技能培训实施过程视角来看，技能培训是由"决策确定—决策实施—效果评价—效果反馈—决策修正"五个环节组成的动态闭合循环，因此，五个环节构建"一体两翼"培训联合体，多主体协同治理，提供完整的再就业技能培训服务 (见图 11-2)。"一体"指责任主体，是代表国家利益的

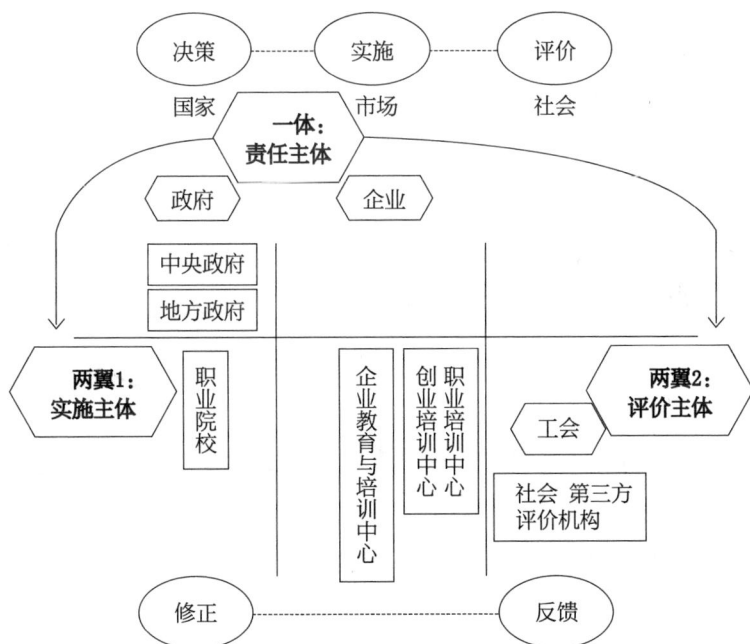

图 11-2 "一体两翼"再就业技能培训联合体

中央与地方政府以及市场主体企业；"二翼"指实施主体与评价主体，前者指企业内部的教培中心、职业院校以及职业或创业培训中心，后者主要指外部评价主体，包括工会与第三方社会评价机构。具体地讲，一是建设服务型

政府，承担政策制定、财政经费支持、监督管理等职责。二是建设责任型企业，通过教培中心为职工提供必要的技能培训，在企业没有条件或者无法提供所需培训时，可以委托当地职业院校与指定培训或创业机构为职工提供培训与创业服务。三是建设活力型第三方社会组织以及工会，受职工及政府委托对企业及职业院校、培训机构的培训质量进行评价，其提供的评价报告成为政府对企业与培训机构提供资助的重要依据，并把培训后的再就业率作为资金使用的考核指标。总之，在前述五个环节中，基于利益获得原则和能力支付原则，国家、企业与社会等教育受益者应对投资主体进行适度经济补偿，为职工再就业利益联合行动，共同服务于职工再就业培训。

二、优化再就业技能培训过程，提升培训质量

有效化解过剩产能职工再就业问题，需要以"质量"为核心，在社会化与市场化运作中优化技能培训过程。

社会化意味着再就业技能培训采用社会化范式，谋求社会公共福祉。一是了解社会所需，再就业培训应该秉承市场所需、职工所能的原则展开，在培训项目上，尽可能选择贴合市场需求、在职工能力范围、能够在较短时间内掌握并实现就业或创业的内容；优化培训方式，培训时间、地点与方法的选择更为灵活，提供夜间、周末及网络培训模式，开展创业培训与引导，大力推进"大众创业，万众创新"和"互联网+"，为化解过剩产能创造条件。二是吸纳社会参与，引入更多社会化机构，提供再就业技能培训产品以及提供协调、监督与评价服务。富余职工的再就业培训可以与产能过剩企业尤其是中小企业或民营企业相分离，引进企业之外的职业院校、培训或创业服务机构。此外，积极发挥中华职教社与工会等行业组织在职业教育研究与实践中的引领作用。例如，山西省中华职教社对阳泉与长治的产能过剩职工安置情况进行调研，提供就业信息、推荐学员、协调培训场地、组织再就业培训等多种服务工作，帮助他们实现稳定就业。工会是代表工人利益的社会组织，"维护职工合法权益是工会的基本职责"，与雇主谈判、同政府和其他社

会组织合作，以协调者、评价者的身份更为有效地促进职工教育、职业培训与技能发展。工会应将满足职工职业需求、促进职工职业生涯发展和培训列为工作重点，开发一系列各具特色的职业咨询、培训项目，特别是在信息网络通信技术发达的今天，应积极培训工会干部和志愿者，为员工提供职业咨询和市场信息，关注弱势群体的职业发展，倡导终身学习。

市场化意味着再就业技能培训采用市场运行机制，提高稀缺教育资源的利用效率与教育质量。一是采用价格与竞争机制，教育补偿服务的提供者多元并存，通过不同提供者之间的成本与质量竞争，给予富余职工在多元供给者之间选择的权利。二是加强有效监测与评价，通过竞争方式促进质量提升。积极培育非营利组织，使之成为再就业技能培训的重要承担者之一，与政府完成教育培训服务产品的提供。鉴于过剩产能职工再就业技能培训问题，坚持以行业协会等第三方社会组织以及工会为核心评价主体，加强实施过程监测与结果评价；完善评价机制，定期发布职工再就业技能培训评价报告，重视评价结果的使用。社会评价不仅成为政府为技能培训行为主体提供财政补贴的标准与依据，而且成为过剩产能职工选择培训机构的参考。三是再就业技能培训经费来源多元化，包括政府以公共税收支付的专项资金支持、企业的培训经费以及社会关注弱势群体的慈善机构的资金支持。

三、加强再就业技能培训补偿制度与机制

建立、健全并完善职工再就业培训法律体系与政策工程，需要加强技能培训制度与机制建设。

制度主要指规则、法律等正式制约因素，是开展再就业技能培训的秩序基础。出台职工再就业培训的系列法律法规，尤其是实施细则，为产能过剩职工再就业培训提供法律依据。加强产能过剩职工的人力资源开发和就业技能培训的制度化与规范化，不断创新安置分流措施，实现人力成本向人力资本的成功转变。20世纪90年代和21世纪第二个十年，因为大量富余职工的产生，中央与地方政府制定了一系列政策，但是仍然缺少专门性文件与具

体实施策略。因此，需要制定并完善职工再就业技能培训的相关法律、法规与政策性文件，形成"法律、法规、实施细则"系列化内容，指导技能培训工作的具体开展，提高技能培训效果与效率。

加强过剩产能职工再就业技能培训制度建设，包括产能过剩职工监测预警制度、以政府为主的再就业技能培训责任制度与资金投入制度、再就业技能培训评价制度。一是正确界定就业、下岗与失业，完善统计指标体系和调查方法，当失业率临近或超过警戒线时，政府应采取积极的干预措施。二是确立政府主导，由企业、职业院校、培训机构、第三方社会组织、工会组成的联席会议工作机制，在再就业技能培训工作问题上，无论是政策的调研、制定、实施还是职工再就业技能培训过程及其培训效果测评，均应该由联合体协同共治。成立化解过剩产能职工安置工作领导小组，协调解决职工安置工作中出现的重大问题。三是实行以政府、企业为主的经费保障制度。虽然中央提供专项资金，以多种标准进行补贴，但是，由于缺乏有效的督促与监督机制，使得这些资金没有完全流向职工培训并加以充分利用。因此，明确再就业培训经费的具体来源，即地方政府预算安排的就业经费中的就业训练经费、失业保险基金中的专业训练经费、企业职工培训经费、地方发展教育基金中的职业技术教育经费部分以及学员和委托训练单位收取的就业训练经费等。因为面向的是利益受损的弱势群体，所以，以福利提供者政府与利益获得者企业的资金为主。四是以再就业率与就业质量为主要指标，评价再就业技能培训质量，发布质量报告，实行优者奖励、劣者限期整改等措施。

健全协调机制，加强组织领导。去产能造成的富余职工安置工作涉及人员多，范围广，情况复杂，政策性强，各级政府部门领导应高度重视，将妥善安置富余职工、促进再就业作为改善民生的一项重点工作来抓。一是建立政、企、社沟通渠道。在政府相关部门、过剩产能企业、行业协会等社会组织、工会以及职工之间建立沟通渠道，使得职工再就业技能培训问题能够及时得到反映、协商与解决。二是建立健全组织协调机制，成立过剩产能职工再就业协调小组，由人力资源社会保障部门为牵头单位，发展改革、财政、工业和信息化、国资监管、能源、工会等部门与企业（包括国企、民营企业与混合所有制企业）共同负责，统筹协调本地区过剩产能职工再就业工作。明确各部门职责，加强信息互通，实现协调联动。三是引进大数据分析处理机制，加强富余职工的动态监测与失业预警机制，对失业、再就业形式进行研判，及时制定应对措施。

第十二章　中国民办职业培训机构的培训效果研究
——基于影响因素视角的分析[①]

　　进入 21 世纪以来，中国人力资源培训与开发取得极大进展，政府与企业组织也将职业技能培训放于重要的位置。在终身学习、全民学习理念倡导下，部分劳动者虽有强烈的培训学习意识，但参加职业培训的积极性并不高，这与培训效果不理想有很大关系。民办职业培训机构作为以收益谋发展的教育服务组织，培训效益直接影响机构的健康发展甚至生存。在市场经济不断发展的今天，以就业为导向的职业教育招生路径更为市场化，这也意味着提升办学能力与就业口碑成为民办职业培训机构获得进一步发展的路径选择。那么，明晰影响民办职业培训机构培训效果的关键因素、增强培训效果，则成为提升其市场竞争力的重要突破口。因此，本研究以民办职业培训机构为研究对象，借鉴已有理论模型与实践基础，尝试构建民办职业培训机构培训效果影响因素模型，并对模型内在机理展开分析，以期能为民办职业培训机构培训效果的提升提供一定思路。

---

① 王迎春、贾旻:《民办职业培训机构培训效果影响因素模型分析》,载《中国成人教育》,
2020 年第 23 期，第 30~35 页。

第一节　民办职业培训机构培训效果之影响因素探析 ①

产业不断转型升级，科学技术日新月异，中国劳动力市场结构性就业矛盾日益突出，广大劳动者也迫切需要提升技术技能水平，增强就业再就业能力。面对如此强大的社会需求，民办培训机构的发展速度甚至比以往任何时候都要迅速。作为以收益谋发展的教育服务型组织，培训效果直接影响机构的健康发展和生存。在市场竞争力不断增强的行业环境中，提质培优，增值赋能，不断增强办学能力与就业口碑，将成为民办职业培训机构由数量增长向内涵式发展的重要路径。明晰影响民办职业培训机构培训效果的关键因素，增强培训效果则成为提升其办学效益的重要突破口。但学术界对民办职业培训机构培训效果影响因素的研究寥寥无几。基于此，本研究以民办职业培训机构为研究对象，参考经典的职业培训效果及影响因素理论模型，整合各领域专家对培训效果影响因素的相关研究，结合民办职业培训机构开展培训工作的特点，对其影响因素进行实证研究，以期为民办职业培训机构培训效果的提升提供思路。

一、研究回顾

（一）民办职业培训机构相关研究

民办职业培训机构是指社会机构、企业或个人利用非国家教育财政支出开办的，面向有要求的社会劳动者，以培养和提高其素质及能力为目的而进行短期教育和训练的实体组织。近年来，随着就业培训市场不断扩容，民办

---

① 贾旻、王迎春：《民办职业培训机构培训效果之影响因素探析》，载《高等职业教育探索》，2021 年第 5 期，第 14~24 页。

职业培训机构已然成为弥补职业教育资源短缺的重要方式，对国家的贡献度不断跃升。但学界关于民办职业培训机构的研究具有一定滞后性，相关研究多以理论思辨为主，且集中于其发展问题、对策与战略等方面。近年，不少研究者开始尝试运用实证主义研究范式探讨民办职业培训机构的产品满意度问题，但鲜有对其培训效果影响因素的研究。

第一，民办职业培训机构发展问题研究。整合文献发现，民办职业培训机构在办学过程中主要存在以下问题：一是管理制度不健全，办学不规范。如政府对民办职业培训机构办学监管较为薄弱，培训市场缺乏行业规范，社会资本进入市场的门槛较低；[①]办学主体诚信办学意识淡薄，内部管理不足，缺乏规范性等。[②]二是师资力量薄弱，发展后劲不足。主要表现为民办职业培训机构师资队伍缺乏，培训师团体不稳定[③]，教师的学历层次偏低[④]。三是发展创新意识不足，办学缺乏吸引力。如民办职业教育培训机构教学内容陈旧，课程创新意识比较弱[⑤]，课程内容刻板不实用，授课形式不灵活，办学缺乏吸引力。[⑥]

第二，民办培训机构发展对策与战略研究。多数学者从政府、培训机构两个角度展开论述。一是中央层面应建立起完善的政策体系[⑦]，建立质量保

---

① 方芳、钟秉林：《中国民办教育培训行业发展现状与对策》，载《中国教育学刊》，2014 年第 5 期，第 1~5 页。

② 周凤华：《民办职业教育的现状分析与策略研究》，载《中国职业技术教育》，2017 年第 6 期，第 10~18 页。

③ 赵杨：《唐山市民办职业培训机构加速发展的对策研究》，载《工业技术与职业教育》，2011 年第 3 期，第 54~55 页。

④ 申执谐：《深圳市民办职业培训机构发展调查与建议（上）》，载《中国培训》，2013 年第 5 期，第 50~51 页。

⑤ 刘贝贝：《管理培训行业存在的问题及对策研究》，载《东方企业文化》，2013 年第 7 期，第 226 页。

⑥ 曹雯雯：《民办职业培训机构发展的困境分析》，华东政法大学 2016 年硕士学位论文。

⑦ 闫志利、刁丽丽：《河北省职业培训机构发展现状与对策研究》，载《中国职业技术教育》，2013 年第 6 期，第 62~67 页。

障和评估机制；地方层面应加强立法，完善相应配套措施，将其分级分类管理，提高准入标准，加强民办职业培训机构的监管和监督[1]，积极营造良好的舆论环境等[2]。政府主管部门在落实"支持和规范社会力量兴办职业教育培训"时，应引入助学金制度，对民办教育和公办教育一视同仁。[3]二是以机构本身为研究对象，职业培训办学面临同质化问题，民办职业培训机构作为营利性质的教育服务组织应打造自身特色，增强创新意识，提高核心竞争力；[4]树立良好的社会形象，打造培训机构组织文化，塑造内涵品牌；[5]研发培训课程，调整培训内容[6]……以吸引更多的学员。民办职业培训机构在发挥其拾遗补阙作用的同时，应注意信息捕捉机制、用人机制、特色生成机制、社会服务机制以及对外合作机制的优化。[7]另有学者则从办学体制、人才培养模式、师资等角度分析民办职业培训机构的发展对策与战略。

第三，民办职业培训机构满意度问题的研究。在培训市场竞争力不断增强的背景下，不少学者认为民办职业培训机构在提升培训质量的同时，应关注培训附加服务等因素对学员满意度的影响。核心服务质量（培训教材以及培训课程等）、附加服务价值（教学辅导）、培训机构与顾客关系、培训机构声誉以及学员体验五个因素对培训满意度具有显著影响。[8]李继丽在顾客满意度理论的基础上，构建了课程质量、服务质量、感知利得、经济成本四个

① 闫麟：《浅谈上海市民办教育现状与建议》，载《法制与经济》，2013 年第 7 期，第 99~100 页。

② 申执谐：《深圳市民办职业培训机构发展调查与建议（下）》，载《中国培训》，2013 年第 6 期，第 60~61 页。

③ 钟伟：《民办教育产业若干发展方向探讨》，载《教育观察》，2020 年第 22 期，第 132~133。

④ 于清江：《JL 职业培训机构营销战略研究》，载《农场经济管理》，2016 年第 11 期，第 34~35 页。

⑤ 黄娟：《民办职业培训机构的学生就业研究》，湖南农业大学 2011 硕士学位论文。

⑥ 李英姬：《民办机构视角下提升农民工职业培训质量探究》，载《合作经济与科技》，2014 年第 20 期，第 80~81 页。

⑦ 高玉峰、侯小雨、闫志利：《中国职业培训机构协调运行机制构建研究》，载《华北理工大学学报（社会科学版）》，2017 年第 4 期，第 81~86 页。

⑧ 聂茂娟：《职业培训产品顾客满意度影响因素研究》，西南财经大学 2009 年硕士学位论文。

指标体系来衡量满意度。[①]

（二）培训效果评估相关研究

国际上关于培训效果评估的研究主要从评估模型、影响因素两个维度展开，且这两方面的研究呈现出相互渗透与融合的趋势。

目前被广泛运用的培训效果评估模型主要有以下几种：Kirkpatrick 以受训学员为评估效果对象，并依据行为学的研究结果，将培训效果分为由观念到行为直至结果的四个可递进层次。第一级是"反应"，也可以称"满意度"测量，包括学员对课程内容设计、讲师水平、培训资料准备等是否满足培训的评价。第二层级为"学习"，学习层涉及培训学员能够在多大程度上实现态度的转变、知识扩充或技能提升等相应的结果。第三级是"行为"，行为层评估的是学员在进入工作岗位后把所学知识和技能运用到实际工作中的程度。第四级是"结果"，结果评估层评估的是机构通过培训项目后的最终绩效，看是否改善了质量，减少了员工的流失，增加了利润，企业状况是否因此得到很好的提升。[②]Phillips 在四层评估模型的基础上进行修改，提出五级投资回报率模型[③]，该模型增加一个层级的评估，成本—收益的评估，即增加了对投资回报率 (ROI) 的计算，但此模型评估成本高，操作困难，且不适用于第三方培训。随着培训事业的发展，国外关于培训效果影响因素的研究成果颇丰。Noe 提出最早的培训效果影响因素模型。此模型代表了一种纵向、程序导向的观点，模型的建构主要考虑培训前、培训中以及培训后所发生的能够影响培训效果的因素。该模型侧重于考察组织内部培训，不适合于第三方培训，并提出学习动力和转化动力两个核心动力因素。Baldwin 和 Ford 提

---

① 李继丽：《XG 培训公司客户满意度提升研究》，北京建筑大学 2019 年硕士学位论文。

② KIRKPATRICKDL.Techniques for evaluating training programs，Journal of the American society of training directors，1959(3):21-26.

③ PHILLIPSJJ. Return on investment—beyond the four Levels［C］//Holton EFI. Academy of human resource development 1995 conference proceedings. Austin:Academy of human resource development，1995:42.

出培训迁移评估模型。该模型主要包括三个环节：培训输入、培训输出及迁移条件[①]，其中，培训输入包括受训者特征（能力、个性、动机）、培训设计（学习原则、教材编排顺序、培训内容）、工作环境特征（上级及同事的支持、应用所学的机会）等因素，迁移条件包括培训的一般化和维持，培训输出是指在培训项目中的学习量以及在培训项目结束后的掌握情况。培训输出和培训输入都会直接或间接地对迁移情况产生影响。近年来，国内外研究更为丰富，其中，Baldwin 和 Ford 系统总结了培训迁移的影响因素，提出培训迁移评估模型，后续研究大多沿着该框架展开。

基于以上论述，本研究将采用 Baldwin 和 Ford 的培训迁移评估模型作为分析框架，构建出"受训者特征""培训设计""组织"三维度民办职业培训机构培训效果影响因素的一级指标。此外，相对于其他评估模型，柯氏四级培训评估模型的评估数据较容易获取，因此，从"反应""学习""行为"三个层面衡量培训效果。需要指出的是，由于很难观测"学员是否能够运用培训所学知识"，本研究在"行为"层面用"学员愿意运用所学知识"加以代替，并假定学员"认为或愿意"将所学知识与技能转化为相应的态度与行为，便能够产生相应的态度与行为。因此，本研究使用的培训效果操作定义是"学员能学到所传授的知识，并愿意在工作中加以运用，且能产生行为与态度的转变"。

二、研究设计

（一）研究样本研究的样本选择

S 省 L 市与 T 市的三所民办职业培训机构。问卷主要面向参加"V R 培训""护理培训""电工培训""焊工培训""酒店管理"项目的学员。所有问卷主要以电子问卷的形式进行，填写前均对问卷填写事项进行讲解和指导，

---

① BALDWINTT, FORDJK. Transfer of training:are view and directions for future research, Personnel psychology, 1988(1):63–105.

共发放 380 份，回收 380 份。去除因答题时间较短，题目选项全部一致的问卷，共得到 356 份合格问卷，占比为 93.68%。

具体而言，被调查学员中男性有 151 人，女性有 205 人，性别分布基本均匀。调查对象年龄集中分布在 21—40 岁，其中，20 岁以下的年轻人占少数，这说明参与职业培训的学员大多为青壮年。被调查对象学历偏低，本科以下占 94.1%；从业年限较为均衡（见表 12-1）。

表 12-1 样本分布情况调查表

类别	分组	人数	百分比
性别	男	151	42.4%
	女	205	57.6%
年龄	20 岁以下	41	11.5%
	21—30	126	35.4%
	31—40	99	27.8%
	41 岁及以上	90	25.3%
学历	初中及以下	155	43.5%
	高中 / 职高	120	33.7%
	专科 / 高职	60	16.9%
	本科及以上	21	5.9%
工作经历	2 年以下	87	24.4%
	2—5 年	81	22.8%
	5—10 年	93	26.1%
	10 年及以上	95	26.7%

（二）研究方法

在职能分割的培训机制下，民办职业培训机构开展培训与企业相比具有自身的特殊性，其培训效果影响因素的研究方法也应更具针对性。本研究主要运用实证主义研究范式，具体包括访谈法和问卷调查法。

首先，通过半结构化访谈，结合相关文献，初步确定了个人能力、培训动机、自我效能感、培训讲师、培训内容、培训方法、培训时间、品牌形象、价格、培训环境、管理水平 11 项影响民办培训机构培训效果的二级指标。其次，通过预测问卷的试测对影响因素进行筛选与整合，共得到个人能力、培训动机、自我效能感、培训讲师、培训内容与方法、品牌形象、价格、服务质量 8 项影响因素二级指标。与此同时，由于研究对象为民办职业培训机构，组织因素主要指机构内部环境，主要包含品牌形象、价格、服务质量，这些组织因素往往能够影响培训机构的培训效果。最后，在查阅大量管理学、组织行为学、人力资源管理等领域相关文献的基础上，参考学界已有的成熟量表，形成本研究的调查问卷。问卷设有三个子问卷，分别考察影响培训效果的"受训者特点""培训项目设计""组织"三维度影响因素。问卷共 45 个题项，分为五大类，分别为基本信息、个人特征因素、培训项目设计因素、组织因素和培训效果。此外，本研究采用李克特量表五点等距法计分，1、2、3、4、5 分别表示非常不认同、比较不认同、一般、比较认同、非常认同。

三、研究假设

（一）受训者特点变量对培训效果的影响

培训并不是一个简单单向的过程，受训者既是培训成果的接受者，也是培训成果的创造者，在培训活动中占据着影响培训效果的重要地位。从 20 世纪 70 年代开始，培训效果影响因素的研究重点转向培训活动以外的个人因素。

第一，学习动机，指引发和保持学习的行为，并且使个体指向相应学习目标的动力倾向。[①] 随着培训评估理论的发展，培训动机的研究逐渐深入，不少学者为了解受训人员动机在培训转移中的作用做了很大的努力。在迁移研究中，动机以不同的方式被概念化。如有的学者将培训动机细化为培

---

① 陈琦、刘儒德：《教育心理学》，高等教育出版社 2007 年版，第 192~193 页。

训前动机、学习动机、迁移动机，它们都与培训结果表现出重要的关系[1]。
Dysvik 和 Kuvaas 则将动机划分为自主动机与受控动机。[2] 通过研究发现，与
受控动机相比，自主动机与更有利的结果相关[3]，包括增强幸福感[4]、绩效[5]和
学习[6]。在培训环境中，Dysvik 和 Kuvaas 认为，受训人员的自主动机会导致
学员培训后更努力地应用新技能，从而促进迁移的增加，且可能会对培训转
移产生长期的影响。而受控制的动机可能在短期内增加训练的努力，但很可
能在长期内阻止努力。第二，Robertson 和 Downs[7]分析了受训者能力等对
可培训性的影响，结果表明，受训者的能力可以解释培训效果差异的16%。
Ackerman[8]关注认知能力和训练或技能之间的关系。Goska 等[9]证明了认知能
力与绩效相关，与在培训转移中的表现有关。此外，有研究者表示，认知能

① BURKELA, HUTCHINSHM. Training transfer:an integrative literature review, Human resource development review, 2007(3):263-296.

② DYSVIKA, KUVAASB. Self-determinationtheoryAndworkplacetraininganddevelopment [M] //GAGNM. The Oxford handbook of work engagement, motivation and self-determination theory. New York:Oxford University Press, 2014:218-230.

③ GAGNM, DECIEL. Self-determination theory and work motivation, Journal of organizational behavior, 2005(4):331-362.

④ NGJY, NTOUMANISN, THGERSEN-NTOUMANIC, etal. Self-determination theory applied to health contexts:a meta-analysis, Perspectives on psychological Science, 2012(4):325-340.

⑤ CERASOLICP, NICKLINJM, FORD, MT. Intrinsic motivation and extrinsic incentives jointly predict performance:a40-year meta-analysis, Psychological bulletin, 2014(4):980-1008.

⑥ VANSTEENKISTEM, SIMONSJ, LENSW, etal. Motivating learning, performance, and persistence:the synergistic effects of intrinsic goal contents and autonomy supportive contexts, Journal of personality and social psychology, 2004(2):246-260.

⑦ ROBERTSONI, DOWNSS. Learning and the prediction of performance:development of train ability testing in the United Kingdom, Journal of applied psychology, 1979(1):42-50.

⑧ ACKERMANPL. Determinants of individual differences during skill acquisition:cognitive abilities and information processing, Journal of experimental psychology general, 1988(3):288-318.

⑨ GOSKARE, ACKERMANPL. An aptitude-treatment interaction approach to transfer with in training, Journal of educational psychology, 1996(2):249-259.

力与训练结果的关系可能会因培训的性质不同而不同。[①] 第三，自我效能感指受训者个人对自己完成某项培训任务或进行某项具体培训活动能力的主观评估[②]，主要通过与学习目标导向、成绩趋近目标导向等这些与培训结果具有预测作用的变量相互作用[③] 以及影响完成培训任务时的积极性与培训动机，对培训效果产生影响。基于以上分析，本研究提出以下研究假设：

假设 H1a: 培训动机对培训效果有显著影响。

假设 H1b: 个人能力对培训效果有显著影响。

假设 H1c: 自我效能感对培训效果有显著影响。

（二）培训项目设计因素对培训效果的影响

已有研究表明，包含培训内容与方法、培训讲师在内的培训系统是整个培训过程的重要组成部分，直接影响培训效果。[④]

第一，培训内容和方法等直接决定了学员参与的积极性和热情。培训内容与学员的培训需求越接近，学员越有兴趣学习、越倾向于应用到工作当中，培训效果越好。[⑤]Linnehan[⑥] 认为，提高意识和更积极的态度不足以改变行为，需要以技能为基础的学习，这样受训者才能知道如何将他们增加的知识转化为行动。第二，培训讲师对培训效果的影响主要表现为讲师的授课能

---

① CRONBACHLJ. The two disciplines of scientific psychology, American psychologist, 1957(11):671–684.

② 宋建丰:《关于培训迁移的一些理论思考》, 载《中国职业技术教育》, 2003 年第 33 期，第 19~20 页。

③ BELLBS, KOZLOWSKISWJ. Goal orientation and ability:interactive effects onself–efficacy, performance, and knowledge, Journal of applied psychology, 2002(3):497–505.

④ 宋建丰:《关于培训迁移的一些理论思考》, 载《中国职业技术教育》, 2003 年第 33 期，第 19~20 页。

⑤ 胡芮:《山西省农民参与新型职业农民培训影响因素分析》, 山西农业大学 2016 年硕士学位论文。

⑥ LINNEHANF. Diversity attitudes and norms:the role of ethnic identity and relational demography, Journal of organizational behavior, 2006(4):419–442.

力与课堂控制能力；[①]包括培训讲师的工作态度、责任心、沟通技巧、授课风格、个人魅力和培训教师处置知识以及材料的充分性等。[②] 基于以上分析，提出如下研究假设：

H2a: 培训内容与方法对培训效果有显著影响。

H2b: 培训讲师对培训效果有显著影响。

（三）组织因素对培训效果的影响

通过文献查阅与访谈调查，本研究中组织因素主要包括品牌形象、服务质量、价格三方面。第一，基于顾客满意度理论可知，品牌作用的过程就是形成品牌资产并使品牌资产对消费者和组织产生价值的过程。机构的品牌表现、个性及其形象，会影响顾客的感知价值，进而影响顾客满意度及培训效果。第二，民办职业培训机构作为提供培训产品的服务型组织，其服务质量直接影响培训效果。一个良好的培训环境和氛围会让受训者更好地掌握培训内容。另外，教育环境因素，如教育设施与教育支持等因素直接影响学员满意度，进而影响培训效果。[③] 第三，价格对培训效果的影响主要体现在其对感知价值的作用上。感知价值是加入质量和价格以后，顾客对获得利益的感受，直接影响学员的感知利得和对机构的评价。因此，"价格"成为直接影响培训机构培训效果评价的重要指标。根据分析提出以下研究假设：

H3a: 品牌形象对培训效果有显著影响。

H3b: 服务质量对培训效果有显著影响。

H3c: 价格对培训效果有显著影响。

---

① 尹磊：《软件开发人员培训效果影响因素及提升策略研究》[D]，北京：北方工业大学出版社 2015 年版，第 23 页。

② BRIONC. Low-fee private schools in west Africa:Case studies from Burkina Faso and Ghana, Dayton:University of Dayton，2017.

③ KIMY. A Study on the effect of educational environment factors affecting self-efficacy and educational performance in the beauty vocational training institute, Asia-pacific journal of multimedia services convergent with art，humanities，and sociology，2017(12):217-225.

此外，基于以上研究假设，本研究构建了影响民办职业培训机构培训效果的影响因素模型（见图12-1）。

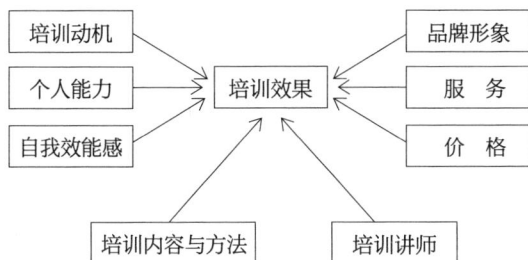

图 12-1 民办职业培训机构培训效果之影响因素模型

四、实证分析

（一）信效度分析

由于李克特量表最适宜使用的方法是 α 系数检验，所以本研究的问卷分析采用克朗巴赫的 α 系数作为信度分析标准，其中，p 值 > 0.8 表明内部一致性极好，处于 0.6—0.8 之间表示较好，p < 0.6 表明较差。运用 SPSS21.0 对本研究量表部分做信度分析（参见表12-2），结果表明，总量表和分量表 α 系数均大于 0.6，即量表信度高。说明本研究量表中同类型题项设置合适，能够稳定可靠地反映相关影响因子。

表 12-2 信度分析

	Cronbach's Alpha	题项数目
总问卷	0.973	41
个人因素分问卷	0.852	10
培训项目设计分问卷	0.948	10
组织因素分问卷	0.920	11
培训效果分问卷	0.937	10

本研究针对结构效度的检验运用探索性因子分析法检验量表的效度。

KMO 值和 Bartlett 球形检验是衡量量表是否适合做上述分析的指标。一般认为，KMO 值大于 0.6 时，较适宜做探索性因子分析，即表示能够从变量群中提取共性因子，达到归类、整合与降维的目的。Bartlett 球形检验主要分析各指标变量之间是否相互独立，一般情况下，当该统计值呈显著性，即 Sig(双尾) 不大于 0.05 时，可以做因子分析。本研究运用 SPSS21.0 对各量表 KMO 与 Sig 进行检定，结果如表 12-3 所示。其中 KMO 均大于 0.6，Bartlett 球形度检验的显著性系数均小于 0.05，即适合做因子分析。

表 12-3 各量表 KMO 与 Bartlett 检定

量表名称		受训者特征因素	培训项目设计因素	组织因素	培训效果
Kaiser-Meyer-Olkin 度量		0.741	0.925	0.836	0.876
Bartlett 的球形度检验	近似卡方	334.016	760.762	742.812	1497.817
	df	45	45	55	45
	Sig.	0.000	0.000	0.000	0.000

（二）相关分析

相关分析用于证明变量间的关联程度。通过相关分析，可以证明变量之间是否存在密切关系、关系如何。一般利用 SPSS 软件分析各因子间的相关性，其系数值 $-1 \leqslant R \leqslant 1$，判断标准是：$R > 0$，表示两变量正相关；$R < 0$，表示两变量是负相关；$R = 0$ 时，表示两变量不相关。$|R| = 1$ 时完全相关；$|R| < 0.3$ 时，微弱相关；$0.3 < |R| < 0.5$，低度相关；$0.5 < |R| < 0.8$，中度相关；$0.8 < |R| < 1$，为高度相关。结果如表 12-4 所示。

表 12-4 相关分析

	培训动机	自我效能感	个人能力	培训内容与方式	培训讲师	品牌形象	服务质量	价格	培训效果
培训动机	1								
自我效能感	0.652**	1							

个人能力	0.316**	0.344**	1						
培训内容与方式	0.702**	0.684**	0.377**	1					
培训讲师	0.386**	0.417**	0.121*	0.452**	1				
品牌形象	0.359**	0.441**	0.221**	0.601**	0.320**	1			
服务质量	0.666**	0.650**	0.375**	0.780**	0.422**	0.585**	1		
价格	0.330**	0.474**	0.263**	0.594**	0.328**	0.511**	0.594**	1	
培训效果	0.678**	0.721**	0.360**	0.796**	0.480**	0.706**	0.0821**	0.600**	1

** 在 0.01 水平（双侧）上显著相关

* 在 0.05 水平（双侧）上显著相关。

通过 SPSS21.0 软件进行相关分析，表 12-4 结果显示：

第一，培训动机、自我效能感和培训内容与方法相关系数均处于 0.6 ~ 0.8 之间，存在中度显著相关，即培训动机与自我效能感越高的学员对培训内容的掌握程度可能越好；培训动机、自我效能感与培训讲师相关系数均大于 0.3 且小于 0.5，即存在低度相关。这也说明不同培训动机与自我效能感的学员在培训过程中，可能会对培训讲师具有不同的评价，但影响度不大。

第二，受训者特征因素中的培训动机、自我效能感与组织因素中的品牌形象和价格相关系数介于 0.3 ~ 0.5 之间，存在低度相关，即培训动机与自我效能感可能与组织的品牌形象和价格相互影响，但影响关系较弱。而培训动机、自我效能感与服务质量相关系数均介于 0.5 ~ 0.8 之间，即存在中度相关。这表明，培训动机、自我效能感和组织的服务质量存在一定的相互关系，且关系较强。

第三，培训项目设计中的培训内容和方法及组织因素中的品牌形象、服务质量与价格的相关系数均大于 0.5 且小于 0.8，存在中度显著相关，这说明组织因素与培训项目设计相关因子具有一定的相互性，个体在对培训的评价过程中，会将培训机构的项目设计与其组织因素结合起来。而讲师水平则与组织因素中的各项指标存在低度相关关系。

（三）回归分析

回归分析用于分析两组变量之间是否存在因果关系及关系强弱程度。在统计学中，若想用样本的估计参数代替真实参数（即进行回归分析），需要被试样本通过拟合度检验与显著性检验才能建立回归方程。

1.回归模型的拟合优度检验

拟合度检验主要度量解释变量 Y 在多大程度上能被由自变量及相关系数等组成的回归方程所解释与反映。在统计学中，拟合度通常用 R2 来表示，R2 的数值大小直接反映了被试样本与总体样本的拟合程度。另外，在进行回归分析时会涉及残差的度量。残差是调查样本数据的误差的观测值，统计学要求统计数据之间是相互独立的，这意味着误差不存在自相关，符合正态分布。在 SPSS 中常用 DW 值表示残差。

表 12-5 模型汇总 b

模型	R	R 方	调整 R 方	标准估计的误差	更改统计量					Durbin–Watson
					R 方更改	F 更改	df1	df2	Sig.	
1	0.907a	0.823	0.819	0.29659	0.823	202.305	8	347	0.000	2.067

本研究主要采用多元线性回归模式，分析多个自变量与因变量之间的因果关系。由表 12-5 可知，预测变量培训效果的多元相关系数为 0.907，调整前、后的判定系数 R2 均为 0.823。这表示，在多元线性回归方程 $Y\hat{}=b_1x_1+b_2x_2+b_3x_3+a$ 中，其他变量不变，某自变量变动 1 单位，会引起 Y 变动 0.823 个单位。在本研究中，可以概括为：8 个影响因子变量可以解释"民办职业培训机构培训效果"的 82.3% 变异量。在统计学中，DW 值越接近 2，表示判断无自相关的把握越大。本研究中的 DW 值为 2.067，较接近于 2，基本可以认为不存在自相关，即样本之间是相互独立的，符合正态分布。因此，8 个影响因子对培训效果的解释量具有统计学意义，也表明本研究的回归模型通过拟合优度检验。

2. 回归模型的显著性检验 (F 检验)

F 检验又称为方差检验，主要是分析拟合度方程是否有意义，即对所有自变量的回归系数的一个总体检验。通俗而言，F 值用于判定方程中是否有某个自变量 X 对因变量产生影响，如果存在，并且呈现出的显著性 Sig(双尾) 不大于 0.05，即拟合方程有效。从方差分析表 12-6 可知，变异量显著性检验的 Sig(双尾) 小于 0.05，表明回归模型达到了显著水平。在本研究中，则代表了 8 个影响因子至少存在某个因子影响民办职业培训机构的培训效果。

表 12-6 方差分析表

模型		平方和	df	均方	F	Sig.
1	回归	142.366	8	17.796	202.305	0.000b
	残差	30.524	347	0.088		
	总计	172.890	355			

3. 回归系数的显著性检验 (t 检验) 及回归方程的建立

回归系数 t 显著性检验是在 F 检验的基础上进行的。F 检验中分析了回归模型的总体效果，而每个自变量对因变量的解释程度需要用回归模型的 t 显著性检验来分析 (结果见表 12-7)。

表 12-7 回归系数及 t 检验结果

模型		非标准化系数		标准系数	t	Sig.	共线性统计量	
		B	标准误差	试用版			容差	VIF
1	（常量）	−0.721	0.142		−5.062	0.000		
	培训动机	0.143	0.036	0.142	3.965	0.000	0.394	2.535
	个人能力	0.015	0.021	0.018	0.741	0.459	0.824	1.213
	自我效能感	0.170	0.032	0.180	5.289	0.000	0.440	2.271
	培训内容与方法	0.098	0.044	0.098	2.209	0.028	0.258	3.873
	培训讲师	0.283	0.029	0.289	9.653	0.000	0.568	1.760
	品牌形象	0.067	0.026	0.068	2.607	0.010	0.756	1.323
	服务质量	0.376	0.053	0.292	7.119	0.000	0.303	3.298
	价格	0.051	0.026	0.062	2.016	0.045	0.546	1.832

表中的 B 代表回归系数。T 值和 Sig(双尾) 系数从不同角度代表 t 检验的显著性，当 Sig(双尾) 不大于 0.05，表示自变量与因变量之间存在因果关系。方差膨胀系数 (VIF) 是衡量多元线性回归模型中是否存在多重共线性的指标。若存在多重共线性，表示自变量检验结果无意义。在统计学中，一般 VIF 值小于 5 表示处于可接受范围内。

本研究中各变量的 VIF 值均小于 5，自变量间不存在多重共线性问题。8 个自变量回归系数显著性检验的 t 值分别为 3.965、0.741、5.289、2.209、9.653、2.607、7.119、2.016，只有 "个人能力" 因子对应的 p 值为 0.459，大于 0.05，即 "个人能力" 与民办职业机构培训效果的线性关系是不显著的，应将其从回归方程中剔除。

另外，回归系数 B 用于衡量自变量与因变量之间的相关性，表 7 中包含有原始数据得出的未标准化的回归系数和调整后的标准化的回归系数。在统计学中，为了减少因单位造成的误差，比较预测变量的重要性，通常将未标准化的回归系数进行标准化处理。标准化回归模型如下：

培训效果 =0.142，培训动机 +0.180，自我效能感 +0.098，培训内容与方式 +0.289，培训讲师 +0.068，品牌形象 +0.292，服务质量 +0.062 价格。

从标准化回归方程看出，7 个预测变量的标准化回归系数值均为正数，即 7 个影响因子正向影响培训效果，影响程度从大到小排序依次为 : 服务质量、培训讲师、自我效能感、个人动机、培训内容与方法、品牌形象、价格。

b_i 为标准回归系数，W_i 为预测变量的权重值 (误差范围不超过 0.001)，在统计学中，$W_i = b_i \sum b_i$

培训动机权重 =0.142/(0.142+0.180+0.098+0.289+0.068+0.292+0.062)=0.126

自我效能感权重 =0.180/(0.142+0.180+0.098+0.289+0.068+0.292+0.062)=0.159

培训内容与方法权重 =0.098/(0.142+0.180+0.098+0.289+0.068+0.292+0.062)=0.087

培训讲师权重 =0.289/(0.142+0.180+0.098+0.289+0.068+0.292+0.062)=0.256

品牌形象权重 =0.068/(0.142+0.180+0.098+0.289+0.068+0.292+0.062)=0.060

服务质量权重 =0.292/(0.142+0.180+0.098+0.289+0.068+0.292+0.062)=0.258

价格权重 =0.062/(0.142+0.180+0.098+0.289+0.068+0.292+0.062)=0.055

五、结论与建议

第一，通过文献梳理和相关理论分析确定了"受训者特征""培训项目设计""组织"三项民办职业培训机构培训效果影响因素分析的一级指标；通过访谈、预测问卷调查分析确定了"培训动机""自我效能感""培训内容与方法""培训讲师""品牌形象""服务质量""价格"7项二级指标。

第二，通过差异性分析确定了学员"性别""年龄""学历""工作经历"与人口统计学变量和相关影响因子、培训效果存在不同程度的影响作用。

第三，运用文献研究和调查研究法建立民办职业培训机构培训效果影响因素模型，并运用统计软件确定培训效果回归方程。其中，培训效果 =0.142，培训动机 +0.180，自我效能感 +0.098，培训内容与方式 +0.289，培训讲师 +0.068，品牌形象 +0.292，服务质量 +0.062 价格。

第四，确定7项影响因子的指标权重，按影响程度从大到小排序，依次为"服务质量""培训讲师""自我效能感""个人动机""培训内容与方法""品牌形象""价格"，指标权重依次为 0.258、0.256、0.159、0.126、0.087、0.060、0.055。

为了提高民办职业培训机构的培训效果，本研究从"受训者特征""培训项目设计""组织"三方面提出相应的建议。

（一）基于受训者特征方面的建议

第一，把握学员心理，多形式激发学员学习动机。学员学习动机直接影响培训的效果。在培训过程中，我们应注意培养学员的爱好性动机，合理引导"功利性"动机。如何激发学员的学习动机，需要从个体心理因素和环境因素两方面考虑。在心理因素方面，一是培训机构应充分考虑到学员的个性特征，促进学员形成培训的爱好性动机。在培训过程中，大部分学员往往由于社会偏好，寻求培训的机会，事实上，参训学员首先是独立的个体，而后才是社会的个体。因此，培训机构需要增加个性因素中对学习有促进作用的因素，使学员意识到不是为了培训而培训。如在职业培训中引导成人学习者在个人需求和社会需求之间进行合理的平衡，促进其关注自我，从而使学员产生稳定而强烈的学习动机。二是培训机构应注意合理引导学生建立起适宜的"功利性"动机。由于新技术的不断更迭，很多人面临着被时代淘汰的危机，因此不断学习、满足岗位发展需求，成为学员参训的重要诉求。培训机构应向学员讲明社会发展对劳动者带来的影响，促进其为生存与发展积极参加培训。在环境因素方面，培训机构应注重竞争性学习环境的营造。理论与实践表明，竞争是个体与生俱来的心理特点，这种心理特点很容易产生一种驱动力，促进个体为实现自身利益或偏好产生内生性行为。与此同时，个人的水平能力会随着外界环境变化而不断发展。基于此，培训机构应从外在环境的创设着手，建立相应的竞争机制，激发学员的学习动机。如培训机构可以运用学员的竞争心理，设置一些对抗式项目，通过小组竞赛，激发学员的参训动机与潜能，提升其学习效率。

第二，提升学员自信水平，增强自我效能感。自我效能感对培训效果有显著性正向影响。那么，在明确培训动机对培训效果的作用机理的基础上，通过有效干预，增强培训学员的自我效能感，对培训效果的提升意义重大。由于自我效能具有一定的可塑性，相关经验、他人的说服等均会影响培训效果。基于此，应从以下几方面提升学员的自我效能感。一是制定合理的培训目标。合理的培训目标能够使学员产生更多的成功经验，对自我效能感的提高有一定帮助。二是在教学过程中使学员参与策划、组织等，使"主体—客体"的培训变为"主导—主体"的培训，让学员从培训的客体变为培训的主体，充分发挥其主观能动性，增强其信心。三是对学员行为的评价应采取多样化的评价指标，与此同时，增强鼓励行为，提升学员的自信心。四是引导学员合理地归因。对于学员行为结果的归因，应强调学员的努力而不是能力，只有这样，才能提高学员的主体意识，激发其上进心和求知欲。五是利用榜样示范法激励学员。如培训机构可以宣传以往通过努力取得成功的优秀学员事迹，激励后来学员努力学习，并通过讲述他们的事迹提升学员的自我效能感。

（二）基于培训项目设计方面的建议

第一，创新培训内容，寻求多样方法。培训的内容应具有一定意义和新意。有意义的培训要求培训内容要平衡社会与学员的需求。因此，培训机构应加强培训前的背景评估，根据学员的个人发展和实际工作需要设计培训内容，确定培训目标。一是在开展培训前可以对学员进行能力分析，对其所欠缺的能力进行培训。二是技术更新已成为产业升级的基点，培训内容应具有时效性，且能够反映目前行业领域中的前沿动态。三是课程设计要全面。培训机构课程设计应以培育"技能＋素质"双优型人才为依据，大量创设理论课、实践课及就业课等，确保学员素质与能力的双优发展，提升学员的市场适应力和市场竞争力。

第二，培训机构应创新培训方法，注重培训形式的新颖性，吸引学员全身心投入学习过程中。与其他教育活动不同，职业培训不仅注重基础知识传授，也关注操作技能训练。基于此，应采取诸如实践培训、专题讨论等培训方法，授课过程注重"边想边讲边练"，提升学员发散性思维能力与实际动手能力。

第三，加大师资投入力度，提升师资水平。与其他领域教师不同，职业教育所需的教师是拥有一定理论知识和实践能力的"双师型"教师。基于此，培训机构应注重师资水平的提升。一是培训机构应将讲师的选聘纳入培训体系中。调研发现，培训机构名师效应较为明显，如因某培训机构的老师为职业技能大赛冠军，学员在课堂中会表现出较强的学习热情。因此，当名师汇聚、各显神通时，会提升教学质量，为培训机构树立良好的口碑。二是机构应加大师资培养力度，对培训讲师进行专业培训，丰富教师专业理论知识和培训技巧，让其能够以创新有趣的方式向受训者传授知识和技能。三是培训机构应注重讲师考核制度的建立。如考察其教学态度、课前准备、培训水平以及专业知识和技能，及时更新培训讲师的知识结构，提升其综合素质与能力。

（三）关于组织因素方面的建议

第一，创设培训环境，提升服务质量。组织内部环境是培训实际发生的物理环境、管理环境和情感环境。实证研究表明，提升学员对培训机构的感知，即改善培训机构环境、提升服务质量，能在一定程度上增强民办职业培训机构的培训效果。一是民办职业培训机构应注重改善实践场地、教学多媒体甚至是装潢设计等美观舒适的物理环境，努力提升学员对培训机构的服务感知质量，提升其学习的积极性。二是培训机构应加强组织人员培训管理，注重情感环境的培育，以提升学员的感知价值。如在培训前发布相关培训信息；培训过程中及时处理学员对培训活动的相关意见；培训结束后增强跟踪服务工作，不断改进服务质量，维护良好的客户关系。三是培训机构应认识到学习氛围的重要性，加强学习支持服务体系，加强师生、生生之间的学习与交流，拓宽学员与机构的交往渠道，构建职业培训独特的学习共同体，为学员营造一个相互学习、相互竞争而又积极协作的心理氛围。只有创设这样愉快良好的环境，才能提升学员学习效率。

第二，科学定价，提升培训产品性价比。与公办培训机构不同，民办职业培训机构开展职业培训的一个重要诉求是赢利，学员学费的高低直接影响其办学收益。但在办学吸引力、产品竞争力尚且不足的艰难处境下，严格按照市场需求、产品的特点、品牌定位以及受训学员支付能力等合理定价，提高培训产品和服务的性价比至关重要。基于此，培训机构应针对不同的群体，结合产品的特点，以市场价格为基准，科学定价。一是培训机构应科学地确定产品定位。明确培训产品的目标群体，分析其消费心理与支付能力，科学定价。二是着眼于品牌战略和用户体验。随着职业培训行业的迅速发展，如何提升竞争力，在培训市场中占有一席之地，成为培训机构发展的重点。有不少培训机构为吸引顾客，会降低成本，着眼于品牌建立，关注学员体验。但此策略在实施过程中需要严格保证培训质量，使学员获得满意的体验。三是把握价格与价值的关系，提升产品的性价比。培训机构的产品价格很大程度上受市场的宏观调控、相关部门的指导以及自身运营成本的控制。在此基础上，如何吸引学员，提升办学竞争力，需要考虑如何提升培训的价值。价值决定价格，价格反映价值，在价格不变的情况下，提升产品吸引力的重要策略便是提升学员对产品的感知价值，而感知价值的提升需要培训机构增强附加值，如提升培训的服务水平等。

第三，加强品牌宣传力度，增强办学知名度。实证调查发现，培训机构的口碑形象、美誉度等均对培训效果产生重要影响。因此，培训机构培训效果的提升也应重视这些因素。随着品牌经济的不断发展，树立品牌理念、建设品牌形象、塑造品牌内涵已逐渐成为民办职业培训机构跨越式发展的关键点。品牌化建设是一个长期的过程，涉及培训机构的教学质量、师资力量、就业口碑等方面。通过调研发现，对民办职业培训机构而言，加大宣传力度、提升培训机构的品牌知名度意义重大。一是在信息不对称的情况下，培训机构应加快利用自媒体平台，扩大培训信息覆盖的广度。培训机构应在项目实施期间抓住特色活动、专题报道，将培训特色、优势同快手、抖音、火山小视频等新媒体技术相结合，使培训信息更加透明公开，启发更多的潜在受众，提高机构在业界和社会的知名度。二是培训机构应将口碑相传作为营销手段。从对学员和管理者的访谈结果得知，传统的宣传模式会更有效，如接受过培训的学员如果对机构的满意度较高，他们更愿意向周围人推荐，且更容易获得其他潜在客户的信任。

第二节 民办职业培训机构培训效果之影响因素模型构建

一、培训效果影响因素模型的确立依据

民办职业培训机构培训效果影响因素模型的确立主要借鉴已有的理论模型，如柯氏四级培训效果评估模型、Baldwin&Ford 三维培训成果转化模型和欧洲客户满意评估模型（ESCI）以及其他相关实证研究成果。

（一）影响因素模型确立的理论依据

第一，柯氏四级培训效果评估模型。1959 年，Kirkpatrick 提出"反应、学习、行为、结果"四层级培训评估模型，这四个层级是评估培训项目效果时所运用的一系列方法。"反应"层评估的是参训学员对培训的评价和所持态度，即通常意义上的"满意度"测量。主要是对讲师培训方式、讲课技巧、课程内容设计反应和感受以及是否在将来的工作中能够用到所学的知识和技能等进行评估。"学习"层涉及培训使学员能够在多大程度上实现态度的转变、知识的扩充或技能的提升等相应的结果。"行为"层评估的是学员在进入工作岗位后把所学知识和技能运用到实际工作中的程度。"结果"层评估的是机构通过培训项目后的最终绩效，考察其是否改善了质量，减少了员工流失，增加了利润，企业状况是否因此得到很好提升等。

第二，Baldwin&Ford 三维培训成果转化模型。1988 年，Baldwin&Ford 提出培训成果转化模型，主要包括三个环节：培训输入、培训输出及迁移条件。培训输入包含受训者特点（能力、个性、动机）、培训项目设计（学习

环境、教材编排顺序、培训内容）、工作环境（上级及同事的支持、技术支持、执行机会）三个核心指标，且均会影响培训的输出环节（学习与保持），而受训者特征和工作环境则直接影响学员对所学知识与技能的转化情况（迁移效果）。其中受训员工特点对培训效果的影响是最根本的，其与工作环境对培训效果的影响是直接的。[①] 此外，该模型主要关注的结果分别是学习、个人绩效与组织业绩，且这三个结果之间也存在明确的因果关系，即学员可以将受训时所学知识应用到实际工作中，使个人绩效得到提升，进而改善组织绩效。

第三，欧洲顾客满意模型（ESCI）。如柯氏四级评估模型所指，学员学习后的"反应"即学员"满意度"直接影响培训效果，那么，影响学员对培训机构满意度的相关因子将会对培训效果产生影响。因此，顾客满意度相关理论研究将成为分析民办职业培训机构培训效果影响因素的重要理论基础。欧洲顾客满意模型（ESCI）认为品牌形象感知质量等基础因素会影响客户的感知价值、顾客的满意度及客户忠诚度。其中，感知质量由硬件（产品）和软件（服务）构成。

（二）影响因素模型确立的实证基础

目前，培训效果影响因素的实证研究主要从个体影响因素、组织环境与培训项目设计三个维度展开，且集中于企业内部实训。

第一，个体影响因素相关研究。职业培训过程中学员作为知识的重要承载体，直接影响着培训的效果。相关研究表明，职业培训效果除了与个体的性别、年龄、学历、工龄等人口统计变量相关外，一定程度上还受个体特征因素如能力、认知策略、认知风格、动机与自我效能等的影响。（1）个人能力直接影响个体学习接受的程度，进而影响培训效果。Robertson 和 Downs

---

① 王鹏、杨化冬、时勘：《培训迁移效果影响因素的初步研究》，载《心理科学》，2002 年第 1 期，第 69~72 页、第 127 页。

研究发现，参训者的个人能力可以解释培训效果差异的 16%。^①学习能力强的学员往往能更快、更顺利地完成培训任务，取得更好的培训效果。^②（2）培训动机能够激发、促进个体的学习热情，影响培训效果。培训动机是激发与维持学员参加培训学习并使其朝着既定学习目标努力的心理倾向或内部驱动。培训动机主要通过以下两种方式影响培训效果：一是直接影响学员学习的效果。在培训过程中，受训者个人的培训动机越高，说明其对培训越认可和重视；在培训中越有收获，其满意度也就越高，培训后也越想将培训所学运用到工作实际中，对工作也会产生更大的价值。^③二是培训动机是影响培训效果的中介变量。如培训动机在培训内容、组织氛围、培训讲师与培训效果的关系中起着完全中介作用。^④（3）自我效能感通过影响个体参与培训的信心影响培训效果。随着认知学习理论的不断发展，研究者们逐渐关注到自我效能感对培训效果的影响，并主要分为以下两种路径：一种路径是自我效能感影响完成培训任务时的积极性与培训动机，继而对培训效果产生影响。该研究路径强调自我效能感是个人行为动机的具体体现，自我效能感通过对内部和外部动机产生影响，对学员个人行为产生间接的促进作用，并影响培训效果。另一种研究路径是自我效能感会与学习目标导向、成绩趋近目标导向这些与培训结果具有积极预测作用的变量产生作用，并能通过它们对培训效果产生影响。^⑤（4）个体认知风格通过影响个体对培训知识的理解和信息的加工，影响培训的效果。实证研究表明，个体认知风格的差异体现在不同培训方式的设计和选择上。如场依存认知风格的人更加适合有团队成员共同

① Robertson Ivan, Downs Sylvia. Learning and the Prediction of Performance: Development of Train Ability Testing in the United Kingdom, Journal of Applied Psychology,1979(01):42-50.
② 王镇江：《外来务工人员管理培训效果及其影响因素实证研究》，华东理工大学 2015 年硕士学位论文。
③ Goldstein I.L, Rouiller J.Z. The Relationship between Organizational Transfer Climate and Positive Training, Human Resource Development Quarterly,1993(04):377-390.
④ 辛梦维：《家庭医生培训效果的影响因素研究》，东华大学 2017 年硕士学位论文。
⑤ 林源：《浅析影响企业培训效果的心理学因素》，载《石油教育》，2006 年第 4 期，第 32~35 页。

参与、体验和行动的培训形式，而场独立型学员则更加适合辅导类的学习方式。在培训过程中，当学员的认知风格与培训课程的本意产生矛盾时，会影响到培训课程的效果。[①]Witkin（1962）在研究师生风格匹配问题时提出，当培训师认知风格与学员认知风格特别是与场依存型学员的认知风格相匹配时，师生之间易建立一种富有人情味的教学环境，通常可以取得良好的培训效果。此外，场依存型认知风格相对于场独立型认知风格，在学习效果上具有明显的优势。[②]

　　第二，组织环境影响因素相关研究。培训机构组织环境是指所有潜在影响组织运行和组织绩效的因素或力量，既包含培训活动所处的社会大背景，又包含实施培训的具体教学环境等。培训活动的开展依赖于组织、作用于学员，培训效果必然直接或间接地受到组织环境因素的影响。学界对培训效果组织环境方面影响因素的研究主要从内部与外部环境展开。（1）组织内部环境通过影响受训者的学习主动性，影响其培训效果。通常情况下，组织内部环境是培训实际发生的物理环境、管理环境和情感环境。不同梯次的中长期培训更接近于一个培训实体，往往会形成一种独特的组织文化，这种文化来源于以下方面：一是培训者的主导。这与培训班主任或管理者培训管理模式密切相关。二是学习氛围。学习氛围的产生来源于学员学习的动机、态度、信念以及努力程度等。三是群体促进效应。当群体中的某些成员不断努力学习时，会对周围人产生一种压力，促使其做出同样的行为。相关研究也表明，组织文化、竞争、革新[③]以及组织对培训的重视程度、奖励状况[④]等，

---

① 杜峰：《企业人力资源管理培训效果影响因素分析》，载《人才资源开发》，2017年第16期，第187~188页。

② 邹寄燕：《学习风格对体验式培训效果影响的理论与实证研究》，江苏大学2010年硕士学位论文。

③ 吴怡、龙立荣：《培训迁移影响因素研究述评》，载《心理科学进展》，2006年第5期，第749~756页。

④ Yamnill S，Mclean GN.Theories supporting transfer of training，Human Resource Development Quarterly，2001（02）：195-208.

均会影响培训学员学习的主动性，影响培训效果。此外，组织作为一个培训实体，培训的环境舒适度、场地及设施条件、口碑、知名度、价格合理性、培训后勤服务等物质环境、管理环境及情感环境，也直接影响学员的学习体验与感知价值，并在一定程度上影响培训的满意度，进而影响培训效果。（2）社会与行业外部组织环境直接影响机构的办学状况，并对培训机构培训效果产生影响。学员参与培训的主要目的在于提升自身专业技能，以满足岗位之需。职业培训作为准公共产品，随着智能时代发展而不断发展，随国家经济环境、就业政策等的变化也在不断发生变革。因此，了解市场需求，紧跟国家政策，对提高学员就业率、增强学员培训满意度、提升机构培训效果具有重要的意义。相关学者也提出国家政策制度、政策宣传度[①]以及市场因素[②]等均会对培训机构培训效果产生影响。但与个人特征和培训项目设计因素相比，该因素难以量化，因此，相关研究往往游离于培训机构发展问题的相关分析中，学者们往往是定性地探讨此类因素。

第三，培训项目设计影响因素相关研究。培训项目设计是保证培训顺利实施、提升培训效果的关键环节。梳理文献发现，职业培训项目设计主要包含培训内容设计、培训师资配置、培训的方式方法及培训时间等。（1）培训内容作为培训活动的核心，直接影响着培训的效果。当培训内容与学员的培训需求接近时，学员会对培训内容产生极大的兴趣，倾向于将所学应用到工作中。如果培训内容对学员没有较大的吸引力，学员对职业培训就会产生抵触，在培训意愿上将会产生负面影响。（2）培训方法的选择通过影响学员的学习动力来影响培训效果。有研究者认为，课堂教学法是一种培训效果较好的教学方法，但也有研究者指出，这种方法虽然方便快捷，可以较少的时间传授较多的知识，但无法激发受训者的学习动力，互动性不强，受训者的

① 傅雪梅、庄天慧：《成都市新型职业农民培训模式及其效果影响因素》，载《贵州农业科学》，2016年第1期，第171~176页、第181页。
② 陈立旦：《农民工职业培训效果影响因素与对策研究》，载《成人教育》，2010年第11期，第28~30页。

参与积极性也不高，最终导致培训效果也不好。[①]事实上，培训方法对培训效果的影响与培训学员的个性特征，如认知风格、性格等相关。(3)培训讲师作为培训活动的重要组织者，其个人能力、专业素质与相关经验直接影响培训效果。如部分学者提出讲师的授课能力与课堂控制能力，讲师的工作态度、责任心、沟通技巧、授课风格、个人魅力，以及讲师处置知识和材料的充分性[②]、讲师是否有相关实践经历等，均会影响培训效果。其四，培训时间成为培训效果的重要影响因素。主要体现在培训时间安排、培训时间管理和培训时间长度上。

二、民办职业培训机构培训效果影响因素模型解析

(一)影响因素模型的确定

根据上述理论与实证分析，结合民办职业培训机构的实际情况，探索性地提出由 3 个层级、4 个维度及 17 个二级指标所构成的"民办职业培训机构培训效果影响因素模型"(如图 12-2)。具体构建思路如下：

第一，本研究将个体人口统计学变量作为培训效果的影响因素。如学员的性别、年龄、学历、工龄等。相关研究表明，年龄与学习动机之间应是反 U 型关系。随着年龄的增长，个体的成熟度逐渐增加，会有更高的环境适应性和学习动机，也会产生良好的学习效果。而普遍规律表明，随着年龄的增长，个体的学习能力逐渐下降，对培训活动的参与度逐渐降低，不愿意尝试新的培训方法，此时，培训效果与受训者的年龄呈负相关。[③]此外，就性别而言，因培训内容不同，性别与培训效果的关系呈现出相关性或不相关性。

---

① 洪道蓉：《基层公务员培训效果影响因素实证研究》，南京农业大学 2016 年硕士学位论文。

② 李艳娟：《基于人岗匹配的企业培训评估效果影响因素研究》，南京师范大学 2011 年硕士学位论文。

③ 马识途：《影响培训效果的个体和环境因素研究》，载《经济与管理研究》，2008 年第 8 期，第 73~76 页。

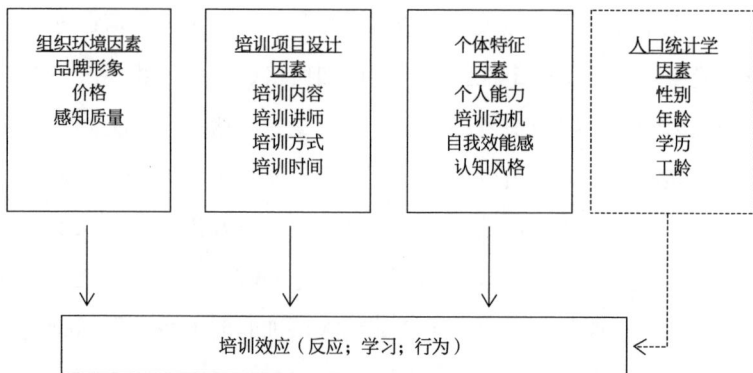

图 12-2 民办职业培训机构培训效果影响因素模型

如在农业技术培训中，男性的培训效果会明显高于女性，此时，性别将作为影响培训效果的重要变量。但在其他项目培训时，年龄可能不会对培训效果产生影响。基于此，人口统计学变量在影响培训效果时呈现出不稳定性的特征，在模型中用虚线表示。

第二，培训机构作为实施培训的第三方组织，研究其培训效果不涉及工作环境，所以本研究在借鉴 Baldwin&Ford 模型时仅保留"受训者特点"（即个体因素）和"培训项目设计"两个维度。此维度下二级指标主要根据 Baldwin&Ford 模型以及影响因素个体层面相关研究确定。其中，"个人因素"维度下保留了"个人能力"与"培训动机"，又补充了"自我效能感"和"认知风格"两个指标。

第三，组织环境因素相关指标主要来源于顾客满意度模型。该满意度模型中"感知软件质量"即服务产品的质量，如讲师、培训内容等与培训项目设计相关指标有所重合，所以，本研究的组织环境维度下"感知软件质量"不包含"师资、课程内容"等指标，仅包含培训机构的附加服务。另外，从中国国情来看，价格是影响中国大众消费的重要指标，应被考虑在内。因此，本研究将影响学员培训满意度的指标确定为"品牌形象""价格"与"感知质量"。

第四，培训效果方面主要选取"反应""学习"与"行为"三个分析层面。柯氏四级评估模型的落脚点在于能否为组织带来经济效益，本研究以民办培训机构作为研究对象，不涉及对工作组织单位绩效进行考量，因此，培训效果主要选取"反应""学习""行为"，对"结果"不予考虑。此外，由于很难检测学员是否能够运用培训所学知识，本研究的"行为层"用"学员愿意运用所学知识"加以代替，并假定学员"认为或愿意"将所学知识与技能转化为相应的态度与行为，便能够产生相应的态度与行为。因此，本研究使用的培训效果操作定义是学员能学到所传授的知识，并愿意在工作中加以运用，且能够产生行为与态度的转变。

（二）影响因素模型的机理分析

本研究将从"反应""学习"与"行为"三个层级衡量培训效果，从"个体特征""培训项目设计"与"组织环境"三个维度探讨影响效果的关键因素。上述各维度的具体指标是如何作用于培训效果的各层级的呢？本研究尝试从理论层面探讨各维度指标作用于各层级的内在机理（如图12-3）。

第一，个体特征因素对培训效果的影响主要体现在"学习"和"行为"两个层面。（1）个人能力是基础。个人能力指个体顺利完成某项任务所必需的条件，它决定着学员对所学内容的接受、学习和转化能力。其中，接受和学习能力决定了学员对知识的理解与接受程度；转化能力是学员在日常工作中对所学知识的运用能力，即将所学知识转化到工作中的能力。理论研究表明，当个人能力较强时，他通常能很好地学习，尤其是学习复杂、艰巨的内容。能力强的学员也会更主动地将所学知识应用到具体工作中，以便更好地保持和提高工作绩效水平。正如Baldwin&Ford所解释的那样，无论是输入还是转化角度，学员个人的能力均能影响培训效果。（2）个体培训动机与自我效能是刺激因素。培训动机是个体接受培训的内在驱动力，并能在一定程度上影响其培训的参与度。驱动力来源于需要，当需要达到一定强度并且存在相关途径可以被满足时，需要才能转化为动机。成人学习理论相关研究指出，成人具有实用主义学习倾向，即对直接与工作或生活相关的主题感兴

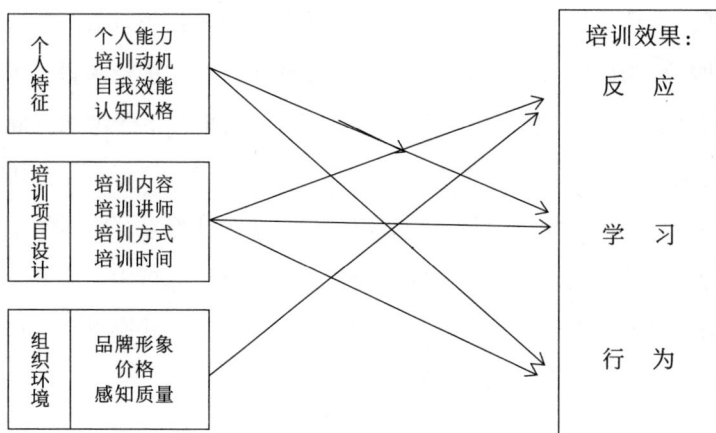

图 12-3 培训效果与影响因素内在机理图

趣,当学习主题与内容可应用于其工作或其他有价值的实践活动时,他们才有学习的动力。[①]对培训学员而言,只有当培训内容满足自身工作需要时,他们才会产生较高的学习动机。相应地,会对知识和技能的学习、迁移保持较高热情,并愿意将所学知识应用到工作中。班杜拉的自我效能理论认为,自我效能是个人对自己在特定情境中是否有能力去完成某个行为的期望。学员的自我效能是指学员相信自己有能力掌握学习知识与技能的知觉和信念,这种知觉与信念以一种特殊的方式影响学习者学习。一方面,自我效能影响学员在培训过程中的努力程度和坚持性。自我效能感程度高的学员会全力参加培训项目的学习,即使在不利于学习的环境中,如嘈杂的培训教室,他们也最有可能坚持下去,且有强烈的愿望学习培训内容,并将所学内容应用到实际工作环境中去。另一方面,自我效能感影响员工培训过程中的思维模式和情感反应模式,自我效能感低的学员参与培训时,会否定自身能力,并放大学习难度,关注失败以及失败所带来的后果,而不是如何努力实现目标,当然更不可能把已学知识应用到实践中去。(3)认知风格是保障。认知风格

---

① 茹红忠:《影响中小学教师培训效果的三大因素分析》,载《教育与教学研究》,2015 年第 8 期,第 40~45 页。

是个体在感知和加工信息过程中表现出来的习惯模式和偏好方式。[1] 成就动机理论认为，学员的动机行为受到害怕失败的意向与追求成功的意向两种动机的影响，学习型认知风格的学员为了达到成功，倾向于能动地施加多种努力，而不是想方设法逃脱成就活动以避免失败预期[2]，从而有利于内容的掌握和迁移。此外，根据 Woodman、Sawyer 和 Griffin 的人与环境匹配论，当学员个体特征与组织环境相匹配时，学员的行为表现会更好，[3] 在个体与组织匹配的情境中，认知风格是个体差异的重要特征。[4]

　　第二，培训项目设计因素对培训效果的影响表现在"反应""学习"和"行为"三个层面。柯氏四级评估模型强调培训的"反应层"主要测量受训者的满意度。满意度作为个体对产品质量的一种心理状态，直接受到产品质量的影响。民办职业培训机构作为提供技能培训产品的服务型组织，其培训内容、培训师资、培训时间、培训方式会直接影响学员对培训机构的满意度。此外，从学习论的视角来看，一个完整的职业技术培训过程至少包括两个阶段：一是学员的学习与保持阶段；二是学员的应用与维持阶段。[5] 学习与保持阶段是学员学习与消化培训内容的过程，无论是学习内容的呈现还是培训方式的选择，均会影响学员对学习内容的感知与接受。如学习内容的不同呈现方式将直接影响学生对知识的兴趣度与深刻性。心理学实验表明，教学图片及视频对学员的视觉冲击力往往高于文字，因此，在职业技能培训过

[1] Rayner, S., Riding, R..Towards A Categorization of Cognitive Styles and Learning Style, Educational Psychology, 1997, (1/2):5-27.

[2] Vande Walle, D., Cron, W.L., Slocum, J.W.The Role of Goal Orientation Following Performance Feedback, Journal of Applied Psychology, 2001, (04):629-640.

[3] Woodman, R.W., Sawyer, E., Griffin, R.W.Towards A Theory of Organizational Creativity, Academy of Management Review, 1993, (02):293-321.

[4] Brigham, K.H., DeCastro, J.O., Shepherd, D.A.A Person Organization Fit Model of Owner-Managers'Cognitive Style and Organizational Demands, Entrepreneurship Theory and Practice, 2007, (01):29-51.

[5] 陈霞:《学习论视角下教师培训效果的影响因素探析》，载《中小学教师培训》，2014 年第 9 期，第 3~6 页。

程中丰富多彩的培训内容更能影响学员对培训内容的掌握与维持。另一方面，应用与维持阶段是学员实际应用培训所学内容的过程。Baldwin&Ford 提出，成果的转化就是将所学知识加以应用与维持。关于成果的转化，桑代克和伍德沃斯的同因素理论认为，培训成果转化是由培训内容、培训环境和实际工作的相似性决定的，有越高的相似性，就会有较好的培训转化成果。在技能培训过程中，培训机构组织的培训内容、采用的培训方式是否与工作环境相似，直接影响培训成果的转化，即直接影响学员在工作中是否表现出某种行为。

第三，组织环境因素对培训效果的影响主要体现在"反应"层面。欧洲顾客满意模型（ESCI）指出，顾客满意度主要由"品牌形象""感知质量"等原因变量构成。从本质上看，品牌作用的过程就是形成品牌资产并使品牌资产对消费者和组织产生价值的过程。机构的品牌表现、品牌个性及形象会影响顾客的感知价值，进而影响顾客满意度。顾客感知质量是顾客对某种产品或服务所做的抽象的主观的评价。对职业培训机构而言，其课程内容、后勤服务等硬件与软件服务直接影响学员的感知质量，并对顾客感知价值和满意度产生影响。顾客价值是客户得到的利益与付出的成本之间的平衡，和客户满意度一样，属于主观判断，价格成为顾客衡量感知价值、产品满意度的重要标准之一。此外，在情感理论看来，客户情感发生变化时客户满意度水平将会随之发生某些变化。包括培训场地、培训后勤服务在内的感知硬件与软件环境作为学员对培训机构质量的直接感知，直接影响学员的心理感受，进而影响学员对培训的满意程度。基于此，培训机构组织环境直接影响学员对培训的态度与评价，即"反应"。

三、民办职业培训机构培训效果影响因素模型启示

（一）科学制订培训计划，提升培训质量

职业培训作为服务产品，具有生产过程和消费过程的统一性以及培训质

量的事后不可恢复性特点，完备的培训计划直接影响培训活动的效果。因此，开展培训前应做好市场调研和需求分析、课程体系设计、主讲讲师选聘与考核等。

其一，加强市场调研与需求分析，确定培训主题。培训主题的选择是保障培训效果的关键。在大量同质产品存在的情况下，处于弱势状态的民办职业培训机构提升自身吸引力的关键在于提高自身的培训效果，增强产品的说服力。那么，分析自身所处环境，把握自身在动态环境中所面临的问题，掌握同类竞争者的发展态势，并结合自身的优势和特点，确定适合自己的目标客户和培训主题，将成为提升培训效果的第一步，也是关键一步。其二，构建完善的培训课程体系，注重培训内容差异化与个性化水平。只有真正意义上契合客户需求，了解其具体诉求点，才能取得良好的培训效果。基于此，培训项目负责人应组织课程专家围绕主题构建培训课程体系设计，提升培训内容的差异化与个性化。其三，加大师资投入力度，建立教师考核机制。培训讲师是培训活动的授课主体，其个人所具备的能力素质往往影响着学员培训知识的接受情况。知识丰富、诙谐幽默的培训讲师往往能吸引学员的关注，激发其学习的积极性。培训机构只有将讲师的选聘与考核纳入整个培训体系中来，考察其教学态度、课前准备、培训水平及专业知识和技能，才能取得较好的培训效果。

（二）以学员为中心，了解其心理需求

民办职业培训机构作为服务型的社会组织，在培训机制分割的机制下，"以学员为中心"，全面深入地了解受训者心理特征和学习特点，增强自身服务能力与水平、提升培训质量，是获得竞争力的重要路径。

民办培训机构作为一种外界培训组织很容易忽视用工单位的培训需求，孤立地看待培训，割裂受训者的背景与工作需要，把固有的教育观和教育方法套用在学员身上。受训学员大部分是有丰富的生活或工作经验的个体，所处环境往往影响其对培训的态度与观念。诺尔斯将成人学习者描述为自我导

向的学习者、基于已有经验的学习、具有明确的学习需求、以问题为中心进
行学习及学习动机主要来自内部。①因此，培训机构在开展职业培训时应了
解学员个性特征，提高培训质量。其一，考察学员参与培训动机，满足其合
理需求。机构在开展培训过程中应时刻注意学员的行为反馈，了解其内心需
求，考察其参与培训的动机，满足其合理期望。如在教学过程中培训讲师应
针对培训者的实际需求设计培训课程内容，如选择一些难易程度适中、实践
操作性强、具有时效性、能够反映目前行业领域前沿动态的内容。其二，了
解学员的认知风格，因材施教。在培训方法上，受训群体作为相异的个体，
应基于成人的学习已有经验模式和学员的背景差异，了解每个参与者的认知
风格，进而针对不同的学员因材施教。其三，适时激励，提升学员的自我效
能。因自我效能具有一定的可塑性，所以培训讲师在培训过程中应鼓励学员
树立学习的自信心，使其放松心态，在愉悦的心理状态下学习，以提升培训
效果。

（三）加强培训管理，增强学员满意度

职业培训是一项动态系统工程。民办职业培训机构要做好培训工作，改
善培训效果，不仅需要关注培训项目设计因素，还应加强培训管理，如注重
组织环境建设、树立学员合理预期、增强学员感知价值、合理定价等。

其一，加强组织环境建设。民办职业培训机构在改善实践场地、教学多
媒体等硬件环境创设的同时，还应重视软件环境的创设，为学员营造一个相
互学习、相互竞争而又积极协作的心理氛围与组织文化，只有在这样的环境
中才能提升学员学习效率。其二，做好市场宣传和推广工作，树立合理的顾
客期望。Czepiel（1974）提出，衡量顾客对产品的满意度是以比较顾客的
期望和绩效好坏为衡量尺度的，此种衡量尺度隐含的观念是：若产品的绩效

①　雪伦.B·梅里安:《成人学习理论的新进展》，黄健译，中国人民大学出版社 2006 年版，第
8 页。

比顾客的预期要好，则顾客会感到满意；反之，若产品的绩效比顾客的预期要差，则顾客会感到不满意。因此，培训机构在开展培训前应使潜在学员对培训产生较为合理的期望值，以保障培训效果。其三，提高服务水平，提升学员感知价值。民办职业培训机构应增强培训服务意识，在培训前及时发布有关职业技能培训相关信息，并积极开展相关咨询服务，加强学员与机构的联系，拓宽学员与机构的交往渠道；培训过程中及时处理学员对培训活动的相关意见，维护良好的客户关系；培训结束后做好跟踪服务工作，不断改进服务质量，提升培训感知价值。其四，科学定价，提升培训产品性价比。与公办培训机构不同，部分民办职业培训机构开展职业培训的重要目的在于赢利，学员学费的高低直接影响其办学收益。但在办学吸引力、产品竞争力尚不足的办学处境下，严格按照市场规则和学员支付能力调整价格定位，提高培训产品和服务的性价比，使其成为增强培训效果、树立自身品牌的重要抓手。

人口统计学因素对培训效果的影响具有不稳定性，因此，本研究暂不做分析。

第四篇

中国特色职业教育的探索：引进来与走出去

中国职业教育模式及中国职业教育品牌尚未形成，向世界职业教育提供中国经验与中国方案仍旧在路上。近百年来，中国职业教育始终在现代化、特色化及国际化的召唤下摸索前行，既是引进来也是走出去的漫长实践过程。

——笔者按

第十三章　中国现代职业教育百年变迁的历史逻辑
——基于新制度主义视角的分析

　　20 世纪 20 年代，中国职业教育开始走上现代化探索之路，历经百年，取得历史性成就，逐步形成了具有中国特色的现代职业教育体系。截至 2019 年，中国职业院校达 1.15 万所，在校生近 2857 万人[①]，为现代制造业、新兴产业和现代服务业提供了 70% 的新增一线从业人员。中国现代职业教育百年发展的演进脉络是什么？职业教育现代化进程是如何体现制度变迁与路径依赖的？上述问题的回答有助于厘清中国现代职业教育发展的历史脉络与规律，为新时代职业教育改革提供历史借鉴。新制度主义分析范式则为此提供了独特的分析视角和路径。

第一节 文献回顾与理论框架

一、中国现代职业教育的百年发展

　　关于现代职业教育的发端，学界存在两种主流观点：一种认为始于 19 世纪 60 年代洋务运动时期的实业教育。最早可追溯至 1866 年开设的福州

[①] 中华人民共和国教育部：《2019 年全国教育事业发展统计公报》[EB/OL]．http:// www. gov. cn/xinwen/2020–05/20/content_5513250.htm.

船政学堂。洋务运动及维新时期的实业教育处于无序发展状态，清末新政时期进入制度化与规范化发展时期。1902 年《钦定学堂章程》规定实业教育附设于普通教育之中，1904 年《奏定学堂章程》要求设立独立的实业教育体系，使得实业学堂创办有章可循，各级各类实业学堂在中国广泛建立。另一种认为始于 20 世纪 20 年代民国初年的职业教育。1922 年《学校系统改革法》将实业学校改为职业学校，职业教育取代实业教育，正式进入学校教育系统，开启百年发展历史。上述分歧涉及"实业教育与职业教育是否一回事"的问题。实业教育为职业教育发展奠定基础，体现了继承与发展的关系。本研究将 1922 年职业教育正式进入学校教育系统视为中国现代职业教育的百年探索开端。

目前学界关于职业教育百年发展的研究主要从以下方面展开：一是基于历史演进视角，分析职业教育兴衰与新旧教育思想更替（杨金土，2014），探明中国共产党是如何指引职业教育发展的（王扬南，朱俊，2021），或者从历史发展的实践样态与成就中找寻职业教育发展的逻辑路向（朱德全，2021）。二是基于政策文本视角，对百年来职业教育整体政策（马玉玲，2021）或者特定主题，如教师教育政策（胡航等，2014）、高等职业教育政策（李晴，2008）等进行分析。三是基于制度建设视角，对中国职业教育立法（陈久奎，2014）、中职学生资助制度（刘红，2011）的历程与变迁进行回顾等。

总的来说，已有关于现代职业教育百年发展的研究文献较少，且主要集中在政策文本分析、演进历程与制度建设等事实性描述及经验性总结上。因此，如何从百年发展的历史演变中探寻出发展脉络并对变迁逻辑展开深入剖析，显得非常重要，而新制度主义恰好为此研究提供了一个很好的分析框架。

二、基于新制度主义的分析框架

与其说新制度主义是理论，不如说是分析框架或分析范式。20 世纪 90 年代以来，新制度主义以"制度"为核心变量，从历史、结构视角解释制度是如何形成、持续与发生变迁的，形成了"历史分析"与"结构分析"两种范式以及"宏观结构—中层制度—微观行动者"的解释框架（见图 13-1）。

历史分析范式是对制度演进历史进行系统分析，寻找制度变迁的历史性因果关系。以时间为描述序列，将事件放置于历史的"时间之流"，遵循事件发生的历史轨迹，借助历史事实来解读解释制度是如何生成、持续与变迁的。历史分析范式的核心分析工具是"路径依赖"与"关键节点"。关于制度变迁类型，Streeck 和 Thelen 认为，渐进式与激进式制度变迁的二分法无法解释现实中客观存在的、作为稳定和变化的交互作用而导致的制度变迁问题，因此，从过程和结果两个维度，将制度变迁分为适应性再生产、缓慢转型、生存与回归及解体与替代四种类型（见表 13-1）。[1]制度变迁过程可分为制度存续的常态期和制度断裂的关键节点期。制度存续期内，制度变迁遵循路径依赖规律，制度内部因素及制度与环境之间保持着某种平衡。关键节点是制度变迁过程中的断裂期，可能是一个"显著的结构转变时刻"，也可能是一段长久的"政策时期"或"政权时期"。[2]

结构分析范式是寻找制度背后的深层结构即"具有普遍意义的基本因素"[3]，解释制度变迁的历史演进和路径依赖机制。"具有普遍意义的基本因素"可以概念化为宏观层面的政治、经济与文化观念等，其中，制度、利益与观念是关键变量。制度易受持续惯性驱使而强化并产生锁定效应，无法轻易变革，从而导致路径依赖。此外，若要深入理解现代职业教育百年发展历史，还需要从微观行为、中层制度与组织及宏大社会背景三个维度展开分析，即置于宏观的政治、经济与社会文化环境中，依托中观层面的制度与组

---

① Jackson, Gregory. Contested Boundaries: Ambiguity and Creativity in the Evolution of German Codetermination. // Wolfgang Streeck, Kathleen Thelen ed. Beyond Continuity: Institutional Change in Advanced Political Economies [M]. New York: Oxford University Press, 2005:9.

② COLLIER R B, COLLIER D. Shaping the Political Arena Critical Junctures, the Labor Movement, and Regime Dynamics in Latin America[M]. New Jersey: Princeton University Press, 1991: 27-39.

③ 周光礼：《公共政策与高等教育》，华中科技大学出版社 2010 年版，第 123 页。

织，观察微观层面的行动者互动、制约等具体表现，对制度产生、存续与变迁做出合理的科学解释。

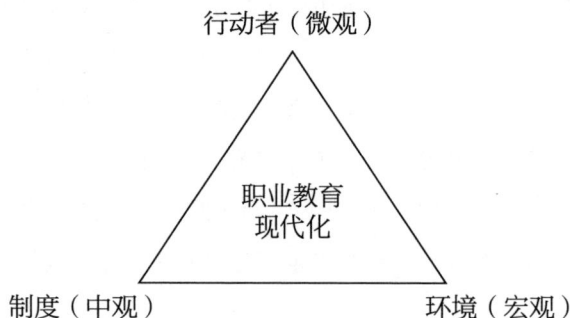

行动者（微观）

职业教育
现代化

制度（中观）　　　　　　　　　　　环境（宏观）

图 13-1　职业教育现代化的三角解释框架

表 13-1　制度变迁类型

变迁过程	变迁结果	
	连续性	非连续性
渐进式变迁	适应性再生产 （reproduction by adaptation）	缓慢转型 （gradual transformation）
激进式变迁	生存与回归 （survival and return）	解体与替代 （breakdown and replacement）

资料来源：Streeck & Thelen，2005.

第二节　扫描：中国职业教育现代化的演进历程与发展轨迹

一、演进历程

新制度主义主张解释社会现象时将焦点放在结构化因素即制度上，并置于具体的历史情境中加以考察，从而提供描述性、解释性与建构性意义。自

1922 年新学制确立职业教育制度以来，职业教育历经多次变革，依据关键节点可划分为现代职业教育探索期、发展期及改革期三个历史时期。

（一）探索期（1922—1977）：借鉴基础上的本土化探索

1922—1977 年是中国职业教育由传统转向现代的探索时期，在借鉴美国、德国、苏联职业教育模式基础上，开启本土化探索，职业教育逐步向制度化与规范化方向发展，经历了初创探索阶段和改革受挫阶段。

第一，1922—1949 年是现代职业教育初创探索阶段。1922 年、1932 年是两个关键性时间节点。1922 年，《学校系统改革法》（也称《壬戌学制》）的出台标志着职业教育取代清末实业教育，正式出现在学制系统中，职业教育进入探索时期。这一时期的职业教育承袭美国模式，没有设立单独的职业教育系统，在普通学校以"分科选科"形式开展职业教育活动。初等职业教育在小学高年级实行，增设职业准备课程；"初级中学兼设各种职业课，高级中学分农、工、商、家事专科"①，职业教育在层次上属于初等、中等教育。新学制的确立加重了职业教育在学制系统中的地位和比重，在职业教育与普通教育之间架起沟通的桥梁，体现中学教育兼具升学和就业的双重职能。1932 年《职业学校法》《职业学校规程》等法案出台后，综合中学制被废除，职业教育逐步自成体系，由专门的职业学校实施，以单科设置为主；职业教育获得规范发展，逐步确立起一个从初等、中等到高等职业教育，从职业学校到职业补习班、职业培训班等在内的多层次多类型多元化的职业教育制度体系。直至中华人民共和国成立前，尽管职业教育经历了发展—高潮—衰落—再发展—再衰落等阶段②，总体来说，职业教育通过小规模适应累积，从依附于普通教育发展到自成体系，职业教育机构数量增长，各类型职业教育逐渐获得均衡发展，标志着中国职业教育基本实现了制度化和规范化，开

① 吴洪成等：《中国近代职业教育制度史研究》，知识产权出版社 2012 年版，第 1 页。
② 新城：《近代中国教育思想史》，福建教育出版社 2007 年版，第 158~159 页。

始中国化与本土化探索。

第二，1949—1966 年是职业教育改革受挫阶段。20 世纪 50 年代是关键性时间节点，政府重视中等专业技术教育的建设和发展，在学习苏联经验中开始职业教育的创新思考与探索：一是新中国技术技能人才供给严重不足，人民政府对旧时教育进行接收、改造与结构性调整，将高级职业学校改办成中等技术学校，开设技工学校，到 1956 年，中国技工学校为 212 所，中等专业学校 755 所；[①] 全面实行高等院校院系调整，原设专科学校基本停办或改办，除一部分撤销外，大多数拆并到本科院校或改办中专。至 1958 年，全国仅剩高等专科学校 10 所，高等职业教育发展受到重创。[②] 二是各类中等职业院校在调整中获得发展。中华人民共和国成立之初，职业院校远远少于普通院校，技能人才培养严重不足，随着国家两个五年计划的实施，职业教育的工农兵建设成为该时期的重点任务。在国家引导与支持下，各种类型的农业中学、中等专业学校、技工学校及短期职业技术培训班涌现并得到空前发展，随着 1958 年"两种教育制度，两种劳动制度"的提出，半工半读学校逐渐举办，并得到发展，1965 年达到 7294 所 126.65 万人，与此同时，技工学校、中专和农村职业高中人数达到 143.5 万，占高中阶段总人数的 52.3%，达到中等职业教育发展的高峰期。[③] 三是逐步确立以地方分权为主的行政管理体制。职业学校由国民经济的相关部门来管理，《关于整顿和发展中等技术教育指示》（1952）指出各类中等技术学校"由各级人民政府的教育部门与各有关业务部门分工领导"，即实行归口的行业部门管理。《关于教育事业管理权力下放问题的决定》（1958）强调"教育事业必须要改变过去条条为主的管理体制，调整中央与地方的管理权限，加强地方对教育事业的领导管

---

① 万卫：《混合所有制职业院校兴起》，载《职业技术教育》，2017 年第 12 期，第 42~47 页。

② 杨金土：《20 世纪中国高职发展历程回顾》，载《中国职业技术教育》，2017 年第 9 期，第 5~17 页。

③ 王平：《新中国成立以来中国学徒制政策的演变、问题与调试》，载《教育与职业》，2015 年第 22 期，第 13~17 页。

理"；职业中学、一般中等专业学校和各类学校的设置和发展由地方自行决定。因此，中等职业教育的管理体制演变为管理权限下放，实行分级管理。

第三，1966—1977 年是职业教育停滞乃至倒退阶段。关键节点是1966—1976 年的"文化大革命"时期，职业教育遭到毁灭性破坏，这是职业教育制度的断裂时期。1966 年《中共中央关于无产阶级文化大革命的决定》颁布，标志着"文化大革命"拉开序幕，职业教育发展陷入滑坡。"文化大革命"期间，职业教育被看作资本主义性质的教育，半工半读"就是资产阶级的职业学校"，"两种教育制度"就是"资产阶级国家的'人才教育'和'劳动者教育'的'双轨制'的翻版"[①]，使得半工半读的职业学校、农业学校、技工学校大多停办或转为普通中学，中等教育结构呈现单一化局面，职业教育体系遭到严重破坏。与此同时，职业教育师资严重流失，在校生数量大量缩减。1977 年，中国普通高中毕业生 726.1 万人，中专毕业生 18.1万人，技工学校毕业生 12 万人，后两类仅占高中阶段毕业生总数的 4%。[②]随着拨乱反正，部分学校逐渐恢复办学，中等技术学校及技工学校开始恢复，但是，半工半读学校、职业中学和农村职业中学一直没有招生，农村职业教育受到毁灭性打击，直到 1980 年才艰难恢复。

（二）发展期（1978—2005）：本土化重构

改革开放后，中国经济蓬勃发展，社会和谐稳定，职业教育获得很大发展空间。这一时期是中国现代职业教育制度确立，并自主探索进行渐进性修订和调整，经历了现代职业教育制度确立期和深化改革期。

第一，1978—1992 年是现代职业教育制度确立阶段。20 世纪 80 年代是关键节点，是中国职业教育进入制度恢复与重建，职业教育开始蓬勃发展的起步阶段。这一阶段的主要特点是调整中等教育结构，初步探索职业教育

---

① 师延红：《打倒修正主义教育路线的总后台》，载《人民日报》，1967 年 7 月 18 日。
② 杨明：《应试与素质——中国中等教育 60 年》，浙江大学出版社 2009 年版，第 81 页。

体系。一是《关于中等教育结构改革的报告》（1980）和《关于教育体制改革的决定》（1985）明确"中等教育改革主要是改革高中阶段的教育，实行普通教育与职业教育及全日制学校与半工半读学校、业余学校并举的方针"，"将部分普通高中改办为职业（技术）学校、职业中学、农业中学"，改革普通高中课程，逐渐增设职业技术课程。二是《关于教育体制改革的决定》明确指出，发展职业教育要"积极发展高等职业技术学院，逐步建立起一个从初级到高级、行业配套、结构合理又能与普通教育相互沟通的职业技术教育体系"。伴随着现代化建设对高层次人才的需要以及高考政策恢复，各地开始探索高等职业教育，恢复专科教育，试办各种短期职业大学，积极开展成人中等职业教育，职业教育从学历教育为主转向学历与非学历教育并重。三是调整职业教育管理体制，进一步下移管理职权。《中共中央关于转发全国劳动就业会议文件的通知》（1980）规定，"在管理体制上，中等专业学校和由普通中学改建的职业学校，以教育部门为主，劳动部门配合；技工学校（包括普通中学改建的）和各种职业训练班以劳动部门为主，教育部门配合"，奠定了职业教育由教育部门与劳动部门共同管理的格局。《中共中央关于教育体制改革的决定》指出，"中职主要由地方负责，中央各部门办的这类学校，地方也要予以协调和配合"，奠定了地方政府在职业教育管理工作中的基础性作用；《国务院关于大力发展职业技术教育的决定》（1991）指出，"发展职业技术教育主要责任在地方，关键在市、县"，将地方政府的职业教育管理职责具体到市、县一级，充分肯定了市、县政府的作用。[①]

第二，1993—2004年是现代职业教育制度深化改革阶段。20世纪90年代末至21世纪初是关键时间节点，系列法律法规的出台将职业教育纳入规范化、制度化发展轨道，标志着职业教育进入有章可循的规范时期。但是，伴随着市场经济改革深化，国家对职业教育的政策支持力度有所下降，职业

---

① 王立祥：《中国职业教育管理体制的历史嬗变及改革方向》，载《职业技术教育》，2011年第19期，第51~54页。

教育达到辉煌后有所滑坡，呈现出波动中探索前行的特征。这一时期职业教育获得全面发展，具体表现为：一是中等职业教育在规模缩减基础上注重质量提升。《中国教育改革和发展纲要》（1993）指出，"有计划地实行小学后、初中后、高中后三级分流……大部分地区以初中后分流为主，大力发展中等职业教育"。中等职业教育招生数量于 1996 年达到新高，高中招生人数中职教学生比例达到 57.6%。但是，由于产业结构调整、就业环境趋紧以及高等教育扩招引发的"普招热"，中等职业教育因不能适应市场驱动与用人单位需要，再次陷入滑坡。与此同时，国家开始关注质量发展。《关于开展国家及重点职业高级中学评估认定工作的通知》（1995）指出"要集中力量建设一批办学水平较高的职业高级中学"，中等职业教育进入质量提升新阶段。二是高等职业教育获得快速发展，地位显著提升。伴随着产业结构变化对人才需求在层次、结构、规格上的大幅提升，发展高等职业教育成为缓解人才需求结构失衡的必然选择。1994 年第二次教育工作会议召开，提出实施"三改一补"政策，即对现有的高等专科学校、短期职业大学和独立设置的成人高校进行改革、改组和改制，并选择部分符合条件的中专改办为专科层次职业院校。2002 年，全国职业教育工作会议提出"扩大高职教育规模"，高等职业教育异军突起，获得跨越式发展。据统计，2003 年高等职业教育与普高本科在校生比为 52.57%[1]，逐渐占据高等教育领域的"半壁江山"。三是农村职业教育得到重视与发展，促进农村剩余劳动力的转移，服务于农村经济的全面发展及阻断贫困成为这一时期农村职业教育主要目标。《国家八七扶贫攻坚计划（1994—2000 年）》（1994）要求教育部门要积极推进并加强贫困地区成人教育和职业教育的改革与发展，大力开展职业教育和技术技能培训，使大多数青壮年劳动力至少掌握一门实用技术。《关于加快中西部地区职业教育改革与发展的意见》（1998）指出"实行三教统筹，大力发展多层

---

[1]　国家统计局国民经济综合统计司编：《新中国五十五年统计资料汇编 (1949—2004)》，中国统计出版社 2004 年版，第 71 页。

次多形式的职业教育……把办好农村职业教育，特别是农业职业教育放在十分重要的位置"。《关于进一步加强职业教育工作的若干意见》（2004）指出，每个县要重点办好一所中等职业技术学校或职业教育中心。《2003—2007年教育振兴行动计划》指出，大力发展农村职业教育，实施"农村劳动力转移培训计划"，对进城务工农民进行职业教育和培训。此外，中国政府提出"农村劳动力转移阳光工程""农村实用人才培训工程"等。这一时期农村职业教育与培训为加快"三农"工作，促进农村劳动力转移及新农村建设做出重大贡献。四是职业教育管理权逐渐下移。随着原有部属职业院校由中央划归地方，职业教育办学重心下移，管理责任也逐渐下放到地方政府手中，政府从直接管理向宏观引导转变。

（三）改革期（2005年至今）：本土化提升

21世纪初期，中国各个领域实现飞跃性发展，受高校扩招影响，普通高等教育发展迅速，职业教育成为教育系统中的薄弱部分，为此，中央重申大力发展职业教育方针，加大经费投入，职业教育进入新的发展阶段，经历了重振及质量提升阶段、综合改革阶段及深化阶段。

第一，2005—2014年是职业教育重振及质量提升期。2005年是关键性时间节点，开启职业教育基础能力建设和质量提升工程，职业教育由规模发展进入内涵提升阶段。职业教育类型特征逐步清晰，发展职业教育成为推进教育现代化和人力资源供给侧结构性改革的重要任务。一是以质量项目为引领，注重职业教育内涵式发展。2006年和2010年开始的国家示范性高职院校建设和示范性中等职业学校建设，标志着中国职业教育进入内涵式发展、质量全面提升阶段。2005年以来，国家强调加强职业教育基础能力建设，通过"加大课程建设与改革力度"，实行精品课程建设，改革教学方法，重视人才培养评估工作，并通过打造"双师素质"教学团队等活动提高职业院校师资水平，从而提升职业教育教学质量。二是不断深化办学体制改革。《国务院关于大力发展职业教育的决定》（2005）提出"探索以公有制为主导，产权明晰、多种所有制并存的办学体制"，《关于加快发展现代职业教育的决定》和《现代职业教育体系建设规划（2014—2020 年）》（2014）提出"探索发展股份制、混合所有制职业院校，允许以资本、知识、技术、管理等要素参与办学并享有相应权利"，多元办学格局初步形成。三是改革招生制度，高等职业学校的招生考试权限交由地方政府，积极探索"自主考试、注册入学、破格录取"等多种招生方式，实现入学途径多样化，"知识＋技能"的考试方式逐渐成为职业教育评价标准的重要选择。四是加大经费扶持力度，中职资助体系逐步建设，高职教育生均拨款获得保障。随着贫困家庭学生助学金制度、学费减免制度的建立与完善，逐渐形成"以中央政府为主导，以财政为主体，社会各方参与，多元化助学手段并举"的助学制度体系。

　　第二，2015 年至今是职业教育综合改革及深化期。2015 年与 2019 年是关键性时间节点，《高等职业教育创新发展行动计划（2015—2018 年）》（2015）、《国家职业教育改革发展方案》（2019）为新时代职业教育发展做出决策部署，标志着中国职业教育发展迎来硬核时代，"优质""一流""特色"与"高水平"成为时代主题。"十三五"期间，政府先后颁布近 130 项有关职业教育的政策，从经济社会发展环境思考如何进一步深化职业教育改革。一是推进地方高等普通院校转型发展职业教育，"开展本科层次职业教育试点"，完善职业教育体系制度构建。《高等职业教育创新发展行动计划（2015—2018 年）》要求到 2018 年接受本科层次职业教育学生达到一定规模，以职业需求为导向的专业学位研究生模式规格取得阶段性成果。《国家职业教育改革发展方案》明确"开展本科层次职业教育试点"，将职业本科教育纳入高层次应用型人才培养体系，尝试以职业需求为导向的专业学位研究生培养。二是人才培养模式、专业设置与教学模式不断改革。大力发展现代学徒制，促进产教深度融合，开启高水平高职学校和高水平专业群的"双高建设"；并面向区域或行业重点产业，依托优势特色专业，健全对接产业、动态调整、自我完善的专业群建设发展机制，促进专业资源整合和结构优化，发挥专业群的集聚效应和服务功能，实现人才培养供给侧和产业需求侧结构要素全方位融合。三是办学模式改革。公有资本与非公有资本相互参股的混合所有制职业院校成为职教领域的一次重大政策创新，多元办学格局逐渐形成，人才培养模式不断创新，管理体制不断完善，评价机制逐渐建立等。

二、中国职业教育现代化的发展脉络及特点

以 Streeck 和 Thelen 的制度变迁类型审视中国职业教育现代化发展历程，梳理出"渐进式制度变迁的缓慢转型——激进式制度变迁的生存与回归——制度断裂——渐进式制度变迁的适应性再生产"的演进轨迹与发展脉络（见图 13-2）。

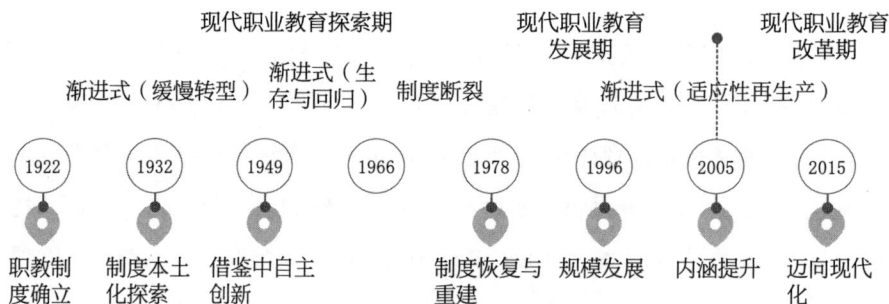

图 13-2 中国职业教育现代化发展脉络

第一，1922 年至中华人民共和国成立前，中国职业教育经历了渐进式制度变迁的缓慢转型。20 世纪 20 年代，借鉴美国职业教育模式，确立职业教育制度，随后受日本影响设立单独的职业教育系统，逐步确立起一个从初、中等到高等职业教育，从职业学校到职业补习学校、中小学教育职业科、企事业职业培训、补习教育等多层次多类型多元化职业教育体系，职业教育基本制度确立，开启了从职业教育制度确立到本土化的探索。在职业教育制度调整过程中，职业学校等各级各类职业教育机构数量增长，职业教育事业获得很大发展。

第二，中华人民共和国成立之初到"文化大革命"前，中国职业教育经历了激进式制度变迁的生存与回归。政府借鉴苏联经验，对旧时教育进行接

收、改造与结构调整，在已有职业教育基础上进行较大改革。取消职业学校和专科学校，设立培养技术员的中等技术学校和培养工人的技工学校，同时提出"两种教育制度，两种劳动制度"。受"大跃进"影响，这段时期的职业教育机构数量和规模经历了从扩张到调整的变化。

第三，"文化大革命"十年为制度断裂阶段。职业教育制度遭到严重破坏，大批职业学校停办，职业教育发展陷入滑坡与停滞状态。

第四，改革开放后进入渐进式制度变迁的适应性再生产阶段。四十余年的制度存续常态期内，职业教育制度展开稳步、适度与渐进性的修订和调整，实现了从"层次教育"到"类型教育"的转变。20 世纪八九十年代，职业教育获得更多国家法律、政策与项目体系的支持，不断调整中等教育结构，探索职业教育体系，改革管理体制等。1996 年，职业教育在规模发展达到顶点之后，开始注重质量提升。21 世纪以来，职业教育在追求内涵式发展的过程中逐步迈向现代化。

第三节 阐释：职业教育现代化发展的制度变迁与路径依赖

中国职业教育现代化百年发展是现代职业教育制度建立与完善、职业教育实践活动不断推进的过程，既体现了职业教育的延续性发展——路径依赖，也展示了职业教育制度变迁是行动者、环境和制度三者互动的结果。

一、环境变迁与国家主导：现代职业教育制度生成及实践

（一）环境变迁引发职业教育制度生成及其实践

新制度主义主张审视政治、经济及社会固有结构，从环境变迁视角深入分析制度是如何生成、存续与演化的。一般来说，稳定的环境有利于制度延

续，环境发生较大变动时更容易引发制度变迁。

第一，环境动荡破坏了职业教育制度的再生产过程。近百年来，中国环境发生巨大变化。政治经历了"从动荡到稳定，从国家战乱到和平安定，从分裂到统一"，经济经历了"从落后到恢复发展，从历经坎坷、陷入发展停滞到逐步实施改革开放，从建立社会主义市场经济体制到继续完善"，社会文化经历了"从思想落后到社会主义劳动价值观确立，从社会秩序混乱到社会安定，从科教文卫发展受损到文化繁荣自由"的剧烈变迁，为现代职业教育制度生成、持续与变迁提供了土壤，职业教育经历了"恢复—初步繁荣—回落—发展"的曲折历程。北洋政府（1912—1928）、南京国民政府（1927—1948）时期的环境动荡，为新思想引入与传播提供契机，催生了职业教育政策出台与制度探索。但是，政权更替、军阀混战、抗战、内战等造成的社会再生产中断、经济环境不景气以及民间教育组织衰落严重影响了政策实施与预期目标达成。中华人民共和国成立后的"大跃进"（1958—1960）、"文化大革命"（1966—1976）时期，社会环境变动也较大，职业教育政策与实践违背了教育发展规律，给一度获得发展的职业教育带来很大伤害。直至改革开放后，中国社会进入稳定发展时期，职业教育方才获得规模化、科学化发展，进入制度再生产时期。由此可见，制度化规则和规则执行之间存在鸿沟时，极有可能诱发制度变迁。

第二，环境发生重大变化之时即关键节点为制度变迁与突破提供契机。如前所述，20 世纪二三十年代、20 世纪 50 年代、20 世纪 80 年代、20 世纪90 年代末、21 世纪初、2005 年以及 2014 年作为关键节点，引发职业教育的制度变迁。以清末新政至 20 世纪 30 年代为例，这是中国教育的重要转折时期，职业教育发展史中的三次高潮是这一转折由起步到完成的具体反映。[①]伴随着《壬戌学制》《职业学校法》等出台，职业教育逐渐从实业教育发展

---

① 彭干梓、夏金星：《中国职业教育发展史中的三次高潮》，载《职教论坛》，2009 年第 28 期，第 61~64 页。

为独立形态的教育类型，在中国学制中占据正式且重要的地位。"南京政府时期的教育，是中国现代资产阶级教育发展的成熟期。……为中国教育的现代化奠定了基础。"①民国时期"民国政府——北洋政府——国民政府"的政权更替，军阀混战、抗日战争以及带来经济发展停滞、社会动荡等因素作为外部动力，深刻地影响着职业教育政策实施乃至制度变迁。

（二）国家主导职业教育制度的缓慢与剧烈变迁

"确立职业教育制度，此政府事也。"②中央及地方政府始终在职业教育的制度生存、存续与演变以及实践活动中发挥主导作用。除1922年的《壬戌学制》出台是由于民国政府相对弱势，民间教育组织发挥主导作用之外，历次职业教育改革与发展均是政府主导的"自上而下"的强制性变迁。

第一，中国政府具有强大的政治权威和资源集聚效能，具有超强的社会动员与组织能力。当新制度安排与旧制度发生抵触时，可以通过有效的强制性干预或官僚体系使新制度强制合法，改变"锁定"状态，政府决策及行为成为影响职业教育发展的关键性事件。例如，进入21世纪之后，为提高职业教育质量，国家于2006年、2010年开启高职、中职示范校建设，职业院校基础能力建设，免学费与资助政策等，均是在国家中央及地方政府的支持与引导下，通过资源优化配置作用，在短时间内实现了职业教育资源的帕累托改进。

第二，职业教育改革实质是一种以国家权力为主导的强制策略改革。③职业教育政策从出台到落实，均是由国家权力机构负责制定并强制实施的，其他利益相关主体——学校、企业与社会组织等参与较少，采用政策、行动计划、财政、法律法规等治理工具，对职业教育实行有力干预及政府监管。

---

① 孙培青、杜成宪:《中国教育史》，载华东师范大学出版社2009年版，第480页。
② 黄炎培:《职业教育实施之希望》，载《教育杂志》，1917年第1期，第1~9页。
③ 孙绵涛:《改革开放以来中国教育改革的规律问题研究》，人民出版社2012年版，第144~145页。

这种政府导向的制度安排决定并深刻影响了中国职业教育政策走向及实践。

第三，中国所具有的制度优越性确保政府可以实现职业教育治理的有效性。"治理一旦脱离了国家的制度、组织、资源以及意识形态，往往就会陷于低效乃至无效的困境。"[①] 中国是"文明型国家"[②]，社会主义国家体制以及"国家兴亡，匹夫有责"的传统文化，使得整个国家融为一个整体，制度优势确保政府拥有集中力量办大事的魄力与能力。中国也是权威型国家，具有的"权威体系可以采纳更迅速更果断的行动"[③]，对职业教育改革与发展发挥决定性作用，事实上"民主管理不适合像教育系统这样易受人影响的公共机构"[④]。

二、行动者与观念认知：职业教育制度变迁的动力

制度变迁的主要动因体现了不同时期的制度需求和权力关系的多种制度要素之间的矛盾和冲突，是制度与组织的持续互动和竞争，行动者及观念认知在关键节点时期发挥了重要作用。

（一）以国家为核心的行动者推动职业教育制度变迁

就行动者类型而言，可分为以国家为核心的行动者和以社会为核心的行动者。中国职业教育现代化进程中，行动者的权力依附于制度，以国家管理者为核心的精英行动者始终发挥主导作用。

第一，以国家为核心的行动者自上而下地进行权力架构和制度安排，推进制度变迁，政府命令和法律等是实现制度变迁的重要工具。"强制性制度

---

① E Hysing. Governing Without Government? The Private Governance of Forest Certification in Sweden, Public Administration, 2009 (2):312-326.

② 张维为：《文明型国家》，上海人民出版社 2017 年版，第 55 页。

③ ［美］弗朗西斯·福山：《政治秩序与政治衰败：从工业革命到民主全球化》，毛俊杰译，广西师范大学出版社 2017 年版，第 347 页。

④ 博伊德等编：《大教育百科全书（教育管理）》，西南师范大学出版社 2011 年版，第 135 页。

变迁由政府命令和法律引入和实行"①，政府主导的"自上而下"的强制性变迁深刻影响着改革开放后职业教育发展走向。例如，20世纪90年代中期，国家取消部分职业教育倾斜政策——中等职业教育实行收费、不包分配，使得职业教育出现极大滑坡。改革开放至20世纪90年代中期，中专、技校等职业院校实行国家分配制度，中专毕业生享有国家干部身份，因此，中等职业教育受到民众的普遍认可。随着1994年《中国教育改革和发展纲要》提出"双向选择，自主择业"的就业新模式，国家统包统分的局面被打破，"抑职扬普"观点升温，国家对职业教育的政策支持力度有所下降，使得职业教育在1996年达到高峰之后，开始跌落。为了应对不断滑落的职业教育发展危机，政府于2002年、2003年与2005年连续召开国家职业教育会议，有效阻止了职业教育的进一步滑落。

第二，以国家管理者为核心的精英行动者呈现出"英雄式能动"，打破了制度先于行动者的逻辑假设，修正了路径依赖机制，为制度变迁提供了新的可能。回溯中国职业教育发展历程，曾先后受到美国职教模式、日本职教模式、苏联教育模式、德国职教模式等影响，最终逐渐本土化的缓慢发展过程，这背后蕴含着政府、社会团体及有识之士作为关键行动者所进行的理性选择逻辑及行动实践。以历史上的全国教育联合会（1915—1926）以及中华职教社为例，其主要成员是由教育界人士构成的文化精英，既是具有社会影响力的有识之士，还承担一定政府职位，与经济精英和政治精英保持着良好关系，在当时中央政府教育行政能力弱的情况下，通过与政府的良性互动，以咨询、议案形式推动职业教育科学化与现代化进程。《壬戌学制》是由教联会率先发起谋划，在第八届年会上形成《学校系统案》后呈送教育部，最终政府以大总统令的形式颁行了《学校系统改革案》。

---

① 科斯等：《财产权利与制度变迁——产权学派与制度学派论文集》，上海三联书店、上海人民出版社1991年版，第384页。

（二）理念与认知结构是制度变迁的重要动力

理念既指作为范式的理念，即提出问题解决方向的认知及规范框架，也指作为项目的理念，即解决问题的具体方案。个体层面的理念表现为认知结构，即认知体系为解释环境而形成的内在机制。个人行动与选择取决于认知结构，集体行动与选择取决于理念，二者依赖组织成为职业教育制度变迁的重要动力。[1]

第一，个体层面的认知结构通过个体影响力与社会组织影响制度变迁。职业教育现代化受到国家与个体精英认知结构的影响。从国家层面来看，职业教育政策制定、实施与监管是以国家为代表的精英行动者依靠国家组织机构具体推进的，上文已有论述。就个体精英层面来看，具有广泛社会影响力的个体，尤其是教育学者，通过传播职业教育思想、开办职业学校、成立全国教育联合会、中华职教社等社团组织及举办刊物、游说政府等方式，一定程度上促进了职业教育现代化在中国的探索。民国时期，全国教育联合会和中华职教社年会多次以发展职业教育为中心议题，向教育部提交《职业教育进行计划案》等发展职业教育的方案；在黄炎培、蔡元培、陶行知、何清儒、陆费逵诸多学者的共同努力下，当时教育部给职业教育发展一定重视，推动了职业教育制度确立与创新发展。中华人民共和国成立后，"两种教育制度，两种劳动制度"提出以来，历代领导人代表的集体智慧对职业教育重视与支持，推动着职业教育的现代化进程。

第二，理念是制度变迁的背景因素，现存理念受到外部因素冲击变弱时，新理念出现并推动制度变迁。中国职业教育现代化是从吸收国外发展理念到产生自主理念的过程。职业教育现代化发展进程中，日本、美国、苏联、德国等教育思想曾先后占据竞争优势，深刻影响了中国职业教育走向。

---

[1] HALL P. Governing the Economy: The Politics of State Intervention in Britain and France, American Political Science Review, 1988, 82(3): 1053–1054.

民国时期杜威等民主教育思想在中国的广泛传播，使得中国首先确立美国模式职业教育，随后受日本影响，在教育体系上发生些微调整；中华人民共和国成立初期再次受到苏联经验影响，职业教育体系发生一系列变化；改革开放之后，在借鉴德国等他国经验治理基础上，尝试着探索中国特色职业教育发展理念，不断推进职业教育改革发展。这些微观的非正式制度的增量变迁，最终从结构上影响宏观的正式制度安排，为中国职业教育经历的长期温和的渐进式制度变迁奠定了基础。

三、集体行动与认知制约：职业教育现代化的路径依赖

路径依赖是指制度形成后具有某种难以逆转的自我强化机制而产生的锁定效应，使沿着固定路径轨道继续演化，呈现出顽强的稳定性与保守性。在中国职业教育演进过程中，集体行动与认知制约是导致职业教育路径依赖的主要原因。

（一）集体行动导致职业教育的路径依赖

第一，集体行动意味着追求并实现共同利益的高成本。职业教育实践活动的开展需要调动国家、市场与社会多方力量的集体行动，而动员多方力量的参与及协调多方力量间的关系意味着高投资成本。职业教育的参与者——政府、学校、企业、行业协会等社会组织是不同性质的组织，具有不同的组织行为及其特征，构建"政校行企社"职业教育共同体并使之有效运行需要高成本投入。因此，中国职业教育的百年发展历史大多是在不改变发展大格局基础上的逐步或者小步改革推进，动员并协调"政校行企社"的管理机构及运行机制相应地具有相对稳定持续的特征。第二，集体行动中的权力不均衡易于发生自我强化，导致路径依赖。掌权者为增进自身利益所形成的制度具有自我强化功能，制度变迁中存在的权力不均衡一旦进入自我强化状态，不仅拉大权力不平等程度，还会使权力本身具有不外显的特征。中国职业教育的百年发展历中，政府代表的国家始终是职业教育的主导者、提供者与监

管者，职业教育管理权力主要集中在政府，职业学校与行业企业等在决策咨询、管理与服务等治理职能中发挥作用，但是仍处于弱势地位，而且这种权力失衡在很长时间内仍会延续。

（二）认知框架与制度的复杂互动关系导致职业教育路径的自我强化

路径依赖不仅是技术和经济因素所致，行为者的主观认知与制度之间的复杂互动关系对路径选择有重要的影响作用。第一，行为者的主观认知框架一旦形成便具有稳定持续性，深刻影响着供给导向的国家主义职业教育制度，使之持续至今。主观认知可从受教育者个体及由其组成的组织团体乃至更大的国家来看，个体对职业教育的不认可和被动选择态度，企业等经济组织对职业教育的漠视及国家对职业教育政策上的重视和执行中的不到位的矛盾冲突，深刻影响着职业教育的现代化进程，使其呈现出渐进式发展特征——坚持中央政府领导、地方政府积极实施的改革与发展路径。直至百年之后，中国职业教育的类型教育地位方才真正确立，从供给导向型开始向需求导向型转变，企业、社会组织等开始参与职业教育治理。第二，制度具有粘附性和互补性，特别是规范、习俗等非正式约束对路径依赖产生影响。以职业教育管理为例，历史上形成的职业教育管理机构分割，影响了职业教育整体的发展。《中共中央关于转发全国劳动就业会议文件的通知》（1980）规定，"在管理体制上，中等专业学校和由普通中学改建的职业学校，以教育部门为主，劳动部门配合；技工学校（包括普通中学改建的）和各种职业训练班以劳动部门为主，教育部门配合"，奠定了职业教育由教育部门与劳动部门共同管理的格局。尽管受到职业教育实践领域的质疑与改革要求，2018年也确立了国务院职业教育工作部际联席会议制度，但是分割式管理仍未获得实质性突破。

第四节　展望：中国职业教育现代化的发展趋势

近百年来中国职业教育在强制性变迁中逐步迈向现代化，实现了从"分等"到"分类"的转变，功能日益凸显，发展水平不断提升。时至今日，以"制度化"和"中国化"为表征的职业教育现代化尚未完成，以下方面的继续推进将成为职业教育现代化的未来趋势。

第一，职业教育是"类型教育"的定位获得认可，但是如何发展仍存在困惑。近百年来，职业教育在国家主义发展战略规划下实现了从"分等"到"分类"的转变，但是，关于如何发展职业教育尚存在不同看法。一种是支持"职普比例大体相当"，认为该政策既务实又明智，是经济腾飞的重要秘诀。实践证明，受教育年限与个人收入水平、国家经济发展之间的正相关性并不显著。例如，古巴、俄罗斯培养了大量大学生，但是其经济表现并不出众，而亚洲四小龙更重视工程学科和职业教育。另一种是大力发职业教育的政策可能会妨碍人力资本的培育。目前尚没有经验证据证明职业教育具有更高的回报率（Pascharopoulos，1986）；中国实行的职业化教育政策规划不是基于经验证据，而是基于对职业教育比普通教育有更多生产力优势的相信（曾满超，2011）；[1]中等职业教育的快速扩张对发展中国家的人力资本积累造成了损害性影响（普尚等，2016）[2]，对中等职业教育进行大量投资的发展中国家无法获得显著的回报。由此可见，学界就如何发展职业教育方面仍未达成一致。

第二，从"政府主导"向"政府领导下的合作共治"转变。中国职业教

---

[1]　［英］K·金主编：《大教育百科全书（职业技术教育）》，张斌贤、和震译审，西南师范大学出版社 2011 年版，第 9 页。

[2]　同上注。

育现代化过程始终坚持政府主导原则，走出一条依靠外力推动、自上而下的职业教育发展之路。尤其是中华人民共和国成立以来，政府切实履行发展职业教育职责，通过发挥自身统筹规划、资源配置、制度供给与政策配套能力，主导职业教育办学方向、层次结构、体制机制、办学模式及经费投入等，推动职业教育快速发展。进入新时代，为提高职业教育办学质量，促进产教融合、校企合作，引入治理理念，将行业、企业、社会组织等引入职业教育，开始探索政府领导下的"政校行企社"合作共治模式。

第三，坚持职业教育本土化，摸索中国特色发展之路。中国在职业教育发展过程中既引入、借鉴国际经验，也没有放弃本土化与特色化探索。以职业教育发展规划为例，20世纪70年代以来，世界银行政策发生变化，从"支持发展学校形态职业教育"转向"鼓励与扶持私人培训部门和企业培训等非正规在职培训"。但是，中国采取了与当时国际发展组织政策分析不同的决策，20世纪80年代进行了强烈影响教育结构的职业化尝试（曾满超，2011）[①]，大力发展学校形态职业教育。这种战略决策是国家结合中国国情并对职业教育经济效益与社会效益综合考虑的结果，体现了本土化发展思维。

第四，加强职业教育制度供给，突破路径依赖，消解职业教育迈向现代化的隐性阻力。中国职业教育制度安排的法律化程度偏低，职业教育发展缺乏稳定的制度体系支持与规范，现代化进程可能受人为因素影响发生中断或逆转，因为"领导制度、组织制度问题更带有根本性、全面性、稳定性和长期性"，"制度好可以使坏人无法任意横行，制度不好可以使好人无法充分做好事，甚至会走向反面"。[②]此外，还需要反思职业教育政策制定中的矛盾与冲突之处，提高制度设计和政策制定水平，减少制度化规则与规则执行之间的鸿沟。加强职业教育的法律法规建设及制度供给，以制度规范减少职业教育迈向现代化的阻力将成为未来趋势。

---

① 曾满超：《中国人民共和国：职业化教育》，见：[美] W. L·博伊德主编：《大教育百科全书（职业技术教育）》，高洪源译，西南师范大学出版社2011年版，第6页。
② 《邓小平.党和国家领导制度的改革》，载《人民日报》，1980年8月18日。

第十四章　职业教育"走出去"的实践探索 [①]

　　"一带一路"建设对于推进我国职业教育国际化有着积极作用。自 2013 年国家提出"一带一路"倡议以来，教育部门积极响应，制定了《推进共建"一带一路"教育行动》（2016）计划，提出沿线国家"教育加强合作，共同行动，聚力构建'一带一路'教育共同体，促进区域教育发展"，旨在为"一带一路"建设提供人才支持、智力服务和文化理解。为此，中国高等职业教育秉持"和平合作，开放包容，互学互鉴，互利共赢"的理念，逐步探索职业院校伴随企业走出去的发展路径。截至目前，"走出去"实践已经初具规模。以国家现代职业教育改革创新示范区的天津创立的"鲁班工坊"为例，截至 2020 年底，伴随企业"走出去"，已经在全球 17 个国家建成了 18 个"鲁班工坊"。[②] 总体来看，中国产教协同作为"'一带一路'职业教育走出去"的实践行动已经走在理论探讨之前。因此，分析产教协同的行为选择，明晰产教协同的含义、原则及实践模式，具有重要的理论意义与实践价值。

第一节　产教协同是职业教育走出去的理性行为选择

　　职业教育选择产教协同走出去的发展路径是复杂国际环境中的合作共生

---

①　贾旻：《产教协同："'一带一路'职业教育走出去"的实践路径——基于共生理论的分析》，载《中国成人教育》，2019 年第 2 期，第 43~46 页。

②　张清玲：《"鲁班工坊"打造合作办学新名片》，载《中国教育报》，2021 年 4 月 18 日。

行为，从教育合作方面推动了中国与"一带一路"沿线国家良好关系的构建，同时也培养了"一带一路"沿线国家所需职业人才，促进了当地国家的经济与社会发展。

产教协同的目的是提供区域性公共产品，构建"一带一路"职业教育共同体。功能性合作被普遍视为构建"一带一路"共同体的政策选择与基本路径，区域性公共产品的供给则是开展功能性合作的重要方式。一个善意的领导国的存在是区域一体化的重要条件①，能够克服区域内其他国家的"集团行动困境"与"搭便车行为"，提供全方位的区域性公共产品。因此，积极扮演区域性公共产品提供者的角色是中国外交战略的重要组成部分。区域性公共产品是为了满足区域内各方为谋求繁荣、维护稳定的共同需求而由区域内国家联合提供的产品和服务，既可以是服务于特定区域或跨区域的组织，也可以是相关国家之间的制度性安排、协议、机制等，具有实物表征和制度载体的双重性。2008年国际金融危机以来，美、日、欧国际公共产品供应能力的不足为中国成为"一带一路"职业教育公共产品的主导供给者提供了机遇。对中国职业教育而言，产教协同走出去既是职业教育国际化、服务于开展国际产能合作的企业之需，也为"一带一路"沿线国家输入优质职业教育资源，提高了所在国的职业教育质量。区域性功能合作的重点是有助于经济稳定的区域性公共产品，中国为"一带一路"沿线国家提供职业教育产品可以促进合作区域经济一体化，实现区域合作与发展。

产教协同是应对复杂国际环境采取的校企合作共生行为。"一带一路"沿线65个国家的地理位置、政治生态、经济水平、种族、宗教、文化等情况差异很大，增加了中国职业教育走出去的难度。各国的经济和贸易发展水平存在明显差异，民族复杂性与宗教多样化带来文化差异，部分国家存在政治与安全环境不够稳定等诸多不利因素，使区域性公共产品的供给和消费具

---

① 贺平：《区域性公共产品与东亚的功能性合作——日本的实践及其启示》，载《世界政治》，2012年第1期，第3~48页、第156~157页。

有复杂性，职业教育独自进入沿线国家面临外部环境困难。中国与"一带一路"沿线国家的教育制度、职业教育发展情况方面存在很大差异，如何建立相互的沟通与合作，离不开产业与企业的参与、支持。此外，职业教育基础设施建设和维护成本不小，从成本分担角度考虑，需要构筑一种合力。职业教育在伴随产业走出去的过程中，通过产教融合、校企合作，可以得到企业的多种支持，企业也可以得到人才支持。对我们国家而言，这是一种既有利于职业教育提高国际化办学水平与声誉又有利于企业顺利实现区域合作的"双赢"的共生行为。

产教协同是通过产教结合、校企合作培养"一带一路"所需职业人才。"一带一路"建设、国际产能合作不仅需要输出，也需要在当地培养相关领域的专业人才与技术技能人才。随着国内产业输出步伐加快、国际产能合作深化，特别是与"一带一路"倡议中重大建设项目工程直接相关的产业发展和专业，对人才提出巨大需求。当前经济全球化更重要的是生产要素国际流动性的增强。"一带一路"倡议下的产业合作，不是单向的资本输出，而是在为中国制造业寻求海外发展空间的同时顺应沿线国家经济转型和工业化发展的现实需要，实现双方的共同发展。因此，中国既是资本、技术等生产要素的输出国，同时也是教育资源的输出国，在经济对外合作的同时，要坚持教育并行。处在"一带一路"建设第一线的产业界最清楚沿线国家的经济需求以及与之相匹配的人才需求，因此加强两者间的合作既要求产业界要及时向高校传递人才需求信息，也要求高校主动与产业界协同制定人才规格标准，联合开展人才培养培训。

第二节　产教协同的含义及行为原则

一、产教协同的含义

"产教协同"中的"产"指产业,"教"指教育,产教协同既体现了产业界与教育界两个不同领域的联合,也是教育培训机构与企业行业的具体合作;既反映了整体发展运行中教育培训机构、企业行业个体协调与合作的能力,也是追求整体功能发挥的运行机制。产教协同作为职业教育进入"一带一路"沿线国家的路径选择,是职业教育培训机构与企业行业协同合作,采取多种方式为"一带一路"国家提供职业教育公共产品的治理方式与行为机制。产教协同是中国职业教育国际化的一种实践形式,旨在为沿线国家经济社会发展提供人才和技术支撑。《高等职业教育创新发展行动计划(2015—2018年)》指出,高等职业教育要"主动发掘和服务'走出去'企业的需求,培养具有国际视野、通晓国际规则的技术技能人才和中国企业海外生产经营需要的本土人才","发挥专科高等职业院校专业优势,配合'走出去'企业面向当地员工开展技术技能培训和学历职业教育",培养各领域专业人才,如项目管理人才、专业技术骨干、高技能人才等。产教协同应采用多种方式,如国内职业院校提供来华留学教育、师资等人力资源援外培训、开展出国研修和境外实习等国际交流与合作项目等,为"一带一路"沿线学校提供课程设计、教学实训设备供应与服务、资格认证、技能竞赛等,与国外政府部门或高校在海外共建或独立建设生产实训基地、培训中心或职业院校等。基于产教协同的区域性职业教育具有学历教育、职业培训、语言培训、文化交流在内的"四位一体"的整体功能,承担培养具有国际视野、通晓国际规则的技术技能人才和中国企业海外生产经营需要的熟悉中国文化的本土人才的任务。

二、产教协同发展的原则

共生（symbiosis）是一种自组织现象，构成进化创新的重要源泉。共生指不同种属按某种物质联系生活在一起，形成共同生存、协同进化或者抑制的关系[①]，包含共生单元、共生模式与共生环境等元素。将产教协同看作一种自组织现象，它体现了学校、企业行业与政府部门等不同利益主体间的共生关系，应该遵循以下原则：

第一，共赢共存原则。教育培训机构与企业行业本着信任、理解与包容态度，共同克服提供区域性职业教育产品的困难。这既是职业院校与企业行业的互惠、共赢，也是中国与"一带一路"沿线国家的合作双赢。第二，合理分工原则。职业教育产教协同是一种自组织现象，提供更好区域性职业教育产品需要教育培训机构、企业行业以及政府部门的共同参与、合理分工，由政府主导政策支持，企业主导基础建设，学校主导内涵建设，行业协调负责协调。[②]第三，合作竞争原则。共生现象的本质特征是合作竞争，共生单元之间既相互吸引、合作、包容、竞争，从竞争中产生、创造出新的合作关系，合作意味着对共同目标的联合追求，竞争意味着对性质不同的目的和地位的独立追求。产教协同既是教育培训机构、企业行业与政府部门合作提供区域性职业教育，同时，又基于各自拥有的资源优势，通过资源交易、流动、联结、创新等活动寻求资源互补，实现职业教育资源的优化与合理配置。

[①] AhmdajinaV.Symbiosis：an Introduction to Biological Association，Englana：University Press of New England，1986.

[②] 赵鹏飞、曾仙乐、黄河、陈光荣：《"一带一路"背景下职业教育校企协同办学模式探索》，载《中国职业技术教育》，2017年第18期，第33~36页、第41页。

第三节 职业教育走出去的产教协同模式

产教协同"一带一路"职业教育走出去采取了多元合作、多种形式的办学模式，根据职业院校、企业、行业协会等职业教育相关主体在产教协同中发挥的主导作用，分为以下四种协同模式：企业主导型、行业协会主导型、院校主导型与自愿联盟型。

企业主导型的主要特征是企业在产教协同中发挥主导作用，企业作为产教协同的发起方，联合教育机构等其他主体，共同提供职业教育产品。例如，中航国际成套设备有限公司与中国职业技术教育学会、江苏省教育国际交流学会以及南京铁道职业技术学院、南通机电职业技术学院、内蒙古机电职业技术学院、江苏农林职业技术学院、宁波职业技术学院、金陵科技学院等 12 所职业院校建立合作关系，创建肯尼亚职业教育示范中心、肯尼亚青年服务队项目；依托公司承担的电力项目，为埃及、土耳其完成电力领域的人才基础技能培训；参与非洲职业技能大赛，为大赛获得者提供奖学金、实习机会、就业机会及备件订单合同等活动。

行业协会主导型是行业协会在产教协同中发挥主导作用，例如，有色金属行业协会牵头在有色行业开展职业教育"走出去"试点。2015 年 12 月 25 日，教育部办公厅印发了《关于同意在有色金属行业开展职业教育"走出去"试点的函》（教职成厅函〔2015〕55 号），同意依托全国有色金属职业教育教学指导委员会，由中国有色金属工业协会牵头在有色行业开展职业教育"走出去"试点，以中国有色集团作为试点企业，在赞比亚开展职业教育

"走出去"试点工作。这是中国第一个职业教育"走出去"试点。^①

院校主导型是职业院校在协同中发挥主导作用，例如，天津海河职业教育园区的高职院校，以"鲁班工坊"为合作平台，与"一带一路"沿线国家的职业院校开展合作办学，为当地青年提供职业技能培训。2016 年，天津渤海职业技术学院在泰国建成中国首个境外"鲁班工坊"，开设了新能源、数控机床、物联网等前沿专业，学生接受"鲁班工坊"实践后到各个工厂实习；2018 年，泰国"鲁班工坊"有 6 名学生参加了在天津举办的全国职业院校技能大赛。此外，天津市第二商业学校和英国奇切斯特学院合作建立了欧洲首个"鲁班工坊"，开设"中餐烹饪技术"，并使之进入英国国家职业资格体系，得到欧洲诸国承认。"鲁班工坊"是天津市把优秀职业教育成果输出国门，实施海外和国际合作办学的独特形式，可以说是职业教育领域的"孔子学院"。未来，中国将在非洲设立 10 个"鲁班工坊"，向非洲青年提供职业技能培训，助力中非合作，真正实现"合作共赢"。

职教联盟型是职业院校、企业行业、政府部门组成的教育平台在产教协同中发挥主导作用，主要通过合作协议签订、学生互换、教师互派、基本技能培训等短期项目予以开展。如，中国先后开展并成立了"一带一路"职教联盟、"一带一路"产教协同联盟。截至 2017 年，已有来自全国的 76 所高职院校、中航国际等 13 家不同行业的龙头企业及中国教育国际交流协会、有色金属工业协会、国家半导体产业联盟等多个行业组织加入联盟。职教联盟作为产教协同的高级形式，在职业教育共同发展战略规划、政策制定及人才培养模式开发等领域达成广泛共识，提高了职业教育服务多边经济社会发展的能力。

---

① 《"一带一路"案例：职业教育走出去主动培养"一带一路"建设者》[EB/OL].http://www.360doc.com/content/17/0809/20/10384645_677895778.shtml,2018.

第四节　职业教育走出去的产教协同经验及启示

截至 2021 年，在"一带一路"倡议提出 8 周年之际，中国已经同"一带一路"172 个国家和国际组织签署了 200 多份共建"一带一路"合作文件，推动建立了 90 多个双边合作机制。[①] 为了更好地响应"一带一路"倡议及"走出去"的中国企业，职业教育应该坚定国际化发展路线，改进产教协同的实践路径。

第一，达成协作共识，塑造职业教育共同体的认知基础。政府部门、职业院校、企业、行业协会等需要遵循"共赢共存，合理分工，合作竞争"的共生原则，携手走进"一带一路"沿线国家。企业国际产能合作的成功与否在相当程度上取决于当地人才质量。沿线国家工业化水平参差不齐，三分之二的国家工业化水平低于中国[②]，教育尤其是职业教育水平普遍不高，港口、铁路、能源等基础设施建设、数字经济、汽车、纺织、可再生资源、食品工业等领域的专业技术技能型人才缺乏，制约了产能合作。因此，需要职业教育的介入，提供区域性职业教育产品，培养当地专业领域人才。面对"一带一路"的复杂情况，任何企业或者职业院校个体无法独自承担人才培养重任，需要构建包括相关政府部门、职业院校、企业、行业协会及其他组织等在内的职业教育共同体，通过"讨论、协商以达成一致"，基于各自拥有的优势资源，通过资源互换、共享，高质量地提供区域性职业教育产品。

第二，确立治理规则，为产教协同提供制度基础。治理伴随"一带一

---

① 吴琼、陈润泽:《"一带一路"倡议提出 8 周年中国与世界深度交融》[2021–10–11][EB/OL]. http://news.china.com.cn/2021–10/11/content_77800163.htm.

② 邹磊:《上海加强与"一带一路"沿线国家科技创新合作研究》，载《科学发展》，2018 年第 3 期，第 62~70 页。

路"倡议实施过程，不同治理主体依据"关系规范"和"制度规则"，对实施进程中潜在风险和现实问题共同商讨、协调、管控和处理，引导和形成"一带一路"建设进程中的秩序[①]，最终打造以命运共同体为目标的新型区域经济合作机制。因此，产教协同职业教育走出去既需要政府相关部门、职业院校、企业、行业协会及其他组织之间建立基于默契、互信、共识等非正式信任，也要通过权力分工、责任分配加强顶层设计，通过外交部、财政部、商务部、教育部的充分合作，构建不同部门之间的协调与合作机制。

第三，加强资金、政策、组织等多种支持。"一带一路"沿线国家普遍面临资金匮乏，教育资源不足，职业教育、技能培训参与率低等问题，因此，针对制造业海外转移、产能合作的金融支持必不可少，其中一部分应该留给当地职业教育培训机构。产教协同职业教育走出去需要得到中国与当地政府财政支持及企业行业的场地、设备、技术、资金等资助，国际金融机构及组织的资金与服务支持。此外，"一带一路"的经济与国际外交意义更浓，产教协同职业教育走出去还需要国家给予更多的教育政策引导与支持。

经过初步尝试，中国提供的完整的区域性职业教育产品应该是集学历教育、职业培训、语言培训、文化交流"四位一体"的全功能性产品。伴随"一带一路"倡议的职业教育共同体需要培养的是专业领域的技术技能型人才，通晓当地语言、熟知当地习俗和人文地理的人才，了解中国文化的国际贸易人才等多类型人才。

---

① 陈伟光、王燕：《共建"一带一路"：基于关系治理与规则治理的分析框架》，载《世界经济与政治》，2016 年第 6 期，第 93~112 页、第 158~159 页。

参考文献

一、学术著作类

[1] 联合国教科文组织. 反思教育：向"全球共同利益"的理念转变？. 教育科学出版社，2015：56.

[2] 辞海编辑委员会. 辞海（上）. 上海辞书出版社，1979：1335.

[3] 联合国教科文组织. 反思教育：向"全球共同利益"的理念转变？. 教育科学出版社，2015：69.

[4] 经济合作与发展组织. 分散化的公共治理代理机构、权力主体和其他政府实体. 国家发展和改革委员会事业单位改革研究课题组译，中信出版社，2004：9.

[5] 中华人民共和国教育部. 面向 21 世纪教育振兴行动计划学习参考资料. 北京师范大学出版社，1999.

[6] 国家教育委员会职业技术教育司组织. 中国职业技术教育简史. 北京师范大学出版社，1994：69.

[7] 《中国教育年鉴》编辑部. 中国教育年鉴 1991D. 人民教育出版社，1992：247.

[8] 青木昌彦. 比较制度分析. 上海远东出版社，2001：234—243.

[9] 张康之. 共同体的进化. 中国社会科学出版社，2012：374.

[10] 雅斯贝尔斯. 什么是教育. 邹进译，生活·读书·新知三联书店，1991：44.

[11] 闻友信，杨金梅. 职业教育史. 海南出版社，2000：23.

[12] 黄育云. 职业技术教育在中国. 电子科技大学出版社，2002：112.

[13] 杨明. 应试与素质：中国中等教育 60 年. 浙江大学出版社，2009：81.

[14] 李均. 中国高等专科教育发展史. 学林出版社，2005：175.

[15] 中央党校第 47 期省部班（民生与社会建设专题）第三课题组（执笔：鲁昕等）. 职

业教育的公益性质及其实现形式 .2010：69.

[16] 杜威 .民主主义与教育 .王承绪译，人民教育出版社，2001：154—165.

[17] 周惠英 .中国教育同生产劳动相结合大事记 .教育科学出版社，1995：140.

[18] 毛礼锐 .中国教育通史 .山东教育出版社，1989：186—187.

[19] 董明传等 .成人教育史 .海南出版社，2002：141.

[20] 苟顺民 .欧盟职业教育政策研究 .人民出版社，2014：4.

[21] 吴遵民 .现代国际终身教育论 .中国人民大学出版社，2007：10.

[22] 苟顺民 .欧盟职业教育政策研究 .人民出版社，2014：4.

[23] 苏力 .制度是如何形成的 .北京大学出版社，2007：9.

[24] 马克思恩格斯选集（第 4 卷），人民出版社，1995.

[25] 邓旭 .教育政策执行模式研究：一种制度分析的范式 .教育科学出版社，2010：9.

[26] 约翰·罗尔斯 .正义论 .何怀宏，何包钢，廖申白译，中国社会科学出版社，2011：6.

[27] 马振华 .中国技能型人力资本的形成与积累 .中国物资出版社，2009：35.

[28] 陈琦，刘儒德 .教育心理学 .高等教育出版社，2007：192—193.

[29] 雪伦·B·梅里安 .成人学习理论的新进展 .黄健译，中国人民大学出版社，2006：8.

[30] 周光礼 .公共政策与高等教育 .华中科技大学出版社，2010：123.

[31] 吴洪成等著：《中国近代职业教育制度史研究 .知识产权出版社，2012：1.

[32] 新城 .近代中国教育思想史 .福建教育出版社，2007：158—159.

[33] 杨明 .应试与素质——中国中等教育 60 年 .浙江大学出版社，2009：81.

[34] 国家统计局国民经济综合统计司编 .新中国五十五年统计资料汇编 (1949—2004).北京：中国统计出版社，2004：71.

[35] 孙培青，杜成宪 .中国教育史 .华东师范大学出版社，2009：480.

[36] 孙绵涛 .改革开放以来中国教育改革的规律问题研究 .人民出版社，2012：144—145.

[37] 张维为 .文明型国家 .上海人民出版社，2017：55.

[38]［德］斐迪南滕尼斯 .共同体与社会 .林荣远译，商务印书馆，1999：2—3.

[39]［美］奥尔森 .集体行动的逻辑 .陈郁译，汉语大词典出版社，2011：54.

[40]［美］奥尔森 .集体行动的逻辑 .陈郁等译，汉语大词典出版社，2011：54.

[41]［美］道格拉斯 .C·诺思 .经济史中的结构与变迁 .陈郁，罗华平等译，上海三联

书店，1994：225.

[42]［古希腊］亚里士多德.政治学.颜一等译，中国人民大学出版社，2003：1.

[43]［美］吉玛、荣迪内利.分权化治理新概念与新实践.唐贤军、张进军译，格致出版社，上海人民出版社，2013：112.

[44]［美］朱迪斯·戈尔茨坦，罗斯特·基欧汉.观念与外交政策.刘东国，于军译，北京大学出版社，2013.

[45]［美］迈克尔·活尔泽.正义诸领域：为多元主义与平等一辩.褚松燕译，译林出版社，2002：38—39.

[46]［法］皮埃尔卡蓝默.破碎的民主：试论治理的革命.高凌瀚译.生活读书新知三联书店，2005：120.

[47]［美］道格拉斯.C·诺斯.制度、制度变迁与经济绩效.杭行译，格致出版社、上海三联出版社、上海人民出版社，2014：4.

[48]［法］皮埃尔·布迪厄，［美］华康德.实践与反思——反思社会学导论.李猛等译，中央编译出版社，2004：145.

[49]［美］弗朗西斯·福山.政治秩序与政治衰败：从工业革命到民主全球化.毛俊杰译，广西师范大学出版社，2017：347.

[50]博伊德等编.大教育百科全书（教育管理）.西南师范大学出版社，2011：135.

[51]科斯等.财产权利与制度变迁——产权学派与制度学派论文集.上海三联书店、上海人民出版社，1991：384.

[52]［英］K·金.大教育百科全书（职业技术教育）.张斌贤，和震译审，西南师范大学出版社，2011：9.

[53]曾满超.中国人民共和国：职业化教育.［美］W.L.博伊德.大教育百科全书（职业技术教育）.高洪源译审，西南师范大学出版社，2011：6.

二、期刊类

[1]贾旻，王迎春."政校行企社"职教命运共同体的含义、机理与构建策略.职教论坛，2020（4）：6—12.

[2] 夏英.职业教育师生关系历史演变的社会学分析.中国职业技术教育，2014（20）：58—62.

[3] 许万全.命运范畴初探.华中师范大学学报（人文社会科学版），1990（5）：22—25.

[4] 张康之，张乾友.论共同行动的基础.南京农业大学学报（社会科学版），2011（11）：79—87.

[5] 贾旻.职业教育治理共同体的概念模型及其构建路径——基于供给侧结构性改革视域.中国成人教育，2019（17）：9—14.

[6] 朱起民，赵艺凡，霍玉文.高校继续教育供给侧结构性改革：理论与路径.中国成人教育，2019（17）：79—82.

[7] 姜大源.中国职业教育发展与改革：经验与规律.职业技术教育，2011（19）：5—10.

[8] 王露璐.共同体：从传统到现代的转变及其伦理意蕴.伦理学研究，2014（6）：77—80.

[9] 俞可平.治理理论与中国行政改革（笔谈）——作为一种新政治分析框架的治理和善治理论.新视野，2001（5）：35—39.

[10] 魏建国.教育事权与财政支出责任划分的法治化——基于一个理解框架的分析.北京大学教育评论，2019（17）：74—90.

[11] 肖凤翔，贾旻.行业协会参与现代职业教育治理的机理、困境和思路.西南大学学报（社会科学版），2016（4）：87—91.

[12] 邓小华.论职业教育治理主体的资源依赖关系及保障机制.河北师范大学学报（教育科学版），2016（7）：41—46.

[13] 彭江.分散化的公共治理：中国大学管理改革的新走向.湖南师范大学教育科学学报，2005（2）：41—46.

[14] 韦岚.职业教育中介组织的运行及内在机理——以香港地区职业训练局为例.职业技术教育，2020（16）：49—55.

[15] 张文玉.香港职业教育财政支持机制及启示.世界教育息，2014（19）：58—64.

[16] 吴景松.西方公共教育治理范式变革及其启示.中国教育学刊，2010（11）：10—13.

[17] 贾旻，王迎春.混合治理：混合所有制职业院校治理的一个分析性概念框架.中国职业技术教育，2021（4）：72—79.

[18] 阚明坤，潘奇，朱俊.探索发展混合所有制职业院校的困境及对策.中国职业技术

教育，2015（18）：28—32.

[19] 周桂瑾，俞林，顾惠明.职业院校混合所有制办学现实困境、改革路径及现代治理研究.职业技术教育，2018（36）：21—24.

[20] 童卫军，任占营.发展混合所有制职业院校的问题对策与实现形式.高等工程教育研究，2016（5）：183—188.

[21] 黄振羽，丁云龙.小科学与大科学组织差异性界说——资产专用性、治理结构与组织边界.科学学研究，2014（5）：650—659.

[22] 霍丽娟.资源依赖理论视角下校企合作关系的分析.中国职业技术教育，2008（27）：33—36.

[23] 王刚，宋锴业.治理理论的本质及其实现逻辑.求实，2017（3）：50—65.

[24] 陈新汉.哲学视域中的认同意蕴新思考.湖南师范大学社会科学学报，2014（3）：5—12.

[25] 吕鸿江，刘洪，程明.多重理论视角下的组织适应性分析.外国经济与管理，2007（12）：56—64.

[26] 盛宝柱.规制经济学视野中的高等教育运营——以独立学院为例.南京师大学报（社会科学版），2010（6）：90—94.

[27] 雷世平.混合所有制职业院校治理体系和治理能力现代化论略.当代职业教育，2020（4）：12—18.

[28] 姚翔，刘亚荣.混合所有制高等院校发展的宏观治理结构探索.中国高教研究，2016（7）：37—42.

[29] 肖凤翔，贾旻.中国现代职业教育体系视域下的职普融通研究.职教论坛，2015（1）：31—36.

[30] 黄中益.关于普通教育与职业教育一体化的探讨.理论与实践，1992（3）：16—18.

[31] 孙祖复.联邦德国普通教育与职业教育一体化的改革.外国教育资料，1993（8）：17—21.

[32] 曹晔.中国现代职业教育体系框架构建.教育发展研究，2013（11）：41—45.

[33] 赵璨.中国中高职衔接的途径探析.教育理论与实践，2013（6）：20—22.

[34] 钟道赞.职业指导与青年出路.教育与职业，1933（8）：613—616.

[35] 柳夕浪.教育分流与分流教育.上海教育科研,1994(3):13—16.

[36] 袁慧芳.教育分流的社会学分析.现代教育论丛,2007(6):47—51.

[37] 洪莹.从多元智能理论看职业教育与普通教育的关系.天津职业大学学报,2011(2):4—6.

[38] 张晓明.论职业教育与普通教育的沟通.职业教育研究,1990(2):13—15.

[39] 孟景舟.普通教育和职业教育关系的历史演进.职教论坛,2011(31):4—8.

[40] 孔凡琴,邓涛.英国综合高中探析.外国教育研究,2013(12):84—91.

[41] 杨晨,顾凤佳.国外学分互认与转移的探索及启示.现代远距离教育,2011(4):9—14.

[42] 陈鹏.学术课程、职业课程及其整合的概念解读——职业教育的视角.全球教育展望,2014(5):20—26.

[43] 肖凤翔,黄晓玲.国家资格框架发展的世界经验及其对中国的启示.职教论坛,2014(16):79—83.

[44] 匡瑛.英、澳国家资格框架的善变与多层次高职的发展.高等工程教育研究,2013(4):122—126.

[45] 肖凤翔,黄晓玲.国家资格框架发展的世界经验及其对中国的启示.职教论坛,2014(16):79-83.

[46] 和震.建立现代职业教育治理体系 推动产教融合制度创新.中国职业技术教育,2014(21):138—142.

[47] 肖凤翔,贾旻.我国现代职业教育体系视域下的职普融通研究.职教论坛,2015(1):31—36.

[48] 熊晓莉.中国继续教育政策演变及发展趋势.继续教育研究,2017(7):12—15.

[49] 胡娇,孙伟.改革开放30年成人教育:经验、困境与展望.教育导刊,2010(2):27—29.

[50] 贾旻,王迎春.新中国成立70年职业教育发展历程、经验与展望.河北大学成人教育学院学报,2020(2):91—100.

[51] 杨金土.20世纪中国高职发展历程回顾.中国职业技术教育,2017(9):5—17.

[52] 万卫.混合所有制职业院校的兴起.职业技术教育,2017(12):42—47.

[53] 陈光.大力发展职业教育提高劳动者素质.职教论坛,1997（6）:6—7.

[54] 王爱武.中等职业教育消极发展论辨析.中国成人教育,2003（4）:24—25.

[55] 胡永.论中国高等职业教育政策的得与失.黑龙江教育（高教研究与评估）,2006（5）:3—5.

[56] 职业技术教育特别采访组.民办,能不能创造中国职业教育的神话.职业技术教育,2000（10）:4—13.

[57] 杨东梅.中职学生资助政策演变.职教通讯,2014（7）:25—28.

[58] 贾旻.国家资格融通的运行逻辑与实践策略:基于"专业经历"的分析.职教论坛,2021（37）:6—12.

[59] 肖凤翔.国家资格框架中学历证书和职业资格或技能等级证书的等值.教育发展研究,2015（5）:3.

[60] 谷建春,张世英.论通识教育与专业教育整合的学历依据.求索,2004（12）:172—174.

[61] 孙华,郝瑜.西方大学专业教育与自由教育理念的1000年分野.现代大学教育,2012（6）:49—57.

[62] 金观涛,樊洪业,刘青峰.历史上的科学技术结构:试论十七世纪之后中国科学技术落后于西方的原因.自然辩证法通讯,1982（5）:7—23.

[63] 肖凤翔,安培.国家资格融通的困惑及其消解.职业技术教育,2017（12）:29—33.

[64] 贾旻,王迎春.新中国七十年成人职业培训发展历程、特征及启示.中国成人教育,2019（24）:66—71.

[65] 李荣生.改革开放三十年我国职工教育发展回顾.中国培训,2008（4）:4—8.

[66] 孙运仁.谈谈对农科教结合的认识.教育与职业,1991（2）:15—16.

[67] 本刊特别采访组.民办,能不能创造中国职业教育的神话.职业技术教育,2000（30）:4—13.

[68] 庞利.建国以来中国职工教育的回顾与前瞻.广州广播电视大学学报,2013（1）:10—14,17.

[69] 伍醒.职业技能培训:德国与韩国的比较.中国成人教育,2010（21）:142—143.

[70] 任鸿倩,闫卫平.新世纪中国职业技能培训政策的嬗变逻辑——基于21世纪以来相

关政策性文件的解读 . 中国成人教育，2019（22）：14—19.

[71] 周永平，石伟平 . 论"终身职业教育" . 中国职业技术教育，2017（5）：57—61.

[72] 唐钧 . 从社会保障到社会保护：社会政策理念的演进 . 社会科学，2014（10）：56—62.

[73] 李桃，赵伟 . 终身职业技能培训体系的发展路径分析 . 中国职业技术教育，2018（30）：49—56.

[74] 桑宁霞、任鸿倩 . 成人能力提升的社会保障价值研究——基于相关教育政策的解读 . 中国成人教育，2018（23）：16—20.

[75] 任岩岩 . 我国终身职业培训体系建设：政策演进与实践路径 . 职教论坛，2019（6）：38—43.

[76] 潘姿曲，祁占勇 . 改革开放四十年我国职业培训政策的变迁逻辑与未来走向 . 职教论坛，2018（11）：68—74.

[77] 丁红玲，孙景昊 .《成人教育培训服务三项国家标准》价值分析 . 职教论坛，2014（36）：49—51.

[78] 贾旻，张雪莲，聂淑萍 . 过剩产能职工再就业技能培训的理论前提与模型构建 . 经济问题，2018（10）：78—84.

[79] 郑耀群，王婷 . 基于产能利用率测度下的中国产能过剩问题研究 . 统计与信息论坛，2017（3）：85—91.

[80] 崔宗超 . 基于人力资源聚集效应的高层次人才培养模式与优化策略 . 河南师范大学学报 (哲学社会科学版)，2018（4）：75—79.

[81] 李培林，张翼 . 走出生活逆境的阴影——失业下岗职工再就业中的"人力资本失灵"研究 . 中国社会科学，2003（5）：86—101.

[82] 赵延东，风笑天 . 社会资本、人力资本与下岗职工的再就业 . 上海社会科学院学术季刊，2000（2）：138—146.

[83] 陈胜勇，孙仕祺 . 产能过剩的中国特色、形成机制与治理对策——以 1996 年以来的钢铁为例 . 南京社会科学，2013（5）：7—14.

[84] 刘瑛，周虹琼，李春爱 . 化解煤炭行业过剩产能中职工安置工作的难点与思考 . 天津市工会管理干部学院学报，2016（9）：1—5.

[85] 王立国，高越青 . 建立和完善市场退出机制有效化解产能过剩 . 宏观经济研究，

2014（10）：8—21.

[86] 王迎春，贾旻. 民办职业培训机构培训效果影响因素模型分析. 中国成人教育，2020（23）：30—35.

[87] 贾旻，王迎春. 民办职业培训机构培训效果之影响因素探析. 高等职业教育探索，2021（5）：14—24.

[88] 方芳，钟秉林. 中国民办教育培训行业发展现状与对策. 中国教育学刊，2014（5）：1—5.

[89] 周凤华. 民办职业教育的现状分析与策略研究. 中国职业技术教育，2017（6）：10—18.

[90] 赵杨. 唐山市民办职业培训机构加速发展的对策研究. 工业技术与职业教育，2011（3）：54—55.

[91] 申执谐. 深圳市民办职业培训机构发展调查与建议（上）. 中国培训，2013（5）：50—51.

[92] 刘贝贝. 管理培训行业存在的问题及对策研究. 东方企业文化，2013（7）：226.

[93] 闫志利，刁丽丽. 河北省职业培训机构发展现状与对策研究. 中国职业技术教育，2013（6）：62—67.

[94] 闫麟. 浅谈上海市民办教育现状与建议. 法制与经济，2013（7）：99—100.

[95] 申执谐. 深圳市民办职业培训机构发展调查与建议（下）. 中国培训，2013（6）：60—61.

[96] 钟伟. 民办教育产业若干发展方向探讨. 教育观察，2020（22）：132—133.

[97] 于清江. JL 职业培训机构营销战略研究. 农场经济管理，2016（11）：34—35.

[98] 李英姬. 民办机构视角下提升农民工职业培训质量探究. 合作经济与科技，2014（20）：80—81.

[99] 高玉峰，侯小雨，闫志利. 中国职业培训机构协调运行机制构建研究. 华北理工大学学报（社会科学版），2017（4）：81-86 页。

[100] 宋建丰. 关于培训迁移的一些理论思考. 中国职业技术教育，2003（33）：19—20.

[101] 尹磊. 软件开发人员培训效果影响因素及提升策略研究［D］. 北京：北方工业大学，2015：23.

[102] 王鹏，杨化冬，时勘. 培训迁移效果影响因素的初步研究. 心理科学，2002（1）：69—72，127.

[103] 林源. 浅析影响企业培训效果的心理学因素. 石油教育，2006（4）：32—35.

[104] 杜峰.企业人力资源管理培训效果影响因素分析.人才资源开发，2017（16）：187—188.

[105] 吴怡，龙立荣.培训迁移影响因素研究述评.心理科学进展，2006（5）：749—756.

[106] 傅雪梅，庄天慧.成都市新型职业农民培训模式及其效果影响因素.贵州农业科学，2016（1）：171—176，181.

[107] 陈立旦.农民工职业培训效果影响因素与对策研究.成人教育，2010（11）：28—30.

[108] 马识途.影响培训效果的个体和环境因素研究.经济与管理研究，2008（8）：73—76.

[109] 茹红忠.影响中小学教师培训效果的三大因素分析.教育与教学研究，2015（8）：40—45.

[110] 陈霞.学习论视角下教师培训效果的影响因素探析.中小学教师培训，2014（9）：3—6.

[111] 万卫.混合所有制职业院校兴起.职业技术教育，2017（12）：42—47.

[112] 杨金土.20世纪中国高职发展历程回顾.中国职业技术教育，2017（9）：5—17.

[113] 王平.新中国成立以来中国学徒制政策的演变、问题与调试.教育与职业，2015（22）：13—17.

[114] 王立祥.中国职业教育管理体制的历史嬗变及改革方向.职业技术教育，2011（19）：51—54.

[115] 彭干梓，夏金星.中国职业教育发展史中的三次高潮.职教论坛，2009（28）：61—64.

[116] 黄炎培.职业教育实施之希望.教育杂志，1917（1）：1—9.

[117] 贾旻.产教协同："'一带一路'职业教育走出去"的实践路径——基于共生理论的分析.中国成人教育，2019（2）：43—46.

[118] 贺平.区域性公共产品与东亚的功能性合作——日本的实践及其启示.世界政治，2012（1）：3-48，156—157.

[119] 赵鹏飞，曾仙乐，黄河，陈光荣."一带一路"背景下职业教育校企协同办学模式探索.中国职业技术教育，2017（18）：33—36，41.

[120] 邹磊.上海加强与"一带一路"沿线国家科技创新合作研究.科学发展，2018（3）：62—70.

[121] 陈伟光，王燕.共建"一带一路"：基于关系治理与规则治理的分析框架.世界经济与政治，2016（6）：93—112，158—159.

三、外文类

[1] Adler, E. & Barnet M. (Eds.)：Security Communities, Cambridge: Cambridge University Press, 1998:30-31.

[2] Christopher Freeman. Technology and Economic Performance: Lessons from Japan, London: Frances Printer.，1987: 9-26.

[3] Fischer, ClaudeS. Toward a Sub-cultural Theory of Urbanism. American Journal of Sociology, Annual Review of Sociology，1975，（06）.

[4] Granovetter M.The Strength of Weak Ties, American Journal of Sociology, 1973, 78(6): 1360-1380.

[5] E. Mark . Hanson. Strategies of educational decentralization: key questions and core issues, Educational Administration, Vol.36, 1998:111-128.

[6] WILLAMSON O E. Markets and Hierarchies, Analysis and Anti-trust Implications: A Study in the Economics of Internal Organization, General Information，1978:382-384.

[7] AKERLOF GA.The market for "lemons" :qualitative uncertainty and the market mechanism, The quarterly Journal of Economics，1970(84):488 — 500.

[8] GRAY,B, & WOOD,D.J.Collaborative alliances:moving from practice to theory，the Journal of Applied Behavioral Science，1991,29(1)：3-22.

[9] SAIDEL.J. Resource Interdependence:the relationship between State Agencies and Nonprofit Organizations,Public Administration Review, 1991(6):543-553.

[10] GREYB.Collaborating:Finding Common Ground for Multiparty Problems，San Francisco:Jossey-Bass:1989.

[11] CLAREM. Ryan. Leadership in collaboration policy-making:An analysis of agency roles in regulatory Negotiations.Policy Sciences, 2001, 34(3-4):221-245.

[12] POPPOL, ZENGERT.Do formal contracts and relational governance function as substitutes or complements?.Strategic management journal, 2002, 23(8):707-725.

[13] Christensen, K. & D. Levinson(eds.). Encyclopedia of Community: From the Village to the Virtual World, Thousand Oaks, CA:Sage, 2003:31.

[14] JAMESK.FEIBLEMAN: Peure science, applied science, technology, engineering: an attempt at definitions, Technology and Culture, 1961（4）: 305~317.

[15] DAVIDRAFFE: What is the Evidence for the Impact of National Qualification Frameworks? , Comparative Education, 2012（2）: 143~162.

[16] EliGinzberg, Human Resources: The Wealth of a Nation, Greenwood Press, 1958: 24–25.

[17] ROMER,PAUL..Increasing returns and long run growth, Journal of Political Economy, 1986(5):1002~1037.

[18] KIRKPATRICKDL.Techniques for evaluating training programs, Journal of the American society of training directors, 1959(3):21 — 26.

[19] PHILLIPSJJ. Return on investment — beyond the four Levels［C］//HoltonEFI. Academy of human resource development 1995 conference proceedings. Austin: Academy of human resource development, 1995:42.

[20] BALDWINTT, FORDJK. Transfer of training:a review and directions for　future research, Personnel psychology, 1988(1):63 — 105.

[21] BURKELA, HUTCHINSHM. Training transfer:an integrative literature review, Human resource development review, 2007(3):263 — 296.

[22] DYSVIKA, KUVAASB. Self — determination theory And workplace training an development［M］//GAGNM. The Oxford hand book of work engagement, motivation and self — determination theory. New York:Oxford University Press 2014:218 — 230.

[23] GAGNM, DECIEL. Self — determination theory and work motivation, Journal of organizational behavior, 2005(4):331 — 362.

[24] NGJY, NTOUMANISN, THGERSEN — NTOUMANIC, etal.Self — determination theory applied to health contexts:a meta — analysis, Perspectives on psychological Science, 2012(4):325 — 340.

[25] CERASOLICP, NICKLINJM, FORD, MT. Intrinsic motivation and extrinsic　incentives

jointly predict performance:a40 — year meta — analysis, Psychological bulletin, 2014(4):980 — 1008.

[26] VANSTEENKISTEM, SIMONSJ, LENSW, etal. Motivating learning, performance, and persistence:the synergistic effects of intrinsic goal contents and autonomy supportive contexts, Journal of personality and social psychology, 2004(2):246 — 260.

[27] ROBERTSONI, DOWNSS. Learning and the prediction of performance:development of train ability testing in the United Kingdom, Journal of applied psychology, 1979(1):42 — 50.

[28] ACKERMANPL. Determinants of individual differences during skill acquisition:cognitive abilities and information processing, Journal of experimental psychology general, 1988(3):288 — 318.

[29] GOSKARE, ACKERMANPL. An aptitude — treatment interaction approach to transfer within training, Journal of educational psychology, 1996(2):249 — 259.

[30] CRONBACHLJ. The two disciplines of scientific psychology, American psychologist, 1957(11):671 — 684.

[31] BELLBS, KOZLOWSKISWJ. Goal orientation and ability:interactive effects on self — efficacy, performance, and knowledge, Journal of applied psychology, 2002(3):497 — 505.

[32] LINNEHANF. Diversity attitudes and norms:the role of ethnic identity and relational demography, Journal of organizational behavior, 2006(4):419 — 442.

[33] BRIONC. Low — fee private schools in west Africa:Case studies from Burkina Faso and Ghana, Dayton:University of Dayton, 2017.

[34] KIMY. A Study on the effect of educational environment factors affecting self — efficacy and educational performance in the beauty vocational training institute, Asia — pacific journal of multimedia services convergent with art, humanities, and sociology, 2017(12):217 — 225.

[35] Robertson Ivan,Downs Sylvia. Learning and the Prediction of Performance: Development of Train Ability Testing in the United Kingdom, Journal of Applied Psychology,1979(01):42–50.

[36] GoldsteinI.L, RouillerJ.Z.The Relationship between Organizational Transfer Climate and Positive Training, Human Resource Development Quarterly,1993(04):377–390.

[37] Yamnill S, Mclean GN. Theories supporting transfer of training, Human Resource

Development Quarterly，2001（02）:195-208.

[38] Rayner，S.，Riding，R.. Towards A Categorization of Cognitive Styles and　Learning Style，Educational Psychology，1997,（1/2）:5-27.

[39] Vande Walle，D.，Cron，W.L.，Slocum，J.W.The Role of Goal Orientation Following Performance Feedback，Journal of Applied Psychology，2001,（04）:629-640.

[40] Woodman，R.W.，Sawyer，E.，Griffin，R.W. Towards A Theory of Organizational Creativity，Academy of Management Review，1993,（02）:293-321.

[41] Brigham，K.H.，DeCastro，J.O.，Shepherd，D.A. A Person Organization Fit Model of Owner-Managers' Cognitive Style and Organizational Demands，Entrepreneurship Theory and Practice，2007,（01）:29-51.

[42] Jackson,Gregory.Contested Boundaries: Ambiguity and Creativity in the Evolution of German Code termination.//Wolfgang Streeck,Kathleen Theluned. Beyond Continuity:Institutional Change in Advanced Political Economies[M]. New York:Oxford University Press,2005:9.

[43] COLLIERRB,COLLIERD. Shaping the Political Arena Critical Junctures,the Labor Movement,and Regime Dynamics in Latin America[M].New Jersey:Princeton University Press,1991:27-39.

[44] EHysing. Governing Without Government?The Private Governance of Forest Certification in Sweden，Public Administration, 2009(2):312-326.

[45] HALLP.Governing the Economy:The Politics of State Intervention in Britain and France，American Political Science Review, 1988,82(3):1053-1054.

[46] Ahmdajina V. Symbiosis：an Introduction to Biological Association，Englana:University Press of New England，1986.

四、硕博论文类

[1] 庞世俊 . 职业教育视域中的职业能力培养，天津大学 2010 年博士学位论文。

[2] 郝天聪 . 职业教育转换研究，南京师范大学 2016 硕士论文。

[3] 胡国喜 . 中国共产党制度执行力研究，中共中央党校 2013 年博士学位论文。

[4] 臧志军.职业教育国家制度的比较研究,华东师范大学 2013 年博士学位论文。

[5] 曹雯雯.民办职业培训机构发展的困境分析,华东政法大学 2016 年硕士学位论文。

[6] 黄娟.民办职业培训机构的学生就业研究,湖南农业大学 2011 硕士学位论文。

[7] 聂茂娟.职业培训产品顾客满意度影响因素研究,西南财经大学 2009 年硕士学位论文。

[8] 李继丽.XG 培训公司客户满意度提升研究,北京建筑大学 2019 年硕士学位论文。

[9] 胡芮.山西省农民参与新型职业农民培训影响因素分析,山西农业大学 2016 年硕士学位论文。

[10] 王镇江.外来务工人员管理培训效果及其影响因素实证研究,华东理工大学 2015 年硕士学位论文。

[11] 辛梦维.家庭医生培训效果的影响因素研究,东华大学 2017 年硕士学位论文。

[12] 邹寄燕.学习风格对体验式培训效果影响的理论与实证研究,江苏大学 2010 年硕士学位论文。

[13] 洪道蓉.基层公务员培训效果影响因素实证研究,南京农业大学 2016 年硕士学位论文。

[14] 李艳娟.基于人岗匹配的企业培训评估效果影响因素研究,南京师范大学 2011 年硕士学位论文。

五、报刊类

[1] 从"供给侧"视角考虑职教问题.中国教育报,2015-12-17.

[2] 中国劳动生产率提升:增速快但不容歇脚.光明日报,2016-9-18.

[3] 必须重视和改进工农速成教育.人民日报,1953-8-29.

[4] 习近平就加快发展职业教育作出重要指示.人民日报,2014-6-24.

[5] 师延红.打倒修正主义教育路线的总后台.人民日报,1967-7-18.

[6] 张清玲."鲁班工坊"打造合作办学新名片.中国教育报,2021-4-18.

[7] 邓小平.党和国家领导制度的改革.人民日报,1980-8-18.

六、其他

[1] 国务院.关于改革中等教育结构的报告 [EB/OL]. http://www.china.com.cn/law/flfg/txt/2006

–08/08/ content_ 7058712.htm.

[2] 国务院 . 国家中长期教育改革和发展规划纲要（2010—2020 年）[EB/OL].http://www.
china.cn/policy/txt/2010–03/01/content–19492625 __ 3.htm

[3] 国务院 . 国务院关于加快发展现代职业教育的决定 [EB/OL].http://www.moe.edu.cn/
publicfiles/business/htmlfiles/moe/moe_1778/201406/170691.html.

[4] 形成"互融共生"校企命运共同体 [EB/OL].http://www.zjjyb.cn/html/2019–06/19/
content_21879.htm.2019–06–19.

[5] 教育部 .2018 年全国职业院校已达 1.17 万所 [EB/OL].http://news.sina.com.cn/o/2019–02–
19/dov–ihrfqzka71280058.shtml, 2019–02–19.

[6] 高等职业教育创新发展行动计划（2015—2018 年）》实施情况 [EB/OL].http://
www.moe.gov.cn/jyb_xwfb/xw_fbh/moe_2069/xwfbh_2018n/xwfb_20181107/sfcl/201811/
t20181107_353846.html, 2018–11–07.

[7] 教育部 . 职业教育将启动"特高计划"和"1 ＋ X 证书制度"[EB/OL].http://www.sohu.
com/a/275419864_369446, 2018–11–10.

[8] 刘占山 .《中国职业教育集团化办学发展报告（2015）》正式发布 .[EB/OL].http://www/
chinazy.org/models/adefault/detail.aspx?artid=61425&cateid=1538, 2015–11–30.

[9] 国家统计局 . 新中国五十五年统计资料汇编 [EB/OL]. https://max.book118.com/
htlm/2017/0427/102695940.shtm, 2020–01–13.

[10] 教育部 . 2003 年全国教育事业发展统计公报 [EB/OL]. http://www.moe.gov.cn/s78/A03/
ghs_left/s182.moe_633/tnull_3570.html, 2004–05–27.

[11] "技工荒成掣肘"，呼唤大国工匠"高薪时代"[EB/OL].(2018–5–31)[2019–04–24].
http:// big5.xinhuanet.com/gate/big5/www.xinhuanet.com/politics/2018–05/31/c_1122917466.htm.

[12] 上海 200 万农民工接受基本素质培训 [EB/OL].http://www.shedunews.com/zixun/shanghai/
zonghe/2010/12/07/3233.html，2019.

[13] 国家统计局 . 三季度全国城镇单位就业人员同比增 555 万 [EB/OL].http://www.mei.net.
cn/jxgy/201110/394449.html,2019.

[14] 中华人民共和国国务院 . 国务院关于进一步做好下岗失业人员再就业工作的通知
［EB/OL］.https：//wenku.baidu.com/view/flbb850bf68a6529647d27284b73f242336c3110.html，

2002.

[15] 叶忠海 . 术语（国标）：我国成人教育培训服务标准化的标志［EB/OL］.http：//www. cnaet.org/html/peixunbiaozhun/yezhonghai-shuyu-guobiao-woguochengrenjiaoyupeixunfuwu-biazhunhuadebiaozhi/，2019.

[16] 国新办举行就业和社会保障有关情况新闻发布会 [EB/OL].http://www. scio. gov. cn/ xwfbh/xwbfbh/wqfbh/33978/34234/index.htm，2017-03-01.

[17] 中华人民共和国教育部 .2019 年全国教育事业发展统计公报 [EB/OL].http://www.gov. cn/xinwen/2020-05/20/content_5513250.htm.

[18] "一带一路"案例：职业教育走出去主动培养"一带一路"建设者 [EB/OL].http:// www.360doc.com/content/17/0809/20/10384645_677895778.shtml,2018.

[19] 吴琼，陈润泽 ."一带一路"倡议提出 8 周年中国与世界深度交融 .[2021-10-11][EB/ OL].http://news.china.com.cn/2021-10/11/content_77800163.htm.

[20] 从历年公务员报录比能看出什么 [EB/OL]. https://wenda.hqwx.com/article-39918.html

[21] 锻造大国工匠奠基中国制造 .[EB/OL]. http://www.bjpress.cn/xinwen/51365.html, 2019-09-27.

[22] 2019 年高职扩展一百万，产业升级需要更多优秀的产业工人 [EB/OL].http:www.sohu. com/a/325658559_100023170,2019-07-09.

[23] 职业教育话题上了《焦点访谈》，大家都是怎么说的？ [EB/OL].http://www.cvae.edu.cn/ zgzcw/yjdt1/201903/bc91e7a58b564382b55390ad72d063af.shtml, 2019-03-08.

后　记

2012年8月，进入天津大学教育学院攻读职业技术教育学博士学位。在普通教育系统里长大而偶然间闯入职业教育领域的我，从此开始了对职业教育的系统学习与研究。在将近十年的时间里，我对职业教育的认识经历了从模糊到清晰、从无知到有知的过程，而熟知乃至指导职业教育的发展，恐将成为我终生追求的目标。

本书所呈现的内容是我近五年来对职业教育发展的感悟与思考，其中多半为已经公开发表的论文，也包含了笔者最新的一得之见以及其他职教学人的思考。通过这些学术反思，希望能够厘清无意识之下自己的学术兴趣之所在，更重要的是，希望从零散的、片段式思考中寻找内在联系，返诸己身，以便做好学术聚焦，为自己未来研究方向的选择以及研究风格的形成做出指引。

山西大学是我的母校，我曾从这里走出去，若干年后再回来。正如赫拉克利特所言，"人不能两次踏入同一条河流"，山西大学从1902年的三大国立大学之一发展为现代化的"双一流"建设高校，即将跨入第二个甲子年之时开启新的发展篇章，作为莘莘学子的我也实现了从学子到教师的身份转换。感谢山西大学对我的培养之恩，引领我从对未来职业发展懵懂无知的青年学子成长为一个喜欢读书、思考、写作的青年学人。此外，很有意思也非常耦合的一件事情是，天津大学和山西大学分别位于两座城市的卫津路92号和坞城路92号，前者是我学习的地方，后者更是我工作和生活的地方。

2015 年，天津大学迎来第二个双甲子年，我作为博士生有幸见证了举校欢庆的时刻；山西大学也将在 2022 年迎来它的 120 岁生日，期待看到再次辉煌与腾飞的山西大学。

谨以此书作为生日献礼，送给位于 92 号的两所百年高等学府。

贾旻 于山西大学

2021 年 12 月